AU BOUT DE L'ENQUÊTE

Saison 3

Les plus grandes affaires criminelles passées au crible

Pour plus d'information :

www.lisez.com

Imprimé sur du papier issu de forêts gérées durablement.

Au bout de l'enquête – Saison 3

ISBN : 978-2-412-10306-7
Code éditeur : S10306/01
Dépôt légal : septembre 2025

Maquette intérieure : Istria
Relecture et correction : Caroline Dangles

Imprimé en France par Normandie Roto Impression s.a.s. en août 2025 (2503226)

Éditions First, un département d'Édi8
92, avenue de France
75013 Paris
France
Tél : 01 44 16 09 00
Email : firstinfo@efirst.com
Sites Internet : www.lisez.com

Alain Bauer et Marie Drucker

Avec la complicité de Stéphane Martin
et d'Antoine Gaveau

AU BOUT DE L'ENQUÊTE

Saison 3

FIRST
ÉDITIONS

Table des matières

Préambule

Sur la scène du crime

Les affaires criminelles passionnent le public et mobilisent l'opinion.

Au bout de l'enquête a voulu, avec respect et pédagogie, revisiter les *cold cases* qui, quelle que soit leur issue, ont suscité des années d'enquête, de rebondissements, d'impasses, d'espoir pour les familles des victimes ou les enquêteurs. Et pour le grand public.

Sans crimes, sans criminelles et criminels, sans victimes, sans témoins, enquêtrices et enquêteurs, sans juges et journalistes, bien peu d'histoires meubleraient nos conversations, nos lectures, nos émissions de télévision, nos films, nos pièces de théâtre...

L'histoire de l'humanité est marquée d'épisodes sanglants et souvent fondateurs.

Les grands textes sacrés, qui instituent toutes les religions, sont ainsi emplis de bruit, de sang et de fureur. Le crime le plus marquant, décrit dans la Bible et le Coran, est l'assassinat d'Abel par son frère jaloux, Caïn.

On pourrait presque écrire qu'au commencement était le crime...

L'opéra classique, lui aussi, emprunte beaucoup à la tragédie. La mort rôde d'acte en acte, de scène en scène.

Que le crime soit « passionnel » (homicide ou féminicide) ou motivé par le gain, cette violence capte l'attention, attise la curiosité, déchaîne aussi parfois les sentiments.

Et que dire de ces affaires anciennes, devenues avec le temps des *cold cases*, jamais vraiment classées ni totalement oubliées.

Le crime ne se limite pas seulement à son horreur, à sa description technique, légale, pénale. Le crime est aussi fascination, intérêt, obsession et surtout passion.

Le crime est partout, et nous le faisons vivre par notre curiosité, notre répulsion et notre envie de voir et de savoir.

Cette ambiguïté dans la relation au crime et aux criminels est aussi au cœur de nos professions. Les criminologues ne sont pas des policiers ou des magistrats. Leur fonction n'est ni d'arrêter (même s'ils y contribuent parfois), ni de juger, ni de condamner (quels que soient leurs sentiments sur telle ou telle affaire). Leur rôle est de comprendre, d'analyser, d'interpréter ce qui se confirme, ce qui change, ce qui évolue.

Les journalistes racontent, rapportent, éclairent, s'emportent parfois.

Ensemble, en associant nos différences et nos compétences, nous souhaitons vous fournir, au-delà de chacune des émissions diffusées, un guide pratique qui vous permettra de disposer d'éléments plus complets, de mieux comprendre la difficulté des enquêtes, et de vous forger une opinion.

Rappelons encore et toujours les mots du grand maître de la criminologie, Sherlock Holmes : « En matière criminelle, une fois l'impossible supprimé, ce qui reste, même invraisemblable, doit être la vérité. »

Voici donc la troisième saison d'*Au bout de l'enquête.*

Alain Bauer et Marie Drucker

Les affaires criminelles présentées dans ce livre sont accompagnées d'éclairages criminologiques. Sous forme d'encadrés, ils présentent les modalités légales et les outils criminalistiques permettant le déroulement des enquêtes et des procédures.

Affaire Bernard Pesquet

Parfois un crime peut en cacher un autre, voire plusieurs autres. C'est ce qu'ont vécu les fins limiers du 36, quai des Orfèvres dans l'affaire Bernard Pesquet. Tout commence quand les époux Bergaud et leur employée de maison sont retrouvés morts dans leur appartement de Neuilly-sur-Seine. Rapidement, les indices mènent vers un peintre en bâtiment, marié et a priori *sans histoires.*

Le 29 juillet 1976, alertée par le gendre du couple qui s'inquiète après avoir reçu un coup de fil étrange d'un homme lui disant que ses beaux-parents allaient s'absenter un temps, la police découvre les corps d'Émilien et d'Alice Bergaud, soixante et onze et soixante-treize ans, gisant dans la chambre à coucher de leur appartement du 54, boulevard Maillot à Neuilly-sur-Seine. Les riches retraités ont été tués par balles, à l'arrière du crâne. L'assassin a utilisé un calibre 7,65 mm. Alors que leur femme de ménage, Alfeia Borgioni, soixante-trois ans, est retrouvée étranglée dans les toilettes.

C'est le début d'une importante affaire. Deux services de police sont saisis conjointement : la police judiciaire (PJ) du 36, quai des Orfèvres et le service régional de police judiciaire (SRPJ) de Versailles. L'appartement inaccessible – un des policiers a dû pénétrer par la fenêtre – a été saccagé, le coffre est vide, mais il n'y a pas de traces d'effraction… Les victimes semblent avoir ouvert la porte à leur agresseur, et leurs clés sont manquantes. Le crime crapuleux est alors la piste la plus sérieuse. Rapidement, les journalistes sont sur le coup, et se pressent au pied de l'immeuble. Un triple assassinat dans les beaux quartiers, cela n'arrive pas tous les jours.

La perquisition menée dans l'appartement des retraités en présence de la fille du couple et de son mari montre que de nombreux objets de valeur ont disparu. Un indice attire l'attention des policiers : dans le sac à main d'Alice Bergaud, ils retrouvent la lettre d'un peintre, un certain Bernard Pesquet, indiquant qu'il passera le 29 juillet à 11 h 30, jour du crime, récupérer des échantillons de papier peint et de peinture.

Les enquêteurs décident de l'interroger comme témoin et se rendent chez lui, à Pierrelaye dans le Val-d'Oise. Si l'artisan s'est rendu ce matin-là chez les Bergaud, peut-être a-t-il remarqué quelque chose. Cependant, l'homme déclare tout ignorer du triple meurtre. En parallèle, les policiers ont pris soin de vérifier le passé du témoin auprès du fichier central. Un dossier criminel existe, mais, en 1976 il faut se rendre au Chesnay, dans les Yvelines, pour consulter les archives. C'est donc sur la route du retour, alors que les policiers ont embarqué Bernard Pesquet pour l'interroger comme témoin, qu'ils apprennent que ce dernier a été condamné à perpétuité pour meurtre en 1941. De simple témoin, il devient donc suspect… et, vu son pedigree, est placé en garde à vue.

L'homme de cinquante-quatre ans paraît fragile, mais son attitude et son regard « de tueur » glacent d'effroi les policiers. Pendant son interrogatoire, les policiers fouillent ses affaires et retrouvent dans son portefeuille la carte American Express d'Emilien Bergaud. Bernard Pesquet se justifie en disant qu'il l'a embarquée par hasard, qu'elle s'était glissée dans les échantillons de papier peint. Il nie cependant toute implication dans les meurtres. Après quarante-huit heures d'interrogatoire, il est présenté au juge de Nanterre, inculpé pour homicide volontaire et pour vol, et incarcéré à la prison de Fleury-Mérogis.

Pour les enquêteurs, cela ne fait aucun doute : le suspect a récidivé. Pour le coincer et obtenir des aveux, ils vont donc se plonger dans le passé du peintre.

Né en 1922, Bernard Pesquet a connu une enfance chaotique. Élevé par son grand-père maternel après que sa mère l'a abandonné, rejeté par la compagne de ce dernier, il est envoyé en pension à l'âge de quatorze ans, puis rejoint son oncle à Rouen pour devenir cuisinier. Accusé de vol à l'étalage puis acquitté, il réussit en 1940 son examen de radioélectricien. Il travaille au début de la guerre dans un Foyer du soldat allemand, à Rouen, où il effectue des travaux de réparation dans différents dépôts et bâtiments. Le 22 août 1941, Pesquet tue son collègue Julien Quibel. Lors d'une bagarre qui aurait dégénéré, il le frappe à coups de barre de fer, puis le saigne à l'aide d'une lame de rasoir. Pourquoi une telle violence ? Le mobile reste incertain : on lui prête une liaison amoureuse avec la victime, mais Pesquet nie fermement être homosexuel et dira plus tard qu'il a tué Quibel parce qu'il était collabo. Pesquet encourt alors la peine de mort. Il y échappe de peu grâce à son jeune âge. Trois mois plus tard, en novembre 1941, il est condamné par la cour d'assises de Paris aux travaux forcés à perpétuité. Il participera entre autres au déminage d'Angers à la fin de la guerre.

En 1962, vingt et un ans après son arrestation, Bernard Pesquet est libéré par le jeu des remises de peine. Il a alors quarante ans, a passé la moitié de sa vie en prison. Il s'installe dans le Val-d'Oise, où il fait figure de modèle de réinsertion. Il crée une entreprise de travaux de peinture et, pendant dix ans, emploie d'anciens détenus qu'il aide à se réinsérer par le travail.

Le 24 décembre 1968, il épouse Christiane Ruaux, rencontrée par le biais d'une petite annonce dans *Le Chasseur français*. Pour l'administration pénitentiaire et la société, Pesquet est un homme bien sous tous rapports… jusqu'au triple meurtre de Neuilly-sur-Seine.

LES TRAVAUX FORCÉS

Punir par le travail forcé n'a pas attendu l'Occupation. En France, l'utilisation des condamnés comme rameurs sur les galères royales semble remonter au XVème siècle, et cette peine fut systématiquement appliquée durant le règne de Louis XIV sous l'impulsion de Colbert. L'arsenal des galères se situait à Marseille.

Après l'abolition des galères en 1748 vint le temps des bagnes. Il s'agissait de la peine la plus importante après la condamnation à mort. Les condamnés furent d'abord envoyés dans les arsenaux (Brest, Toulon, Rochefort après un passage au centre de Bicêtre), puis après 1852 en Guyane et en Nouvelle-Calédonie, et enfin dans les territoires des colonies françaises, en Afrique notamment. Jusqu'en 1960, date où les bagnes furent remplacés par la prison à perpétuité, ils permirent de cumuler peine d'emprisonnement et obligation de travailler. Plus de cinquante mille personnes ont ainsi été déportées, reléguées ou exilées en Guyane seule.

Un bagnard célèbre a traversé les siècles : François Vidocq (1775-1857).Condamné aux travaux forcés, il fut envoyé à Bicêtre, puis à Brest et à Toulon.

Maintenant qu'ils ont retracé son passé, les enquêteurs du 36, quai des Orfèvres s'interrogent sur le présent de Pesquet. Bien que l'homme continue de nier le triple homicide, les enquêteurs ont des doutes sérieux et demandent au juge d'instruction un mandat pour perquisitionner sa maison en banlieue parisienne. Au milieu d'un invraisemblable fatras, les policiers découvrent les preuves accablantes de son implication dans le meurtre des époux Bergaud : des clés, des lingots d'or et des bijoux leur appartenant, mais aussi un 7,65 mm, une arme du même calibre que celle utilisée pour abattre le couple…

Une chose en particulier intrigue les policiers de la Crim'. Dans la maison de Pierrelaye, ils ne trouvent aucune trace de l'épouse de Pesquet, hormis une photo de mariage qui trône dans le salon. Où est-elle passée ? Pesquet leur explique qu'elle l'a quitté du jour au lendemain, deux ans plus tôt. Christiane était volage et l'a abandonné, certainement pour un autre… Il a même téléphoné à ses parents pour se plaindre de cet abandon. L'explication ne convainc pas les policiers. Et pour cause, ils retrouvent chez lui les papiers d'identité de Christiane, sa trousse de toilette, son chéquier, sa voiture… Tout dans l'attitude de l'artisan indique qu'il ment. Les enquêteurs de la PJ de Versailles et de la brigade criminelle de Paris ont une intuition… Ils décident donc de retourner chez le suspect avec des pelles, des détecteurs de métaux, des pioches, etc. pour fouiller la propriété.

Cette nouvelle perquisition va prendre un tour incroyable et marquer tous ceux qui y participent. Après de longues recherches infructueuses dans le jardin, les fonctionnaires de police s'attaquent à la cave… et y découvrent, sous un mètre de profondeur, le corps momifié de Christiane Pesquet. Elle porte encore ses bottes en caoutchouc, sa blouse de jardinage et a reçu une balle de calibre 7,65 mm dans le dos. Alors qu'ils vont s'arrêter là, les policiers remarquent un morceau de bâche qui dépasse à côté du corps de Christiane, et mettent au jour un second cadavre : celui d'Henri Francqui, cinquante-deux ans. L'homme, un agent immobilier de la région, a lui aussi reçu une balle de 7,65 mm à l'arrière de la tête.

Bernard Pesquet est maintenant soupçonné non plus de trois, mais de cinq assassinats. L'affaire fait la une de la presse. Confronté à ces preuves accablantes, Bernard Pesquet reconnaît les crimes de sa femme et de Francqui, mais il tente de faire passer son geste pour un crime passionnel. Christiane, de vingt ans sa cadette, le trompait depuis longtemps, et Henri Francqui était son amant.

LE CRIME PASSIONNEL

Le crime passionnel existe au cinéma, dans les médias, les séries télévisées... Mais pas dans le Code pénal.

Cette notion servait surtout d'excuse, un ancien article du Code napoléonien prévoyant une circonstance atténuante (pour les maris seulement) pour qui tuait sa femme ou son amant, en plein adultère.

Historiquement, l'uxoricide (du latin *uxor,* « épouse » et *caedere,* « couper, tuer », littéralement, le « meurtre de l'épouse ») a précédé le féminicide qui couvre toutes les atteintes aux femmes dans une relation de couple avec une autre personne. La diversité des évolutions sociales dans les relations individuelles a provoqué l'apparition de nouveaux termes, mais souvent plus précis en communication qu'en droit.

Depuis 1994, le meurtre sur conjoint, quel que soit son sexe, est considéré non pas comme une excuse, mais comme une circonstance aggravante, qui peut valoir à son auteur une peine de réclusion criminelle à perpétuité (Code pénal, article 221-4).

Dans le cas Pesquet, le mobile du crime passionnel ne tiendra néanmoins pas longtemps, car les policiers découvrent rapidement que Christiane ne connaissait même pas Henri Francqui. C'est une lettre de cette dernière qui, retrouvée lors de la perquisition et adressée à son époux avant qu'elle ne disparaisse, apporte le mobile du crime. Christiane avait découvert le passé et la bisexualité de Pesquet, et elle menaçait de tout révéler... Pour l'en empêcher, il l'aurait donc abattue d'une balle dans le dos en novembre 1974 alors qu'elle rentrait de son potager.

Pour les quatre autres victimes, le mobile serait purement crapuleux. L'enquête révèle que Bernard Pesquet était ruiné. Pour se refaire, il aurait également abattu d'une balle dans le dos, en avril 1976, l'agent immobilier – qui, selon son fils, se déplaçait souvent avec des liasses de billets – venu le rencontrer chez lui pour lui racheter son terrain. Après l'avoir enterré dans sa cave à côté de sa femme, il aurait utilisé son chéquier et revendu sa voiture. Deux mois plus tard, les époux Bergaud et leur domestique auraient aussi été tués pour l'argent.

Poursuivi pour cinq homicides, récidiviste, Pesquet risque alors clairement la peine de mort. On dira que son avocat a fait durer le temps de l'instruction et du renvoi devant la cour d'assises pour lui éviter la peine capitale, abolie en octobre 1981. Ce dernier plaide la pathologie mentale, s'appuyant sur des signes de folie que son client montre en détention provisoire, en passant ses journées à dessiner des scènes étranges, en ne parlant à personne et ayant développé des troubles compulsifs. Le petit peintre de Pierrelaye serait-il fou ? Chercherait-il à diminuer sa responsabilité ? Tous ceux qui ont affaire à lui s'interrogent, mais les experts sont formels : il n'est atteint d'aucune pathologie psychiatrique et est donc responsable de ses actes.

Le procès de Bernard Pesquet s'ouvre le 25 juin 1982. Celui que la presse surnomme déjà le « Landru du Val-d'Oise » encourt désormais la perpétuité. Au palais de justice de Pontoise, il apparaît vieilli, les cheveux blancs, chétif, vêtu d'un costume bleu et d'une chemise blanche. Ses déclarations font rire l'assistance : il affirme que la mort de sa femme est involontaire, que le coup est parti tout seul après une bagarre, qu'elle est tombée en se prenant les pieds dans le paillasson ou sur une marche (*les versions divergent*) … et qu'elle est morte alors qu'il était parti à la pharmacie chercher de quoi la soigner. Il l'aurait enterrée à la cave pour la garder près de lui. Quant à Francqui, qu'il désigne comme l'amant de sa femme, il lui aurait bien tiré dans le dos et l'aurait enseveli dans sa cave, à côté de sa femme pour ne pas séparer les deux amants… Cependant, il continue à nier le triple meurtre de Neuilly-sur-Seine. Le 25 juin 1982, Bernard Pesquet est condamné sans suspense à la réclusion criminelle à perpétuité. Le verdict sera confirmé après cassation lors de son second procès en 1984.

Après sa condamnation définitive, Bernard Pesquet a tenté d'obtenir la révision de son procès, en vain. Il est décédé en 2009, à la prison de Fresnes, à l'âge de quatre-vingt-sept ans. En tout, il aura passé cinquante-trois ans de sa vie derrière les barreaux. Reste néanmoins une inconnue… La « période blanche » de 1962 à 1976 sur laquelle les policiers s'interrogent toujours.

Affaire Poncé Gaudissard

C'est une énigme complexe à laquelle vont faire face les enquêteurs de la gendarmerie. Le 31 mars 2003, les corps carbonisés de Chantal d'Amato, cinquante-trois ans, et de sa fille Audrey, vingt-quatre ans, sont retrouvés dans leur pavillon en feu du tranquille village de Meyrargues, près d'Aix-en-Provence. Les deux femmes ont été torturées avant d'être tuées.

Chantal d'Amato n'a pas pour habitude d'être en retard au travail. Pourtant à neuf heures, ce lundi 31 mars 2003, cette fonctionnaire à la mairie d'Aix-en-Provence est aux abonnés absents. De quoi inquiéter sa collègue et amie Christine Maréchal qui, pour se rassurer, essaie d'appeler au domicile de Chantal, à Meyrargues. Pas de réponse. Une heure passe. Christine tente alors de joindre Audrey, la fille de Chantal, qui vit encore chez sa mère. Toujours rien. Habitée par un mauvais pressentiment, elle contacte les Cars du pays d'Aix où Audrey est employée comme secrétaire. Elle non plus ne s'est pas présentée au travail ce lundi matin.

Mère et fille absentes au même moment, sans prévenir quiconque ? Pour Christine, c'en est trop. Elle alerte le compagnon de son amie, André Suffren, qui décide de se rendre au domicile des d'Amato. À son arrivée, les portes de la petite bâtisse rose sont fermées, les volets roulants baissés et la voiture garée devant le portail. Pas de quoi rassurer ce chef d'entreprise à la retraite qui, la veille au soir, avait raccompagné Chantal chez elle, au terme d'un week-end en amoureux. Il examine alors les moindres recoins de la maison, et aperçoit un filet de fumée qui s'échappe d'une fenêtre. Son réflexe est d'appeler immédiatement le 18.

Cinq minutes plus tard, Jérôme Bourdarel, pompier au centre de secours de Meyrargues, se présente. Il constate que la porte est fermée, parvient à soulever un volet, et casse la vitre de la fenêtre. À peine a-t-il mis le nez à l'intérieur que le pompier est contraint de ressortir. L'oxygène venu de l'extérieur a provoqué un retour de flammes. Le brasier est trop intense, empêchant toute progression. Il réclame des renforts. Dans l'intervalle, faute d'une lance, c'est avec le tuyau d'arrosage qu'il éteint peu à peu l'incendie. À l'origine du sinistre, un lit en feu. Et dessus, un corps sans vie en partie carbonisé. Les jambes, les mains et les chevilles de la victime ont été attachées avec du ruban adhésif. Il s'agit de Chantal, la mère de famille, gisant sur le ventre.

Face à cette macabre découverte, les gendarmes de la brigade de recherches d'Aix-en-Provence sont dépêchés sur place. À leur tête, Daniel Bianco. Il entre dans la chambre pour effectuer les premières constatations. Ligotée de la tête aux pieds, du ruban adhésif sur les yeux et sur la bouche, Chantal d'Amato présente une plaie d'égorgement de treize centimètres, à l'origine de son décès.

L'enquêteur réalise qu'il est en présence d'une scène de crime d'une rare atrocité, mais c'est sans compter sur ce qui l'attend dans la chambre voisine. Au sol, un chien mort et sur le lit, allongé sur le dos, un autre corps de femme. Les mains, les genoux et les chevilles entravés avec du câble électrique, les yeux couverts de Scotch. Il s'agit d'Audrey d'Amato. La jeune femme a aussi été égorgée. Elle a reçu en plus vingt-neuf coups de couteau, dont quatre mortels, au cou et au visage. Un véritable acharnement qui témoigne de la barbarie du ou des auteurs du crime. Dans le bureau, les gendarmes trouvent un rouleau de Scotch vide, des taches de sang sur un fauteuil et un bâillon de ruban adhésif.

Devant la maison, les voisins, les amis et la famille des d'Amato forment un attroupement. L'émotion est vive. Le petit bourg paisible de Meyrargues n'est pas habitué à faire la une des faits divers. Pour les trois mille habitants de ce village médiéval blotti dans la vallée de la Durance, c'est une véritable déflagration. Ici, on vivait jusqu'alors loin de l'agitation et des travers de la ville, Aix-en-Provence, située dix kilomètres plus au sud.

Les enquêteurs resteront trois jours sur place pour faire leurs constatations, rendues difficiles par la suie qui s'est déposée au sol et sur les meubles. Finalement, les techniciens en identification criminelle parviendront à relever de l'ADN à trois endroits : sur une baie vitrée, sur un lien qui a servi à bâillonner Audrey et sur la ceinture de la robe de chambre de Chantal. Le temps de faire parler l'ADN – un délai d'une semaine était nécessaire à l'époque pour ce genre d'affaire prioritaire –, les gendarmes vont s'attaquer, une à une, aux différentes zones d'ombre qui entourent le double homicide.

La thèse d'un auteur seul s'impose assez vite compte tenu de l'étroitesse des lieux. Mais comment le meurtrier a-t-il quitté les lieux ? La maison était fermée de l'intérieur, les clés sur la porte et le crochet de sécurité engagé. Les gendarmes réalisent que le volet du salon a une commande électrique. Une fois actionnée, elle laisse huit à dix secondes de battement avant la fermeture, un temps suffisant pour sortir.

Incendie accidentel ou criminel ? Là-dessus, les gendarmes se font rapidement une religion. D'abord, l'autopsie conclut que les deux victimes n'avaient pas de fumée dans les poumons, leur décès était donc antérieur à l'incendie. Ensuite, les pompiers relèvent quatre départs de feu différents, avec l'usage d'accélérant pour que l'incendie prenne. Enfin, la bouteille de gaz était ouverte, de quoi provoquer une explosion, si toutefois elle avait été pleine. Pour les enquêteurs, le meurtrier a voulu effacer tout indice de son crime.

L'hypothèse d'un cambriolage ayant mal tourné ne tient donc pas : aucune trace de lutte et d'effraction, aucun objet de valeur manquant en dehors du téléphone portable d'Audrey, et l'arme du crime reste introuvable. C'est le scénario d'un double assassinat qui est privilégié, sans doute perpétré par une personne de l'entourage des victimes. Et c'est Audrey, victime d'un véritable acharnement, qui était ciblée en priorité.

Pour en savoir plus et tenter d'établir le scénario de cette nuit d'horreur, les gendarmes auditionnent l'entourage des deux femmes. Dans les jours précédant les meurtres, une voisine a vu circuler une Peugeot 205 rouge à la peinture abîmée, un véhicule jamais aperçu jusqu'alors. Le récit du compagnon de Chantal permet quant à lui de retracer le fil des événements. Ce dimanche soir, André Suffren avait raccompagné Chantal chez elle aux alentours de vingt heures. Comme à son habitude, elle était ensuite ressortie pour promener son chien dans les collines alentour. D'après le voisinage, elle ne fermait jamais la porte de chez elle à clé. Pour les enquêteurs, l'auteur a pu pénétrer à ce moment-là dans la maison, et attendre patiemment le retour de Chantal, puis la maîtriser et la bâillonner dans sa chambre.

Audrey, elle, serait rentrée chez elle autour de vingt-trois heures après un intermède à Cannes avec son compagnon. En témoigne le dernier SMS qu'elle lui a envoyé à 22 h 45 : « Merci pour ce week-end magique. » Pour le gendarme Bianco, elle aurait d'abord été étourdie par un coup de poing au visage, et son calvaire aurait commencé sur le fauteuil du bureau où, au terme d'un échange avec son bourreau (bâillon retrouvé au sol), elle aurait reçu les vingt-neuf coups de couteau, ce qui expliquerait les nombreuses taches de sang. L'auteur l'aurait ensuite conduite, à l'agonie, jusque dans sa chambre – d'autres traces de sang révélées au Bluestar l'attestent –, avant de l'égorger.

Les autopsies et l'analyse du bol alimentaire (le contenu de son estomac) des deux victimes ont conclu que Chantal était décédée après sa fille. Elle aurait donc entendu les supplices infligés à Audrey. Le meurtrier l'aurait tuée juste avant de mettre le feu à la maison et de s'enfuir par la baie vitrée.

Si les gendarmes ont une idée de ce qui a pu se passer dans la maison, ils n'ont pour le moment aucun suspect. Rien dans la vie des d'Amato ne permettait de prévoir un tel drame. Chantal était une pimpante et active veuve de cinquante-trois ans, secrétaire à la mairie d'Aix. Mère de deux filles, Audrey et Roxane (alors expatriée en Turquie), elle respirait la joie de vivre. Après le décès accidentel de son mari en scooter alors qu'elle était enceinte d'Audrey, Chantal avait cherché à refaire sa vie. Elle avait connu plusieurs échecs amoureux, mais avait fini par trouver l'oiseau rare, un chef d'entreprise à la retraite, avec lequel elle envisageait de s'installer. Pour cela, elle avait d'ailleurs mis en vente sa maison de Meyrargues.

La benjamine vivait encore chez sa mère, et les deux femmes entretenaient une relation fusionnelle. Secrétaire elle aussi, récemment promue au poste d'assistante de direction au sein de la société des Cars du pays d'Aix, Audrey évoluait dans un univers très masculin, mais cette jolie jeune femme au caractère bien trempé ne s'en laissait pas compter. Elle avait multiplié les aventures conjugales, dont une qui l'avait amenée à quitter le cocon familial, et partageait depuis quelques mois la vie d'un garçon originaire de Marseille.

Le passé des deux femmes est fouillé dans les moindres détails. Pas de double vie, pas de problèmes financiers. Deux femmes ordinaires, belles, qui attiraient les regards et avaient entretenu des liaisons parfois orageuses.

Ainsi, l'ex de Chantal, « un type jaloux et possessif », violent, s'était longtemps opposé à leur séparation. Elle l'avait finalement menacé de déposer plainte pour violences à la gendarmerie, ce qui avait scellé leur rupture. L'homme – qui détenait encore un jeu de clés de la maison de Meyrargues comme le constateront les gendarmes – est placé en garde à vue à Marseille, mais il dispose d'un alibi solide. Le soir du crime, il se baladait à moto avec plusieurs amis. Il est mis hors de cause.

Du côté d'Audrey, les enquêteurs placent en garde à vue trois de ses ex-petits amis ainsi que son amoureux actuel. Rien d'intéressant. Aucun n'a le profil et tous fournissent des alibis. En revanche, les enquêteurs apprennent que la jeune femme faisait l'objet de harcèlement téléphonique depuis plusieurs mois. Cette piste les conduit jusqu'à Paris. L'auteur des coups de fil est un « gamin » d'une vingtaine d'années, évoluant dans l'entourage d'un ancien compagnon d'Audrey, qui lui aurait donné son numéro. Des enfantillages, mais rien de sérieux, le coupable s'en tire avec un rappel à l'ordre.

Alors que l'enquête avance au ralenti et que les différentes pistes s'évaporent progressivement, une profileuse est recrutée pour établir le profil du tueur.

Marie-Laure Brunel-Dupin arrive à Meyrargues deux semaines après la découverte des corps. Sur la scène du crime, elle « entre en empathie » avec l'auteur des deux homicides et en tire différents enseignements. D'abord, elle a la conviction que le meurtrier a déjà commis un crime de ce genre : il prend de réelles précautions, est organisé. Pour la profileuse, il s'agit d'un homme solitaire, entre quarante et cinquante ans, qui évolue dans l'entourage personnel ou professionnel d'Audrey et qui pourrait récidiver.

Entre-temps, les analyses en laboratoire sont revenues et ont permis d'isoler un ADN masculin sur un élément pileux, retrouvé sur le cordon du peignoir de Chantal. Cet ADN a beau ne pas être fiché, les enquêteurs entendent bien s'en servir pour explorer la piste de l'entourage des deux femmes. Le frère de Chantal, les voisins, les chauffeurs de la compagnie d'autocars pour laquelle travaille Audrey… au total, deux cent cinquante hommes voient leur ADN prélevé. Seulement, aucun prélèvement salivaire ne correspond à l'ADN relevé sur la scène de crime. La déception est grande parmi les enquêteurs qui n'ont aucune piste sérieuse à se mettre sous la dent.

Les investigations stagnent, et à mesure que les mois passent, les moyens humains et matériels sont affectés à d'autres affaires. Sans suspect, sans arme, sans piste probante… l'assassinat d'Audrey et Chantal a tout du crime parfait. Pourtant, dix mois plus tard, en février 2004, un autre crime, commis à dix kilomètres de là, va complètement relancer l'enquête.

Ce matin du 2 février 2004, dans son appartement de Pertuis, Muriel Montborgne s'offre un court répit dans ses tâches ménagères. Son mari est parti travailler, ses enfants sont à l'école. La cafetière est à peine allumée que le courant se coupe. Par réflexe, Muriel sort de son appartement pour vérifier le tableau électrique situé sur le palier. Un homme lui saute dessus, la roue de coups, l'étrangle. L'assaillant a fait sauter les plombs pour la forcer à sortir de chez elle. Une ruse imaginée par un homme qui ne lui est pas inconnu. Poncé Gaudissard, son propre beau-frère, la traîne de force, lui ordonne de prendre une douche et de mettre des sous-vêtements, le tout en la menaçant avec un couteau. Muriel se débat, refuse d'obéir aux injonctions de son ravisseur. La rage dans les yeux, ce dernier la déshabille et la ligote avec une rallonge électrique. « Je vais faire un carnage avec toi », lui lance-t-il quelques instants avant de la violer. Le couteau sur la gorge, Muriel croit mourir… et ce sont ses cris qui lui sauveront la vie. Au moment de l'agression sur le palier, ils ont attiré l'attention d'une voisine qui a immédiatement appelé la police. Quelques minutes plus tard, le bruit des sirènes remonte jusqu'à l'appartement de Muriel. Gaudissard comprend que les forces de l'ordre en ont après lui. Pour sauver sa peau, Muriel promet de garder le silence et lui suggère de s'enfuir par le balcon à l'arrière. Il enjambe la balustrade, jure qu'il reviendra la tuer, et se retrouve coincé dans la cour de l'immeuble. Acculé. Les policiers n'ont plus qu'à l'interpeller.

Gaudissard est conduit au commissariat de Pertuis. Face aux policiers qui l'interrogent, il reconnaît les faits qui lui sont reprochés. Oui, il est entré par effraction chez sa belle-sœur ; oui, il l'a molestée ; oui, il l'a violée. La raison ? C'est à son avocat commis d'office, Me De Palma, qu'il va la confier. Vêtu d'un bleu de travail, l'air décontenancé, il donne « l'impression d'un homme pris la main dans le sac » et explique avoir voulu « donner une leçon » à Muriel Montborgne. Une belle-sœur qui le rejetait, l'humiliait, le méprisait, alors qu'il estimait « avoir payé sa dette à la société » après plusieurs séjours en prison. Mais au-delà des états d'âme du suspect, c'est le métier de Poncé Gaudissard qui alerte les policiers. L'homme de quarante-huit ans est chauffeur au sein de la compagnie des Cars du pays d'Aix, leur apprend le mari de Muriel Montborgne. La même société où travaillait Audrey d'Amato. Une jeune femme que le gardé à vue « connaissait bien ».

Ni une ni deux, les policiers prennent contact avec les enquêteurs de la brigade de recherches d'Aix-en-Provence et placent Poncé Gaudissard en détention provisoire pour le viol de Muriel

Montborgne. Bien que son ADN n'ait pas correspondu avec celui trouvé dans la maison des d'Amato, il pourrait être l'assassin de Meyrargues... Même mode opératoire – armé d'un couteau, il utilise du fil électrique pour ligoter sa victime et a le souci de ne pas laisser de traces. Sur lui, lors de son interpellation, les policiers ont retrouvé des gants, un bonnet et surtout un briquet, lui qui ne fume plus depuis vingt ans...

Les gendarmes d'Aix-en-Provence, qui pensent détenir un suspect dans l'assassinat de Chantal et Audrey d'Amato, vont alors s'intéresser au passé de cet homme divorcé et père d'un enfant.

Deuxième d'une fratrie de quatre enfants, Poncé Gaudissard a grandi dans un quartier populaire du 5e arrondissement de Marseille. L'appartement familial ne comporte qu'une seule pièce. Sa mère ne travaille pas. Son père, d'origine italienne, est préparateur automobile, a un fort penchant pour l'alcool. Il peut d'ailleurs se montrer violent quand il a bu. Poncé s'est du reste plusieurs fois interposé pour défendre sa mère, ce qui lui a même valu un coup de lame dans le bras.

Les enquêteurs découvrent dans son casier judiciaire qu'il a été plusieurs fois mis en cause dans des affaires d'agressions sexuelles. Dans sa ligne de mire, il n'y a que des femmes qui évoluent dans sa sphère privée et professionnelle : une voisine, la femme de son patron ou encore une concierge alors qu'il est facteur. La première fois, il n'avait que dix-sept ans. Il avait été reconnu coupable d'agression sur sa voisine de palier, mère d'un enfant d'à peine deux ans. C'est l'explosion d'un chauffe-biberon dans la cuisine qui l'avait fait fuir. Le mode opératoire est toujours le même. Équipé de gants et d'un bonnet, Poncé Gaudissard pénètre en douce chez sa victime, la menace avec un couteau et lui impose des attouchements. Mais il n'est pas un agresseur régulier.

S'il enchaîne les agressions dans les années 1970, l'homme se fait ensuite « oublier » et mène une vie stable et rangée jusqu'en 1994. Marié et père de famille, il tient un kiosque à journaux, à Marseille toujours. Alors qu'il semble s'être réinséré dans la société, l'homme de trente-huit ans franchit un nouveau palier dans la violence. Sa cible est une femme qui habite près de son lieu de travail. Pendant plusieurs semaines, il observe ses moindres faits et gestes, allant jusqu'à percer un trou à proximité du judas de sa porte d'entrée et nourrit l'espoir d'une relation avec elle. Un matin, il force la porte de l'immeuble avec un tournevis, monte à l'étage, attend patiemment que sa victime sorte de l'appartement avec son fils âgé de quatre ans et l'agresse violemment en lui aspergeant le visage de gaz lacrymogène. Après avoir installé l'enfant dans sa chambre, l'assaillant viole sa victime à plusieurs reprises et la séquestre plusieurs heures. « Je pensais qu'il allait me tuer » confiera cette femme lors du procès.

Le soir même, il rentre chez lui, comme si de rien n'était, sa femme ignorant tout de son passé de prédateur sexuel. Gaudissard est arrêté le lendemain, après que sa victime, qui l'a reconnu, a déposé plainte. Il reconnaît les faits. Condamné pour viol, il est jugé en cour d'assises et écope de dix ans de réclusion. Il bénéficiera d'une libération conditionnelle en 2000 pour bonne conduite, après six ans d'emprisonnement.

Au moment de justifier ses actes, Poncé Gaudissard invoque systématiquement les « sourires moqueurs », les « regards appuyés » des femmes qui l'entourent. Ce sentiment d'humiliation permanente fait dire à Daniel Bianco que l'homme est un « paranoïaque » qui entretient un rapport « déviant » avec les femmes. Pour Yves Tyrode, psychiatre qui a expertisé Gaudissard, elles sont des ennemies qu'il faut combattre. « Ce n'était clairement pas le gendre idéal. Un homme d'une grande froideur, distant, insensible, c'en était pathologique », explique le médecin. Le seul moment où il fend l'armure, c'est pour évoquer son amour de jeunesse, deux ans de relation intense et une fin précipitée. La jeune fille meurt sur la table d'opération, Gaudissard ne s'en serait jamais vraiment remis.

LA LIBERTÉ CONDITIONNELLE

La libération conditionnelle est une mesure d'aménagement de peine d'emprisonnement. Elle permet à un détenu d'être libéré avant la fin de celle-ci, à certaines conditions.

La loi du 14 août 1885, qui instaure la liberté conditionnelle, fut portée par le magistrat et homme politique René Bérenger, surnommé le « Père la Pudeur ». Elle a pour objectif de protéger la société en favorisant la réinsertion sociale des détenus, et fut votée dans un contexte où l'accroissement continu de la récidive délinquante et criminelle a conduit les pénalistes et les criminologues à distinguer les délinquants par habitude, professionnels et incorrigibles, des délinquants par accident, ou primaires. Face au danger que les premiers représentaient, la société avait le devoir de se protéger d'eux et de les éliminer, c'est-à-dire de les écarter durablement ; en revanche, elle devait absolument éviter le recours à la prison pour les délinquants primaires, et permettre, par des mesures préventives, d'influer sur leur moral et les ramener au bien.

Cette mesure va connaître une longue postérité. Elle vise essentiellement à prévenir le crime et à permettre ainsi d'éviter sa répression.

Le détenu qui veut obtenir sa libération conditionnelle doit la demander à un magistrat spécialisé, le juge d'application des peines. La justice évalue alors la situation du détenu, son comportement en prison, son état de santé, le risque de récidive qu'il présente, son désir sérieux de réadaptation sociale. Il doit également avoir effectué la moitié de sa peine et ne plus représenter un danger pour la société. En outre, la personne condamnée doit apporter la garantie d'un ou de plusieurs des éléments suivants : disposer d'un futur emploi, d'un stage ou d'un projet de formation à sa sortie de prison, être impliqué dans tout autre programme sérieux de réinsertion, participer à la vie de sa famille (sa présence est essentielle pour l'éducation d'un enfant, par exemple), suivre un traitement médical, avoir commencé à rembourser ses victimes. Suivi après sa libération, il encourt un retour en prison si les conditions ne sont pas respectées.

Si la personne a été condamnée à une peine à perpétuité, elle peut demander sa libération conditionnelle au bout de dix-huit ans (ou de vingt-deux ans si elle est récidiviste).

Dans le cadre de certains crimes, le tribunal peut décider que la libération conditionnelle ne pourra pas être accordée avant un certain délai. Ce délai s'appelle la période de sûreté.

Et c'est donc pendant cette période de liberté conditionnelle, en février 2004, que Poncé Gaudissard récidive en violant Muriel et se fait arrêter. Le violeur en série s'est-il pour autant transformé en tueur ? A-t-il assassiné Audrey et Chantal d'Amato dix mois plus tôt, le 31 mars 2003 ? En tout cas, il fait désormais figure de suspect numéro un dans le double homicide de Meyrargues et est placé en garde à vue.

Le 12 février 2004, interrogé par Daniel Bianco, il se dit totalement étranger à l'affaire. Pourtant, quasiment un an après les faits, il est capable de présenter un alibi détaillé aux enquêteurs. Selon ses dires, le soir du double meurtre, il était chez lui et regardait un film, *Bone collector* avec Angelina Jolie. Aux enquêteurs qui s'étonnent d'une telle mémoire, il explique qu'il s'attendait à être mis en cause, raison pour laquelle il avait gardé cette soirée en mémoire. Poncé Gaudissart certifie également ne pas être sorti ce jour-là ni le lendemain. Or, l'analyse de sa téléphonie montre l'inverse. À deux reprises, son portable a borné à l'extérieur de son domicile, n'attestant pas pour autant qu'il s'est rendu à Meyrargues. Deux fois aussi au cours de la soirée, le répondeur de son téléphone fixe s'est activé. Il prétend ne pas avoir entendu les appels... alors même qu'il habite dans un studio.

Les enquêteurs ont la conviction que leur suspect s'est fabriqué un alibi afin de se disculper. Ils demandent une perquisition de son logement à Aix-en-Provence et de sa voiture, une Peugeot 205 rouge, un modèle similaire à celui aperçu dans le quartier par l'une des voisines de Chantal d'Amato quelques jours avant le double assassinat. Deux rouleaux de Scotch neufs, semblables à ceux de la scène de crime de Meyrargues, sont retrouvés chez le suspect qui ne parvient que difficilement à justifier leur présence. Ils lui auraient servi à faire des réparations dans la salle de bains, déclare-t-il avant d'expliquer les avoir ramassés dans la rue.

Les pièces du puzzle s'assemblent, mais, pour l'heure, les enquêteurs n'ont aucune preuve tangible... Rien pour inculper Poncé Gaudissard qui, maître de ses émotions et rompu aux interrogatoires, se mure dans le silence. Tout juste accepte-t-il de parler de son enfance marseillaise. Qui plus est, son profil génétique ne correspond pas à celui retrouvé sur la scène du crime. Comme les autres chauffeurs de bus des Cars du pays d'Aix, l'accusé a fait l'objet d'un prélèvement quand les enquêteurs ont exploré la piste de l'entourage professionnel d'Audrey. Était-il sûr de lui ? Sûr de son mode opératoire ? Sûr de ses capacités de dissimulation ?

Contraint et forcé, Daniel Bianco met fin à la garde à vue au bout de douze heures. Il a besoin de temps pour dénicher des preuves solides et avancer un mobile crédible.

Les enquêteurs vont alors saisir l'ordinateur professionnel d'Audrey et découvrent qu'elle avait été informée du passé de Gaudissard. En tant qu'assistante de direction, elle avait traité, quinze jours avant sa mort, une lettre émanant du procureur de la République de Marseille. « Audrey faire le nécessaire », est-il inscrit sur la missive. Le magistrat réclamait de la société d'autocars la mise en place d'une retenue sur salaire. Le courrier ne le précisait pas, mais elle devait s'opérer au bénéfice d'une des victimes de Gaudissard, violée et séquestrée en 1994.

Questionné sur le sujet, le suspect assure qu'il n'était pas au courant. « Faux », répliquent les gendarmes. Quelques jours avant les meurtres de Meyrargues, Gaudissard avait été convoqué par son patron pour en parler, et il avait alors évoqué le versement d'une pension alimentaire dans le cadre de son divorce.

Selon le gendarme Bianco, le suspect avait alors vu son passé lui revenir « comme un boomerang ». Pris en défaut pour le non-versement d'indemnités, voyant possiblement son casier judiciaire exposé au grand jour, le suspect a-t-il craint un éventuel licenciement ? A-t-il entrepris de faire taire Audrey d'Amato afin de préserver son emploi et son image ?

Pour les enquêteurs, le mobile du double meurtre est désormais connu, mais il faut obtenir des aveux… Poncé Gaudissard est de nouveau interrogé, mais il continue de nier tout contact avec Audrey. Poussé dans ses retranchements, épuisé par de longues heures d'interrogatoire, il finit par lâcher vers quatre heures du matin : « Je ne me sens pas coupable, je ne suis pas un monstre quand même. » Cela sonne comme un semi-aveu. Gaudissard est alors mis en examen pour le double assassinat de Chantal et Audrey d'Amato.

Les enquêteurs sont alors convaincus de tenir le coupable, d'autant qu'ils viennent de déterrer une autre affaire. Trois ans avant le double assassinat de Meyrargues, Poncé Gaudissard a été mêlé à la mort suspecte de deux membres de sa famille.

En auditionnant les sœurs du suspect, les enquêteurs apprennent que, en décembre 2001, Laurent et Sabine Gaudissard, leurs oncle et cousine, ont été retrouvés morts chez eux à Villeneuve-lès-Avignon. Lui gisait au sol, poignardé, le crâne fracassé ; elle était allongée dans l'escalier, pendue à la rampe avec un câble électrique. La maison était fermée de l'intérieur et, coïncidence troublante, les pompiers avaient relevé plusieurs départs de feu. La thèse du cambriolage avait très vite été écartée par la police, car seules manquaient à l'appel l'arme du crime – un couteau – et les clés de la maison. À la place, les enquêteurs avaient échafaudé un autre scénario, celui d'un parricide suivi d'un suicide. Sabine aurait tué son père avant de mettre fin à ses jours. Le dossier avait été refermé, l'action publique s'éteignant avec la mort de la fille.

À la lecture du rapport d'enquête, le gendarme Bianco n'en croit pas ses yeux. Le câble électrique, le début d'incendie, l'utilisation d'un couteau… un copier-coller du double assassinat de Meyrargues. En 2001, Poncé Gaudissard, entendu comme témoin, n'avait pas éveillé les soupçons des enquêteurs. Il faut dire que c'était lui qui, faute de parvenir à joindre ses proches, avait alerté la police. Il avait assisté à son intervention et à la découverte macabre. La justice rouvre le dossier.

Poncé Gaudissard doit-il être jugé pour deux ou pour quatre homicides ? Sous sa casquette de chauffeur d'autocar se cache-t-il un *serial killer* au mode opératoire bien rodé ?

Pendant plusieurs semaines, la justice va chercher à confondre l'accusé dans cette ancienne affaire, mais, trois ans après les faits, la tâche est ardue. Les scellés ont été détruits, il est impossible d'exploiter la téléphonie, et, en l'absence d'éléments matériels et techniques, il s'avère délicat de fonder une accusation solide. D'autant que Poncé Gaudissard s'évertue à nier toute implication et qu'on ne lui connaissait aucun conflit avec les victimes. Finalement, faute de preuves et d'un mobile recevable, l'accusé bénéficie en 2005 d'une ordonnance de non-lieu. L'affaire de la mort conjointe de Laurent et Sabine Gaudissard est de nouveau classée.

Un an après avoir été reconnu coupable du viol de sa belle-sœur Muriel Montborgne et condamné à quinze ans de réclusion criminelle, Poncé Gaudissard voit s'ouvrir, le 1er juillet 2008, son procès devant la cour d'assises des Bouches-du-Rhône pour le double assassinat d'Audrey et de Chantal d'Amato. Un procès particulier, car si un faisceau d'indices accable l'inculpé, il n'existe dans le dossier aucune preuve formelle de sa culpabilité. Pour l'avocat de la défense, Me De Palma, le doute doit profiter à son client, qui s'obstine à nier toute responsabilité. Les proches des victimes, elles, espèrent entendre devant la cour des aveux, ou du moins l'expression d'une forme de regret de la part de l'accusé. Il n'en sera rien. Dans son box, l'ex-chauffeur d'autocar reste stoïque. Malgré les témoignages accablants de ses anciennes victimes et les dépositions des experts psychiatres qui le dépeignent comme un « déséquilibré manipulateur », l'accusé persiste : « C'est vrai, mon passé ne plaide pas pour moi, mais je ne les ai pas tuées, je suis innocent; dans ce procès, j'espère bien faire entendre ma voix, ce que je n'ai jamais pu faire en cinq ans d'instruction menée à charge ! »

À l'issue des quatre jours d'audience, c'est finalement la culpabilité qui emporte l'intime conviction des jurés. Poncé Gaudissard écope d'une peine de trente ans de prison, assortie d'une période de sûreté de vingt ans. Poncé Gaudissard décide de faire appel du jugement en première instance.

À l'aube de son second procès, en 2011, l'affaire connaît un coup de théâtre. Daniel Bianco, alors en vacances, est informé par la juge d'instruction Stellina Borési : l'ADN prélevé sur la scène du crime de Meyrargues matche avec celui d'un habitant de Compiègne, en Picardie. Un complice, le véritable meurtrier ? L'homme, un certain Philippe L., est connu pour des faits de viols et de violences conjugales.

Lorsque les enquêteurs aixois lui annoncent la nouvelle, ce dernier s'effondre. Il se dit complètement étranger au double assassinat de Meyrargues. Et l'enquête, relancée, va lui donner raison. Philippe L. dispose d'un alibi en béton. Ses factures téléphoniques et ses relevés de carte bancaire attestent qu'il était en Picardie le soir du meurtre de Chantal et Audrey. Il n'a même jamais mis les pieds dans le Midi.

Pour comprendre comment l'ADN de cet homme a pu correspondre aux empreintes génétiques retrouvées à Meyrargues, la justice demande des comptes à l'Institut de recherche criminelle de la Gendarmerie nationale (IRCGN), le laboratoire de la Gendarmerie. L'enquête interne révèle qu'une erreur a été commise, l'ADN récolté dans le Sud a été pollué par l'empreinte génétique de Philippe L., prélevée et analysée six semaines plus tôt, en 2003, dans le cadre d'une autre enquête. Un mélange accidentel entre deux prélèvements qui rend impossible toute exploitation des relevés réalisés sur la scène de crime. Pendant six ans, les enquêteurs ont couru après une fausse piste.

LA POLLUTION DE LA SCÈNE DE CRIME

La « pollution d'une scène de crime » peut se dérouler sous différentes formes. Dans le cas de prélèvements d'ADN, il s'agit soit d'une faute technique (lors du prélèvement), soit d'une manipulation criminelle (pour faire accuser quelqu'un d'autre) ou policière (pour faire aboutir une enquête alors qu'on ne dispose pas de preuves).

L'ADN n'est pas la « reine des preuves ». Les annales policières et judiciaires répertorient plusieurs cas de personnes accusées et incarcérées à tort parce que leur ADN les désignait comme suspectes.

Erreurs de manipulation, d'analyse ou de conservation, « faux positifs »... les cas d'ADN pollué sont nombreux, y compris en dehors de la sphère criminelle. Ainsi, en juin 2010, plusieurs clients de 23andMe, entreprise américaine proposant de décoder l'ADN, ont découvert avec stupéfaction qu'ils n'avaient pas le même ADN que leurs enfants, frères, sœurs, parents, ou bien qu'ils étaient ethniquement différents de ce qu'ils étaient visiblement... Il s'agissait d'une erreur : une plaque comportant quatre-vingt-seize empreintes génétiques avait été insérée à l'envers, entraînant une confusion dans les résultats. Certains avaient également reçu des informations erronées concernant leur prédisposition à certaines maladies, et notamment qu'ils encouraient un risque élevé de maladie d'Alzheimer. L'entreprise islandaise deCODE – qui réalisait ces analyses en partenariat avec 23andMe – avait alors expliqué que la société américaine avait changé le format de ses grilles d'analyse sans l'en avertir, ce qui avait conduit à ces interprétations inexactes.

Autre bug, logiciel cette fois. Un journaliste du *New Scientist*, qui avait demandé une analyse de son ADN, avait reçu une réponse étonnante, par mail : « La question va peut-être vous paraître étrange, mais êtes-vous bien sûr qu'il s'agit d'un *homo sapiens* ? » Le bug avait affecté la façon d'extraire les informations de la base de données.

L'erreur peut aussi être humaine, et avoir des répercussions encore plus graves lorsqu'elle suspecte, voire condamne, à tort, un innocent.

L'affaire dite du « Fantôme d'Heilbronn » est probablement la plus connue des erreurs liées à l'ADN. Qualifiée de « plus grande énigme criminelle de l'histoire », elle mobilisa plus de cent policiers sur plus de mille quatre cents pistes différentes afin d'identifier une tueuse en série à laquelle les polices allemande et autrichienne imputaient une dizaine de meurtres et des dizaines de cambriolages. En mars 2009, on découvrit parmi les prélèvements que l'ADN de la tueuse en série était en réalité celui d'une employée de la société de matériel médical qui fournissait les Cotons-Tiges de prélèvement génétique, et qu'il n'existait donc pas de fantôme d'Heilbronn.

Gilbert Alejandro fut, lui, condamné pour viol sur la base du témoignage d'un « expert » médico-légal qui déclara être sûr à 100 % que l'ADN du violeur était le sien. Il s'avéra que ce pseudo-expert, un dénommé Fred Zain, avait menti sur son diplôme, qu'il ne possédait aucune qualification à même de justifier ce sur quoi il avait travaillé pendant vingt ans auprès de la police scientifique et technique du Texas, mais également qu'il n'avait pas proprement effectué l'analyse en question. Zain fut impliqué dans cent trente-quatre condamnations douteuses, et plusieurs dizaines de personnes, qu'il avait contribué à condamner, furent ensuite innocentées.

Avec cette découverte, Poncé Gaudissard ne peut plus faire de l'ADN un élément de défense. Le 14 mars 2011, quand s'ouvre son procès en appel, il semble acculé. Les familles des victimes espèrent obtenir la vérité. Devant la cour d'assises du Var à Draguignan, l'homme de cinquante-quatre ans doit répondre du double assassinat de Meyrargues.

Le procès s'étend sur cinq jours. Une fois encore, à l'appel des avocats des parties civiles, les victimes rescapées de Gaudissard sont appelées à la barre. Fait rare, ce sont elles qui prennent la parole en premier, quand en général un procès d'assises donne d'abord la parole à l'accusé. Leurs témoignages poignants vont faire pencher la balance en défaveur de l'accusé. Les morts suspectes de l'oncle et de la cousine de Gaudissard, en décembre 2001, sont également évoquées à l'audience.

« C'est vrai que je ne suis pas un saint, mais je ne suis pas un assassin » clame le prévenu depuis son box.

Au terme du procès, l'avocat général requiert la même peine qu'en première instance, trente ans de réclusion. Mais, cette fois, les jurés, estimant l'accusé d'une « extrême dangerosité » et « difficilement curable », vont au-delà des réquisitions du ministère public. Gaudissard est condamné à la peine maximale prévue par la loi : la réclusion criminelle à perpétuité, assortie d'une période de sûreté de vingt-deux ans.

Emprisonné au centre pénitentiaire de Bordeaux-Gradignan, Poncé Gaudissard y meurt le 19 novembre 2019. Le *serial* violeur était-il également un *serial killer* ? Le tueur au couteau est parti, emportant dans sa tombe ses secrets.

Affaire Omar Raddad

Mougins, une commune de la Côte d'Azur, perchée à quelques kilomètres de Cannes. Allée Saint-Barthélemy, sur les hauteurs de la ville. C'est là, dans le quartier cossu que vivent les « gens de la colline », de riches propriétaires de villas luxueuses nichées dans leurs écrins de pins, de lauriers et d'oliviers. Parmi eux, Ghislaine Marchal, soixante-cinq ans, a grandi dans un monde bourgeois et cultivé. Elle se marie en 1965 à Jean-Pierre Marchal, P.-D.G. des bougies Marchal, la célèbre entreprise d'accessoires pour automobiles. Ils se séparent au bout de quelques années, puis l'homme décède en 1983, faisant de Ghislaine Marchal l'héritière d'une partie de sa fortune. Elle partage alors sa vie entre la Suisse et la Côte d'Azur. Les gens l'appellent la « dame à la Rolls », à cause de la Silver Shadow verte qu'elle utilisait parfois pour faire ses courses au supermarché. Elle est retrouvée morte dans sa cave au début de l'été 1991. Sur les lieux du crime, une inscription désigne le coupable : « Omar m'a tuer. » L'enquête se tourne vers le jardinier marocain, Omar Raddad. C'est le début d'une des affaires les plus médiatiques et les plus controversées.

Lundi 24 juin 1991, 11 h 30, Erica Serin arrive devant La Chamade, la propriété de son amie Ghislaine Marchal. Elle est invitée à déjeuner et à passer l'après-midi au bord de la piscine.

Elle sonne, mais personne ne répond. Inquiète, elle avertit Francine Pascal, voisine et amie de Ghislaine, qui téléphone à AGM, l'entreprise chargée du gardiennage de la villa.

Christian Agatti, de la société de surveillance, se rend sur les lieux à 14 h 10. Il fait un tour de la villa puis, avec Francine, décide d'entrer dans la maison. Le médecin de Ghislaine, prévenu lui aussi, les accompagne. La villa n'est pas fermée à clé, l'alarme n'a pas été enclenchée. Ils fouillent le salon et les autres pièces. Aucune trace de Ghislaine. Sur le secrétaire, ils retrouvent son sac à main. Le médecin connaît les habitudes de sa patiente : d'ordinaire, elle conserve toujours des billets en vrac dans son sac. Mais là rien. Qu'est-il arrivé à Ghislaine Marchal ? Le docteur alerte la gendarmerie de Mougins.

À 17 h 30, deux enquêteurs de la brigade territoriale de Mougins arrivent sur place. Ils sont intrigués par deux choses : l'absence de désordre apparent dans la maison et la présence de la voiture de la disparue à l'extérieur. Tout donne à croire qu'elle n'a pas quitté sa maison.

Dans une boîte à cigares sont retrouvées de nombreuses clés, dont celle de la cave, seul endroit qui n'a pas encore été visité. Les gendarmes Jean-Louis Teulière et Martial Liedtke décident de s'y rendre. L'un d'eux introduit la clé dans la serrure, mais visiblement quelque chose bloque l'ouverture. La porte résiste malgré la poussée de plusieurs personnes. Le gendarme Liedtke parvient à glisser un bras dans l'entrebâillement, puis à se faufiler à l'intérieur. Les lieux sont plongés dans l'obscurité, l'interrupteur est maculé de sang. L'objet qui coinçait l'accès est un lit pliant, mais il y a aussi un chevron et un tube métallique portant des traces de sang.

Dans le local de chaufferie, les gendarmes découvrent Ghislaine Marchal, étendue sur le sol, son peignoir imbibé de sang. Sur le ventre, les mains au-dessus de la tête. Et ce n'est pas tout. Sur la porte blanche figure une inscription, pas très lisible, écrite en lettres de sang : « OMAR M'A T. » Sur une autre porte du sous-sol, qui donne accès à la cave à vin, une seconde inscription, à mi-hauteur, beaucoup plus nette : « OMAR M'A TUER. » Une première hypothèse se dessine : cette femme, à l'agonie, se serait barricadée et aurait écrit sur les murs désignant son tueur avec son sang.

De telles inscriptions sont inédites dans les annales criminelles. Une victime qui désigne ainsi son meurtrier, c'est même du jamais vu ! Et c'est d'ailleurs le point de départ d'une enquête criminelle retentissante, d'une énigme qui, trente ans après, reste irrésolue : Ghislaine Marchal a-t-elle véritablement écrit ces lettres de sang ou était-ce une mise en scène machiavélique visant à faire accuser un faux coupable ?

Dans la soirée, le fils de la victime, Christian Veilleux, et une cousine avocate, Sabine de Granrut, arrivent de Paris. La perquisition de la villa commence. Aucun bijou ni aucun objet de valeur, hormis l'argent liquide dans le sac de Ghislaine Marchal, n'a visiblement été dérobé.

À 20 h 30, ce lundi 24 juin, les premières constatations débutent dans la chaufferie. Ce sont les gendarmes Patrice Gervais et Jean-Claude Vessiot qui s'en chargent. Ils prélèvent le chevron taché de sang, une montre de luxe, un tube métallique, et le lit pliant qui empêchait l'ouverture de la porte.

Le Dr Gérard Page, médecin légiste, pratique le premier examen du corps. Le cadavre repose sur le ventre, les deux mains sont ensanglantées et celle de gauche est mutilée. Il présente une dizaine de plaies par arme blanche, notamment au niveau du cou, comme un égorgement. La victime a également reçu des coups sur le crâne, probablement assénés avec le chevron maculé de sang. Son décès date de plus de six heures. L'arme utilisée est introuvable.

Le soir de la découverte du corps, un gendarme entend Francine Pascal, la voisine et amie de Ghislaine Marchal. Elle leur parle du jardinier qui travaille pour elle et pour Ghislaine. L'homme, un Marocain en situation régulière, vit non loin de là et a travaillé chez elle ce dimanche 23 juin 1991. Il s'appelle Omar Raddad. Il n'a pas encore vingt-neuf ans.

Né dans la région du Rif le 1er juillet 1962, Omar Raddad a grandi au Maroc où il travaille dans les champs pour aider sa mère à élever six enfants. Son père travaillait en France, comme jardinier. Omar l'a rejoint sur la Côte d'Azur en 1985, après son service militaire. Le 2 février 1987, il a épousé Latifa, une Française d'origine marocaine, de Toulon. Ils ont deux garçons : Karim, né en décembre 1987 et Youssef, en mai 1991. La famille Raddad vit au Cannet, à cinq kilomètres de Mougins. Omar gagne environ six mille francs par mois auxquels s'ajoutent deux mille francs d'allocations familiales. Il connaît toutefois des difficultés financières, au point de souvent demander des avances à ses patronnes. C'est un homme élégant, aux traits fins, décrit comme calme et discret.

Les gendarmes décident de l'interpeller dès le lendemain de la découverte du corps. Le mardi 25 juin 1991, Omar Raddad est à Toulon où Latifa, qui vient d'accoucher de son second enfant, est venue se reposer chez ses parents. Le jardinier est arrêté devant sa belle-famille et conduit à la gendarmerie de Mougins. Il n'oppose aucune résistance.

Devant les gendarmes, il affirme ne pas être allé chez Ghislaine Marchal ce jour-là et n'avoir rien à voir avec sa mort. Le jardinier déroule son emploi du temps : il a travaillé chez Francine

Pascal le dimanche 23 juin pour compenser son absence du lundi 24 juin qu'il avait prévu de passer en famille pour fêter l'Aïd-el-Kébir. Ce dimanche 23 juin, il a donc commencé sa journée à huit heures. À midi, il a enfourché sa mobylette, s'est arrêté quelques minutes pour acheter une baguette dans une boulangerie du val de Mougins. Un quart d'heure plus tard, dans le hall de son immeuble, il a croisé le gérant du supermarché voisin. Il a déjeuné – du pain et du fromage – devant *Le Juste Prix*, bu un thé et est reparti travailler à 12 h 45. À 12 h 51, il a passé un coup de fil à sa femme depuis une cabine téléphonique et est arrivé chez Francine Pascal vers treize heures.

La fille de Francine, Arlette, se souvient de l'avoir vu à cette heure-là. Elle a trouvé qu'il avait les traits tirés, mais rien d'anormal. En revanche, ni la boulangère ni le voisin ne confirment aux gendarmes avoir vu Omar Raddad.

Les enquêteurs le pressent de questions sur ses habitudes de vie, sur ses finances. Omar Raddad concède qu'il a des problèmes d'argent, deux mois de loyer en retard. Les gendarmes découvrent qu'il joue au casino Le Croisette à Cannes et qu'il fréquente des prostituées...

Mme Pascal confirmera aux enquêteurs qu'Omar Raddad demandait, de plus en plus souvent, et avec de plus en plus d'insistance, des avances de salaire. La dernière fois que Mme Marchal lui avait avancé mille francs, c'était dix jours avant sa mort. Elle aurait d'ailleurs dit à son amie qu'il ne fallait plus lui en accorder, pour son bien. Mme Marchal avait néanmoins retiré cinq mille francs en espèces, argent qui ne sera pas retrouvé. Lorsqu'il est arrêté, Omar Raddad n'a aucun argent liquide sur lui.

Les gendarmes échafaudent alors un scénario. Omar Raddad avait besoin d'argent. Ce dimanche 23 juin, il est venu réclamer une avance sur salaire, et s'est présenté à La Chamade. Mme Marchal était au sous-sol. Agacée par la visite imprévue du jardinier, elle le rabroue, puis Omar la frappe. La croyant morte, il repart. Craignant le retour de son agresseur, la victime a la force de se barricader et de dénoncer son assassin avant de succomber.

Pour les gendarmes, il ne fait aucun doute qu'Omar Raddad est coupable. Le 26 juin 1991, à l'issue de sa garde à vue, il est présenté à la juge d'instruction Sylvaine Arfinengo qui l'inculpe le lendemain pour le meurtre de Ghislaine Marchal. Omar est écroué à la maison d'arrêt de Grasse. Il jure son innocence.

L'affaire fait dès lors les gros titres de la presse : l'inscription en lettres de sang, le modeste jardinier marocain à l'excellente réputation employé par une riche héritière… Tout semble l'accuser, pourtant les voisins de Mme Marchal sont unanimes et sont convaincus que le jardinier n'a pas pu commettre un tel meurtre. Francine Pascal, qui emploie elle aussi Omar Raddad, est formelle : « Je suis à peu près sûre que ce n'est pas possible que ce soit lui, étant donné qu'il travaillait chez moi toute la journée ce jour-là et que je ne l'ai pas vu partir un seul instant. Je n'étais pas derrière lui tout le temps, c'était un grand travailleur, doux, gentil. Il vivait pour sa famille. » Les journalistes ne cachent pas leurs doutes, eux non plus. L'inscription ne les convainc pas de la culpabilité du jardinier. Comment une femme à l'agonie aurait-elle trouvé la force d'écrire avec son sang puis de se barricader dans sa cave ?

L'autopsie révèle cinq coups portés sur le crâne à l'aide d'un objet contondant, sans doute le chevron, et treize blessures à l'arme blanche. Mais ce rapport va très rapidement être critiqué, car il mentionne la date du 24 juin et non du 23 juin comme jour de la mort. « Faute de frappe » plaident les experts qui rectifient le document.

Le créneau entre dix et quatroze heures le 23 juin, comme retenu par l'accusation, colle avec ce que l'on sait de l'emploi du temps de Ghislaine Marchal. L'héritière ne s'était pas rendue chez ses amis les Koster pour déjeuner ce jour-là, le dernier signe de vie la concernant est un appel le dimanche 23 juin à 11 h 45. Les enquêteurs soupçonnent Omar d'avoir commis le crime sur sa pause déjeuner. Selon les experts légistes, l'agonie de Ghislaine Marchal aurait duré entre quinze et trente minutes, un temps suffisant pour qu'elle écrive les inscriptions. Le corps de Ghislaine Marchal ayant été incinéré, aucune contre-expertise n'est possible, ce qui révolte la défense d'Omar Raddad.

Les analyses graphologiques confirment l'hypothèse selon laquelle Mme Marchal est bien l'auteure des deux phrases. Pour Gilles Giessner, expert en écriture, les traces d'affaiblissement physiologique écartent toute mise en scène. Il a comparé les lettres avec des écrits de la victime dans lesquels il affirme avoir également retrouvé des fautes d'orthographe. « On n'est peut-être pas spécialement attaché à l'orthographe quand on sait que l'on va mourir » déclare-t-il. Sa consœur Florence Buisson-Debar abonde dans son sens, expliquant qu'il n'y a pas d'opposition de force dans le geste, et donc que la personne n'a pas agi sous la contrainte. L'inscription « Omar m'a tuer » a été tracée par une personne lucide, qui bénéficiait d'un éclairage suffisant et qui était vraisemblablement agenouillée. On a retrouvé des traces de cheveux sur la porte de la cave à vin. Elle était par ailleurs très affaiblie et allongée lorsqu'elle a écrit le message partiel, que l'on ne comprend qu'à la lecture de l'autre message.

Alors que l'instruction avance et que les gendarmes sont persuadés qu'ils tiennent le mobile du crime et son auteur, la défense les accuse de s'obstiner contre un coupable tout désigné, sans autre preuve que ces inscriptions. Elle dénonce une enquête bâclée, orientée dès le départ sur le jardinier marocain, qui entame une grève de la faim en novembre 1991. Les gendarmes ont-ils creusé dans l'entourage de Ghislaine Marchal ? Non, arguent les avocats. Me Baudoux et Me Girard crient au scandale : Omar Raddad qui ne sait ni lire ni écrire a été entendu sans interprète pendant sa garde à vue. Ils insistent : les gendarmes n'ont relevé aucune de ses empreintes sur la scène de crime. Aucune trace d'herbe dans la chaufferie alors qu'il avait jardiné toute la matinée chez Francine Pascal. Aucune trace non plus de l'argent qu'il aurait volé à sa patronne. Pas de sang sur ses vêtements qui ont été saisis. Ils dénoncent aussi la non-vérification des appels téléphoniques, la mauvaise date sur le rapport d'autopsie, la présence d'une pellicule photo de Ghislaine Marchal qui a été détruite et que personne n'a prise en considération…

Le 18 février 1992, lors d'une reconstitution, les défenseurs d'Omar Raddad cherchent à démonter le scénario présenté par l'accusation, selon lequel la porte a été bloquée de l'intérieur, à l'aide de la barre métallique coincée sous la porte et mise en appui sur un chevron, puis que le lit pliant a été adossé à la porte par la victime. Or, il est difficile d'imaginer une femme agonisante mettre en place un tel dispositif pour se protéger de son meurtrier dont elle craint le retour.

La défense instille un peu plus le doute dans l'opinion en démontrant que le meurtrier a pu installer le dispositif de fermeture de la porte en quittant la pièce. En vain. Malgré les efforts de ses avocats, deux ans après les faits, l'instruction est close. La justice estime qu'il y a suffisamment de preuves pour renvoyer Omar Raddad devant la cour d'assises. Juste avant le début de l'audience, ce dernier se sépare de ses avocats et désigne Me Jacques Vergès pour le représenter.

LA GRAPHOLOGIE

La phrase « *Omar m'a tuer* », inscrite en lettres de sang, avec cette faute d'orthographe qui va devenir la plus célèbre de l'histoire criminelle française, est au cœur de l'enquête dans la mort de Ghislaine Marchal. L'accusation s'est montée autour des expertises de plusieurs graphologues qui certifient que Ghislaine Marchal en est bien l'auteure.

La graphologie est l'une des techniques des sciences dites forensiques – comme l'autopsie, la toxicologie, l'anthropométrie, l'odontologie, la psychologie/psychiatrie utilisées pour faire parler des indices dans le cadre d'une affaire, « en vue de la manifestation de la vérité ».

La graphologie (science de l'écriture manuscrite) est apparue au XIXe siècle, et c'est le prêtre Jean-Hippolyte Michon qui semble avoir été le concepteur du nom en 1872. Avant lui, Camillo Baldi dans son livre *Du moyen de connaître les mœurs et qualités d'un écrivain d'après ses lettres*, ainsi que Johann Caspar Lavater avaient imaginé en 1622 que la personnalité d'un auteur pouvait se révéler par son écriture.

Forme, pression, dimension, continuité, direction, inclinaison des mots sont étudiées, on appelle cela la graphométrie.

Si elle permet souvent de comparer deux documents et d'établir des présomptions de falsifications (souvent en matière de testament), elle est beaucoup plus contestée en matière de profilage.

Il est neuf heures, le 24 janvier 1994, quand Omar Raddad entre dans la salle d'assises de Nice. Devant les caméras, il a l'air confiant et calme. Il est assisté d'un interprète et ne s'exprime pas en français, ce qui génère une distance entre lui et la cour.

Sa femme Latifa le décrit à la barre comme un bon père de famille, attentif à ses proches, heureux, qui « ne ferait pas de mal à un moustique ». Ce à quoi le président de la cour répond : « Vous me dites cela, mais cela ne l'empêche pas de savoir égorger un mouton. » Latifa réplique : « Ce n'est pas parce qu'on tue un mouton qu'on tue une personne. » Malaise dans la salle d'audience. Les journalistes scrutent la réaction de Me Vergès qui reste silencieux.

Interrogé sur ses habitudes de vie, Omar Raddad nie avoir fréquenté des prostituées et avoir eu besoin d'argent au point de voler sa patronne qu'il considérait comme sa mère.

Les témoignages s'enchaînent, et les observateurs ont le sentiment que le mobile du crime n'est pas clair et que les preuves matérielles sont inexistantes. Le 28 janvier 1994, les déclarations des légistes sont floues concernant l'heure de la mort de la victime. Bien que ces derniers affirment que Ghislaine a tout à fait pu écrire avec son sang sur les portes, le doute demeure.

À l'extérieur du palais de justice de Nice, à la presse, Jacques Vergès plaide déjà l'erreur judiciaire : « Ce n'est pas au médecin de faire confiance au dossier, c'est au médecin de dire si la personne était vivante ou morte à une heure précise. C'est un scandale, et il est temps de le dénoncer. Nous pouvons dire aujourd'hui que nous ne savons pas quand elle est morte. »

Le lundi 31 janvier 1994 constitue l'un des moments phares du procès, avec l'exposition des deux portes portant les inscriptions en lettres de sang – les seules pièces à conviction dans cette affaire – dans la salle d'audience. Elles y resteront pendant toute la durée des plaidoiries et du réquisitoire. À la pause, les journalistes peuvent même s'en approcher. Des empreintes digitales semblent visibles dans les lettres de sang, mais personne n'en a fait état. Les débats s'achèvent ainsi.

L'avocat général réclame dix-sept à vingt ans de prison. Prenant la parole à son tour, Jacques Vergès dénonce les incohérences, les *a priori* de l'instruction et « un bricolage judiciaire ». Il s'en prend violemment aux experts-graphologues trop écoutés dans les prétoires. Pendant une heure et demie, l'avocat passe au crible tout ce qu'il avait feint d'ignorer durant les débats. « Ayez le courage de dire avec obstination "non". Acquitter ne serait pas une insulte. Ce serait honorer la justice et honorer la France. »

À la fin de la plaidoirie de son avocat, Omar Raddad sanglote et essuie ses larmes. Un changement radical d'attitude de la part d'un homme qui a, depuis le premier jour, surpris par son impassibilité. Pour ses derniers mots, avant que les jurés ne partent délibérer, Omar déclare : « Je voudrais cette fois-ci parler en français. Ce n'est pas moi qui ai tué Mme Marchal. Mme Marchal était quelqu'un de bien. Elle m'a fait beaucoup de bien. »

Le 2 février 1994, Omar Raddad est condamné à dix-huit ans de prison. Les jurés lui accordent des circonstances atténuantes, preuve peut-être qu'ils ne sont pas complètement convaincus de sa culpabilité. Omar Raddad est blême. Dehors, la foule crie « innocent ! ». Sur les marches du palais de justice de Nice, Jacques Vergès, ulcéré par le verdict, déclare : « Quelqu'un dont j'ai prouvé l'innocence vient d'être condamné à une peine qu'il ne mérite pas. C'est le centième anniversaire de l'affaire Dreyfus : il y a cent ans, on condamnait un jeune officier qui avait le tort d'être juif; aujourd'hui, on condamne un jardinier parce qu'il a le tort d'être maghrébin. » Cette déclaration fait basculer l'affaire Omar Raddad dans une autre dimension. Jacques Vergès transforme le fait divers en affaire d'État. C'est le point de départ d'un combat acharné pour la reconnaissance d'une possible erreur judiciaire et la réhabilitation d'un homme.

Dans les journaux, les réactions ne se font pas attendre. *Le Monde* titre « Une énigme criminelle vient-elle d'aboutir à une erreur judiciaire ? », *Le Nouvel Observateur* s'interroge « Et s'il était innocent ? ». Un vent de fronde gagne les couloirs de l'institution judiciaire : un collectif d'avocats en colère lance un appel réclamant un nouveau procès.

Jean-Marie Rouart, alors directeur du *Figaro littéraire*, écrit un long plaidoyer intitulé « Si j'étais criminel » et souligne les invraisemblances de l'enquête. Ce sera le premier d'une longue série. L'intellectuel prend la tête d'un comité de soutien d'Omar Raddad. Il rassemble autour de lui quarante personnalités, dont Jean d'Ormesson et Erik Orsenna, qui signent un document rappelant un grand principe du droit français : le doute doit bénéficier à l'accusé. Deux semaines plus tard, le magazine *Globe Hebdo* publie un sondage réalisé par l'institut Louis-Harris : 64 % des Français estiment « plutôt souhaitable » de rejuger Omar Raddad.

Le 9 mars 1995, le condamné perd un nouveau combat : la justice rejette son pourvoi en cassation. La Cour considère qu'il a eu un procès équitable et sans faute de procédure. Seul recours à présent : la révision de son procès. En attendant, il peut espérer une grâce présidentielle.

Au Maroc, d'où Omar est originaire, l'affaire rencontre depuis le début un grand écho populaire. À tel point que le roi Hassan II va plaider la cause du jardinier auprès du président français Jacques Chirac, qui lui accorde le 10 mai 1996 une grâce présidentielle partielle de quatre ans et huit mois. Omar Raddad pourra être libéré d'ici deux ans, mais il n'est toujours pas reconnu innocent. Jean-Marie Rouart et d'autres intellectuels se mobilisent pour une libération immédiate. Le garde des Sceaux refuse. Le 4 septembre 1998 donc, à 8 h 10, sous le crépitement des flashs, Omar Raddad quitte les murs du centre de détention de Muret, près de Toulouse. Il y a passé sept ans et deux mois. Sa libération, conditionnée à l'obtention d'un emploi, a été acceptée. Omar a retrouvé du travail comme manutentionnaire dans une usine agroalimentaire marseillaise. Omar Raddad tombe dans les bras de son avocat, Jacques Vergès. Il est libre, certes, mais pas innocenté. S'engage un nouveau combat : la révision de son procès.

LE DROIT DE GRÂCE

La grâce est un pouvoir régalien qui appartient au chef de l'État et permet de supprimer ou de réduire la peine d'un condamné.

En France, elle a été formellement introduite au XIVe siècle, sous la forme de lettres de rémission, puis a brièvement disparu entre 1789 et 1799, et reste actuellement la prérogative du président de la République.

Contrairement à l'amnistie, la grâce présidentielle n'efface pas la condamnation. Le président de la République n'a pas à justifier sa décision d'accorder ou de refuser la grâce.

Pour bénéficier d'une grâce, il faut être condamné à une peine de prison ou d'amende et la condamnation doit être définitive.

La grâce ne s'applique pas aux sanctions civiles. Ainsi ne sont concernées ni la condamnation à la réparation du préjudice de la victime, ni l'amende civile, ni les sanctions administratives comme le retrait de points du permis de conduire.

Les décrets de grâce ne sont pas publiés au *Journal officiel* mais sont directement notifiés à la personne.

La grâce est donc sans effet sur la décision de condamnation qui figure toujours au casier judiciaire.

Elle n'empêche pas la victime d'obtenir réparation de son préjudice.

C'est un détective privé, engagé par Jacques Vergès, Roger-Marc Moreau, qui va mener la contre-enquête pour trouver matière à monter un dossier en révision. Celui-ci rencontre des protagonistes de l'affaire et s'interroge notamment sur le rôle de la femme de ménage de Ghislaine Marchal, Liliane Receveau. En effet, il découvre que celle-ci vivait à l'époque des faits avec Pierre Auribault, surnommé « Pierrot le Fou », connu pour vols et condamné pour avoir tué un homme. La femme de ménage aurait menti sur son emploi du temps le week-end du meurtre, elle avait reçu un congé exceptionnel pour ne pas venir travailler le dimanche et le lundi. Le détective se montre très critique envers l'enquête qu'il qualifie de « bâclée » : les gendarmes ne lui ont posé aucune question pour savoir où elle se trouvait sur le créneau du meurtre.

Roger Marc-Moreau consulte également d'autres experts en écriture, qui lui font part de leur stupéfaction concernant cette affaire. Selon eux, il est impossible d'affirmer à cent pour cent que Ghislaine Marchal est l'auteure des inscriptions. L'enquêteur privé en est persuadé et déclare dans une interview au magazine *Marianne* : « Dans toute l'histoire de la criminologie, ce n'est jamais arrivé qu'une victime dénonce son meurtrier avec son sang. »

Concernant la date de la mort de la victime, il pointe le fait que l'autopsie a été mal faite et que la mort pourrait dater du 24 juin et non du 23 juin. Or, le 24 juin, Omar Raddad avait un alibi : il était à Toulon avec sa belle-famille. De plus, la porte aurait pu être bloquée par le meurtrier lui-même et non par la victime.

En 1999, à la demande de la défense, la justice demande un complément d'information concernant les portes sur lesquelles figurent les inscriptions. De nouvelles analyses ADN sont menées concluant qu'il s'agit bien du sang de Mme Marchal… mélangé à deux ADN masculins ! Omar Raddad demande à se soumettre à des tests génétiques comparatifs. Les résultats tombent : aucun des deux ADN retrouvés n'est le sien. L'espoir renaît chez l'accusé qui, fort de ces nouveaux éléments, se présente devant la commission de révision, dans les locaux de la chambre criminelle de la Cour de cassation à Paris. L'avocat général Philippe Kehrig demande que le dossier soit transmis à la cour de révision et de réexamen, ce qui est chose faite le 25 juin 2001. C'est enfin une première victoire pour la défense du jardinier. Mais la cour de révision va-t-elle être favorable à un nouveau procès ?

Nouveau coup dur. L'avocat général de la cour de révision ne croit pas à l'innocence d'Omar Raddad. Dans un document de neuf pages, Laurent Davenas motive le rejet de la demande en reprenant point par point les éléments « nouveaux » avancés par la défense. Pour résumer : les expertises sur la date de la mort ne sont pas sérieuses ; celles sur les inscriptions l'ont été à partir de photos et non d'un examen direct des portes. Pour Laurent Davenas, il est donc impossible d'infirmer ou d'affirmer que Ghislaine Marchal est l'auteure des inscriptions. Liliane Receveau et son amant ont été entendus, mais d'après l'avocat général aucun élément neuf ne vient conforter les accusations portées à leur encontre. Concernant les empreintes génétiques masculines retrouvées sur les deux portes, il est impossible de déterminer à quel moment – antérieur, concomitant ou postérieur au meurtre – ces traces ont été laissées. Et de conclure que de nombreuses personnes ayant pu approcher les pièces à conviction avant le meurtre faute de précautions suffisantes, toute recherche complémentaire sur les empreintes génétiques découvertes serait privée de pertinence, comme sur celles qui pourraient l'être par de nouvelles investigations. La défense est abasourdie. Le 20 novembre 2002, la cour de révision rejette la demande d'Omar Raddad et de ses avocats. Il n'y aura pas de révision du procès. Le dossier est clos sans que l'on ait cherché à faire parler les nouveaux ADN trouvés sur les portes. Est-ce la fin du combat pour Omar Raddad ?

En 2009, les choses semblent enfin bouger quand Sylvie Noachovitch, nouvelle avocate d'Omar Raddad, rencontre les membres du cabinet de Rachida Dati au ministère de la Justice afin d'obtenir de nouvelles expertises, une comparaison des ADN trouvés sur les portes avec ceux du Fichier national automatisé des empreintes digitales (FNAEG). Sans succès.

En 2014, enfin, première victoire pour Me Noachovitch qui fait rouvrir le dossier avec un expert génétique désigné. L'avocate bénéficie d'une loi qui permet de simplifier les démarches pour les demandes en révision : désormais la défense peut faire des demandes d'acte préalables à la requête en révision. Le procureur de Nice, Éric Bedos, accepte de procéder à des analyses sur les lettres de sang et à l'expertise des deux ADN masculins retrouvés en 2001. Le magistrat saisit le laboratoire d'Olivier Pascal, à Nantes, l'un des pionniers en France de l'identification des empreintes génétiques.

Le rapport du docteur Pascal révèle qu'il n'y a pas deux, mais quatre ADN masculins sur les inscriptions : quatre ADN complets (deux sur la porte de la cave à vin et deux sur celle de la chaufferie) mélangés au sang de la victime, dont deux qui peuvent être comparés au FNAEG.

Le 20 octobre 2016, Jean-Michel Prêtre, le nouveau procureur de Nice, annonce qu'après comparaison avec le FNAEG « un soupçon d'identité » sur l'une des traces a été mis en évidence. La correspondance établie est sujette à caution. Des analyses complémentaires sont nécessaires. En mai 2017, la section de recherches de Marseille est saisie pour procéder à ces vérifications : l'individu signalé par la concordance partielle est localisé, interrogé et soumis à un nouveau prélèvement. Mais c'est une fausse piste : en janvier 2018, les vérifications aboutissent à un résultat négatif…

Le 24 juin 2021, Sylvie Noachovitch dépose une nouvelle requête en révision, sur la base d'une nouvelle analyse réalisée à partir de l'expertise génétique du Dr Olivier Pascal. C'est un autre expert, Laurent Bréniaux, mandaté à titre privé, qui parvient à la conclusion qu'une empreinte génétique masculine est présente à une trentaine de reprises sur l'une des inscriptions. Cet ADN ne matche pas non plus au FNAEG. Me Noachovitch réclame alors que des comparaisons avec tout l'entourage de Ghislaine Marchal soient faites.

Le 16 décembre 2021, la commission d'instruction de la cour de révision et de réexamen lui accorde un complément d'information, première étape vers une saisine de la cour. Mais celle-ci rejettera une seconde fois sa demande le 13 octobre 2022.

Omar Raddad vit à Toulon, près des siens. Son histoire et celle du meurtre de Ghislaine Marchal continuent d'alimenter les débats sur les erreurs judiciaires.

Affaire Jacques Rançon

Une série de crimes et de disparitions crée la psychose à Perpignan à la fin des années 1990. En quelques années, deux jeunes femmes disparaissent et deux autres sont assassinées dans le quartier de la gare. Pendant près de vingt ans, les policiers vont tenter sans succès de résoudre l'énigme… jusqu'en 2014, où les progrès de la science permettent d'identifier le coupable.

Perpignan, dimanche 21 décembre 1997. Un riverain du quartier de la gare aperçoit un cadavre dans le terrain vague en face de chez lui, au niveau du 102, boulevard Nungesser-et-Coli. Alertés, les policiers du commissariat de Perpignan se rendent sur place et découvrent une scène de crime abominable.

La victime est une jeune femme. Elle gît nue sur le sol. Elle porte plusieurs plaies au thorax. Son corps a été mutilé. Ses seins et ses parties génitales ont été prélevés. Le médecin légiste estime que le décès remonterait à environ douze heures. Autour de son cadavre, deux bagues, une écharpe et une boucle d'oreille ainsi qu'un tampon. On ne retrouve ni le sac de la victime ni ses effets personnels. Les policiers ne tardent pas à l'identifier. Récemment émancipée et ayant eu des difficultés familiales dans sa jeunesse, Mokhtaria Chaïb est connue des services judiciaires. À dix-neuf ans, elle est étudiante en deuxième année de sociologie à la faculté et rêve de devenir infirmière.

Le 23 décembre 1997, une information judiciaire est ouverte pour assassinat accompagné d'actes de torture et de barbarie. L'autopsie établit que Mokhtaria a été frappée à la tête et a reçu une douzaine de coups de couteau dans le cœur et les poumons. L'ablation de ses parties génitales a eu lieu après sa mort.

Au vu des découpes effectuées sur le corps de la jeune fille, les policiers privilégient la piste d'un médecin ou d'un chirurgien, un meurtrier qui aurait des connaissances médicales. Ils cherchent aussi à déterminer quel a été l'emploi du temps de la jeune femme avant son décès. Ils découvrent qu'elle a passé la soirée chez un ami, dans le quartier de la gare, et qu'elle est partie vers 22 h 30 pour regagner à pied la cité universitaire où elle vivait. Un trajet de trente minutes qui lui fait emprunter l'avenue du Général-de-Gaulle, la rue Georges-Courteline et l'avenue Nungesser-et-Coli. L'enquête de voisinage ne donne rien.

Début janvier 1998, une quinzaine de jours après la découverte du corps de Mokhtaria, un habitant contacte les services de police. Dans sa haie, il vient de découvrir une chaussure de femme. La police fait fouiller les maisons alentour et trouve dans une autre haie la seconde chaussure. Ce sont bien celles de la victime. Elles sont placées sous scellés.

Les policiers sont à la recherche d'un médecin. Leurs soupçons se portent alors sur Andrés Avelino Palomino Barrios, un Péruvien qui exerce avec de faux diplômes dans plusieurs hôpitaux et habite à quatre cents mètres à peine du lieu de la découverte du corps. Il a déjà fait de la prison pour vol de matériel médical. Il possède une camionnette dans laquelle les enquêteurs supposent qu'il aurait pu transporter la victime et réaliser les mutilations.

Le 22 janvier 1998, sa garde à vue débute. Pressé de questions, il fournit un faux alibi pour la nuit des faits. Il explique avoir passé le week-end en Espagne et avoir dormi dans sa fourgonnette. Mais ses voisins le contredisent. Ils affirment l'avoir vu le samedi et le dimanche. Ce n'est pas tout, il aurait nettoyé sa camionnette le jour de la découverte du corps… Ce qu'il ne faisait jamais. En perquisitionnant chez lui – il vit dans un taudis, les enquêteurs repèrent des taches rougeâtres sur un matelas… Même s'il nie toute implication dans le meurtre de la jeune femme, l'homme fait figure de coupable idéal. Il est présenté à un juge d'instruction, mis en examen pour « assassinat avec actes de torture et de barbarie » et incarcéré à la maison d'arrêt de Perpignan.

C'est alors que l'enquête va connaître un nouveau rebondissement. Le vendredi 26 juin 1998, six mois après l'assassinat de Mokhtaria, un autre corps est trouvé. Sur un terrain vague situé chemin de Sainte-Barbe, à proximité du péage de Perpignan-Sud de l'autoroute A9. C'est un passant qui fait la macabre découverte le matin, à 9 h 30. Dissimulé sous des cartons et des cagettes en bois, le cadavre est en état de décomposition avancée, entièrement nu. Il n'a ni tête ni mains. Il a subi d'atroces mutilations : incision du torse, éviscération, ablation des organes génitaux et anaux.

Une information judiciaire contre X du chef d'assassinat est ouverte par le parquet de Perpignan le 2 juillet 1998. Très rapidement, les enquêteurs font le rapprochement avec la disparition d'une jeune femme de vingt-deux ans, Marie-Hélène Gonzalez. Le signalement remonte au 16 juin 1998, dix jours plus tôt. Ce soir-là, Marie-Hélène rentrait d'Argelès-sur-Mer, à une vingtaine de kilomètres de Perpignan. Elle était arrivée en gare de Perpignan à vingt et une heures et s'était rendue au Café Figueres. Elle devait ensuite rejoindre le domicile de ses parents en stop, comme elle en avait l'habitude. Pour cela, il lui fallait emprunter le même trajet que celui de Mokhtaria, et emprunter la rue Georges-Courteline.

Le quartier de la gare, un corps atrocement mutilé, une jeune femme brune aux cheveux longs... Les enquêteurs sont persuadés qu'ils ont affaire au même tueur que celui qui s'en est pris à Mokhtaria et que ce dernier gravite dans le quartier. Les policiers quadrillent le secteur, effectuent des surveillances, lancent des appels à témoin, procèdent à des auditions. Des centaines de procès-verbaux sont établis, plus de cinq cents témoins sont entendus, plus d'une centaine d'individus sont interpellés sans qu'aucun élément ne puisse faire avancer l'enquête. Un travail de fourmi qui ne donne rien. Ils n'ont aucune piste concrète, aucun suspect. Et le 13 août 1998, après six mois de détention provisoire, Palomino Barrios recouvre la liberté, sous contrôle judiciaire. Le Péruvien ne peut pas être le meurtrier de Marie-Hélène – il était en prison quand elle a été tuée – et aucune des traces retrouvées chez lui ne correspond à l'ADN de Mokhtaria Chaïb.

Avec ces deux meurtres aux similitudes troublantes, les policiers se concentrent désormais sur la piste du tueur en série et reprennent l'enquête de zéro. Ils font à nouveau le tour des riverains qui ont eu affaire à la justice, et cherchent à identifier des individus impliqués dans des affaires de délinquance sexuelle, d'homicide, etc. Ils s'intéressent alors à un dénommé Élie R., un rempailleur de chaises qui habite une bicoque au bout du chemin emprunté par le meurtrier de Marie-Hélène. Âgé de cinquante-huit ans, l'homme a déjà purgé sept ans de prison pour viol et a été mis en cause dans l'agression d'une prostituée. Incarcéré durant quatre mois, le suspect est finalement écarté.

Les enquêteurs sont dans une nouvelle impasse quand une autre affaire vient s'ajouter au dossier. Celle de la disparition non élucidée, dans le quartier de la gare, trois ans plus tôt, de Tatiana Andujar, une jolie brune de dix-sept ans. Ses parents avaient signalé sa disparition quand, le dimanche 24 septembre 1995, elle n'était pas rentrée chez elle après un week-end à Toulouse avec des amis. Arrivée à 19 h 30 en gare de Perpignan, la lycéenne leur avait passé un coup de fil à sa descente du train, avant de se diriger vers la rue Georges-Courteline et de faire du stop. Depuis plus rien. Les gendarmes avaient enquêté, lancé des avis de recherche. Sans succès. Au bout d'un an, au printemps 1997, le juge avait rendu une ordonnance de non-lieu.

Les meurtres de Mokhtaria et de Marie-Hélène vont relancer l'enquête sur la disparition de Tatiana. Le dossier est rouvert et joint aux deux autres. Les enquêteurs pensent qu'elle aurait pu être victime du même tueur. La presse s'en mêle, évoque l'existence d'un tueur en série insaisissable. La psychose règne dans tout Perpignan. « Les parents refusaient de laisser sortir leurs adolescents seuls dans les rues, et tout le monde parlait de cette affaire » se souvient Gilles Soulié, le chef de l'antenne de la PJ de Perpignan.

Une rumeur s'empare alors de la ville : et si ces meurtres étaient liés à l'univers psychédélique du peintre Salvator Dalí, auteur de nombreuses œuvres avec des femmes sans tête et pour lequel la gare de Perpignan était le centre du monde ? L'affaire prend même une ampleur internationale : le *New York Times,* le *Sunday Telegraph, Vanity Fair* y consacrent des articles.

Devant l'absence d'indices tangibles, les familles des victimes sont désemparées. Elles organisent des conférences de presse, lancent des appels à témoin pour réveiller les mémoires. Rien ne se passe jusqu'au 9 février 2001…

Ce jour-là, une quatrième jeune femme, Fatima Idrahou, vingt-trois ans, disparaît dans le quartier de la gare. Sa disparition, signalée par sa sœur, laisse penser que le tueur en série a de nouveau frappé. Elle aurait emprunté le même itinéraire pour rentrer chez elle que les autres jeunes femmes. Une enquête de voisinage est lancée. Un témoin raconte avoir vu une voiture garée sur un parking, avec une jambe de femme en sortant. Il transmet le relevé partiel de la plaque minéralogique aux enquêteurs qui, très vite, identifient Marc Delpech, un homme marié, père de famille et fils du propriétaire du véhicule. L'homme est patron d'un bar du centre-ville de Perpignan où la jeune femme s'était déjà rendue.

Placé en garde à vue, l'homme avoue. Il a violé et étranglé Fatima, puis il a jeté son corps à la mer, au cap Béar. Le cadavre de la jeune femme sera finalement retrouvé un mois plus tard au Canet-en-Roussillon, dans un étang, à cent mètres à peine du domicile de Delpech. Il tente d'expliquer son geste en arguant qu'il était amoureux d'elle et qu'elle avait refusé ses avances. Pris de colère, il l'aurait étranglée.

Marc Delpech est mis en examen pour le meurtre de la jeune femme. Mais les policiers s'interrogent : pourrait-il être le tueur de la gare ? Chez lui, les policiers découvrent de nombreuses coupures de presse sur les disparues et dans son ordinateur, une ébauche de roman concernant l'histoire d'un homme qui erre dans sa voiture aux abords d'une gare et racontant l'enlèvement d'une jeune auto-stoppeuse brune. Le premier chapitre s'intitule « Tatiana ». Il y décrit la jeune femme comme s'il la connaissait. Curieux…

Pour la mère de la jeune femme, Marie-Josée Garcia, l'homme est forcément suspect, mais rien ne le relie ni à la disparue, ni à Mokhtaria, ni à Marie-Hélène. Malgré les convocations quotidiennes chez le juge d'instruction, le suspect nie fermement être concerné par les meurtres et la disparition de ces trois jeunes femmes.

Le 18 juin 2004, il est condamné à trente ans de prison avec vingt ans de peine de sûreté pour le meurtre de Fatima Idrahou. Mais pour les disparues de la gare, il n'y a toujours aucune piste.

En 2006, l'arrivée à la PJ de Perpignan de Vincent Delbreilh va faire considérablement avancer le dossier. Le capitaine, qui intègre le groupe d'enquête des disparues de la gare, convainc la juge d'instruction de faire réexaminer les scellés et de procéder à de nouvelles analyses. Tous les prélèvements sont adressés à des laboratoires de pointe, d'abord à Lyon puis en Belgique. Une infime trace d'ADN dégradé est prélevée sur l'une des chaussures de Mokhtaria Chaïb. Mais, parce qu'il est partiel, cet ADN ne peut pas être introduit dans le FNAEG, le fichier national des empreintes génétiques. En revanche, il est comparé avec celui de tous les enquêteurs ayant manipulé les scellés et avec celui des principaux suspects du dossier. Sans résultat.

L'EMPREINTE GÉNÉTIQUE

Dix ans après le meurtre de Mokhtaria, les progrès de la science vont permettre d'extraire un ADN partiel appartenant probablement au meurtrier.

L'ADN permet de constituer ce que son découvreur, le généticien britannique Alec Jeffreys, appelait une « empreinte génétique ». Comme toutes les « traces » en matière criminelle, elle peut être plus ou moins précise, conservée ou polluée et donc délivrer un profil génétique plus ou moins détaillé.

L'analyse se fait sur la base d'un processus statistique dit « bayésien » (du nom de son inventeur, le mathématicien britannique Thomas Bayes), qui permet de valider la concordance entre les traces découvertes et un profil complet intégré dans une bibliothèque génétique. Plus il y a de marqueurs sur les fragments collectés sur la scène de crime, plus on se rapproche d'un profil complet. C'est autant une question de quantité que de qualité.

En 2006, l'ADN partiel ne permet pas d'obtenir le nom de celui à qui il appartient. La science n'a pas suffisamment avancé dans la capacité à élargir les interprétations possibles sur des marqueurs en petites quantités, et la bibliothèque des profils génétiques (FNAEG) n'a pas encore connu une importante croissance permise par des modifications législatives étendant la collecte.

Il faudra attendre encore presque dix ans pour que cet ADN puisse être totalement exploité. En 2014, la mise au point d'un nouveau logiciel utilisé par le FBI aux États-Unis et permettant de rapprocher des empreintes génétiques incomplètes avec celles détenues dans le FNAEG. Ce logiciel – utilisé pour la première fois dans une enquête en France – va permettre aux fonctionnaires du Service central de l'identité judiciaire d'obtenir une correspondance dans l'affaire des disparues de la gare.

Le 10 octobre 2014, dix-sept ans après les faits, un nom est enfin entre les mains de Gilles Soulié, patron de la PJ à Montpellier et jeune commissaire à Perpignan dans les années 1990. Très ému, il annonce à ses hommes qu'il s'agit de Jacques Rançon, cinquante-quatre ans, demeurant chemin de la Poudrière, à Perpignan, condamné en 1992 pour viol à huit ans de prison et incarcéré durant quelques mois après des menaces de mort portées envers son ex-compagne.

Ce cariste-magasinier est très éloigné du profil envisagé tout au long de l'enquête. Il n'est ni chirurgien ni amateur de Salvador

Dalí. C'est un homme qui a un parcours émaillé de nombreuses condamnations. Pire, les enquêteurs se rendent compte qu'ils l'ont déjà entendu dans l'affaire, le 29 septembre 1998.

Il est interpellé, placé en garde à vue le 14 octobre 2014. Enfin, les hommes de la PJ sont sûrs d'avoir devant eux le meurtrier présumé de la gare, celui qu'ils recherchent depuis dix-sept ans. Jacques Rançon a un lourd passé judiciaire, il a déjà passé onze ans en prison et vit dans un petit hôtel près de la gare, Le Berry. S'il ne fait aucun doute pour eux que Rançon est le meurtrier, il leur faut néanmoins des aveux, l'ADN seul ne suffisant pas pour l'inculper.

Devant les enquêteurs, Jacques Rançon raconte son enfance défavorisée à Hailles, en Picardie, dans un baraquement sans confort. Il est le seul d'une fratrie de quatorze enfants à ne pas avoir été placé en foyer. Il parle sereinement de ses premiers pas dans la délinquance : vols, violences, agressions sexuelles et viols. Il explique aux policiers être arrivé à Perpignan en décembre 1997 après être sorti de prison. Jugé à Amiens pour des faits de viol commis en Picardie en 1992, il avait écopé de huit ans d'incarcération, été libéré après six années puis avait emménagé à Perpignan pour se faire oublier et reconstruire sa vie.

Les heures passent, les auditions se succèdent, mais Rançon n'avoue toujours rien. Les enquêteurs vont alors jouer leur carte maîtresse : l'ADN retrouvé sur la chaussure de la jeune femme. Là encore, il maintient sa version, dit ne pas comprendre, se renferme. Après trente heures d'interrogatoires, les policiers décident de le conduire de nuit dans le quartier de la gare, sur les lieux de la découverte du corps de Mokhtaria afin de raviver ses souvenirs, de le pousser à parler… Le suspect dit ne pas connaître le terrain vague, n'y être jamais allé. Les policiers le ramènent au poste, et le laissent mariner. Et c'est là, le 16 octobre 2014, à 2 h 54 du matin, que Jacques Rançon craque et avoue le meurtre de Mokhtaria Chaïb.

Commence alors la sixième et dernière audition du suspect. Jacques Rançon détaille ce qui s'est passé ce samedi 20 décembre 1997. Il raconte avoir croisé Mokhtaria lorsqu'elle longeait l'avenue Nungesser-et-Coli, menant à la gare. Il se promenait dans le but de rencontrer une femme avec laquelle avoir une relation sexuelle. Il l'a agressée et contrainte sous la menace d'un couteau à le suivre sur le terrain vague. Il l'a forcée à se déshabiller, a tenté de la violer, et l'a tuée parce qu'« elle criait » et appelait au secours. Il l'aurait mutilée sur place pour éviter que son ADN soit retrouvé, aurait mis ses organes dans un sac plastique qu'il aurait jeté à la poubelle. Il déclare avoir agi par pulsion et n'avoir pas été paniqué à l'idée d'avoir tué quelqu'un. Il indique aux enquêteurs que c'est la première et unique fois où il a commis un tel acte. « Ça y est, le monstre a parlé » dira-t-il aux enquêteurs. Jacques Rançon est mis en examen pour « viol en récidive et assassinat », et incarcéré.

Lors d'une conférence de presse, Gilles Soulié livre le dénouement de cette affaire qui a marqué toute la PJ de Perpignan. La France entière découvre alors le visage du tueur de la gare, l'homme qui a terrorisé toute une ville pendant dix-sept ans, et Sabrina Houenou reconnaît celui qui avait failli la tuer le soir du 9 mars 1998, sous un porche, à Perpignan, en bas de son immeuble au 10, avenue de Belfort. Il l'avait agressée avec un Opinel. Sabrina, alors âgée de dix-neuf ans, garde de cette agression deux cicatrices au sein et à l'abdomen, et le souvenir de cette phrase prononcée par son agresseur : « Je vais te tuer. » Elle n'a survécu que grâce à l'intervention d'une voisine. L'affaire avait été classée à l'époque pour recherches infructueuses. L'agresseur avait pourtant donné à sa victime des indications qui auraient pu éviter ces dix-sept années d'enquête : il venait de fêter ses trente-huit ans, travaillait au marché Saint-Charles… Traumatisée, Sabrina s'était juré de retrouver son agresseur.

Le 3 juin 2015, Jacques Rançon est extrait de prison et avoue l'agression. Il est mis en examen pour tentative d'assassinat.

Rançon semble prêt à se livrer, alors le juge d'instruction ne veut pas rater l'occasion de nouvelles confessions. Cinq jours plus tard, nouvelle extraction. Rançon est désormais entendu dans le cadre du meurtre de Marie-Hélène Gonzalez. Dès sa première audition, le 8 juin 2015, il avoue l'assassinat de la jeune femme. Même scénario : une rencontre fortuite près de la gare, Rançon la prend en stop, la conduit sur le terrain vague où elle sera découverte. Il la viole, l'étrangle avec un câble électrique car elle crie, puis mutile affreusement son corps avec un couteau.

Rançon est renvoyé devant la cour d'assises pour le meurtre et le viol de Marie-Hélène, pour la tentative de meurtre sur Sabrina et pour l'agression de Meryl Foulonneau, vingt-trois ans, une autre jeune femme que Jacques Rançon avait poursuivie en voiture, en septembre 1998.

Son procès s'ouvre le 5 mars 2018 devant la cour d'assises des Pyrénées-Orientales à Perpignan, près de vingt ans après les faits. Il va durer trois semaines. L'ambiance est étouffante. C'est un procès hors norme, qui attire les foules et nécessite la mise en place d'une salle de presse et d'une salle annexe. Les familles des victimes, en pleurs, découvrent le visage de celui qui a tué leur fille, leur sœur, leur amie. Elles entendent avec difficulté le récit des crimes. Les témoignages des deux rescapées sont glaçants. Meryl, d'abord, qui doit sa survie au fait d'être restée enfermée dans sa voiture. Puis Sabrina, laissée pour morte par le tueur de la gare. La jeune femme tétanisée, tremblante, pousse des cris déchirants. Rançon, lui, est imperturbable. Tout juste esquisse-t-il un petit sourire. Appelée à la barre pour témoigner, la mère de Marie-Hélène Gonzalez insulte l'accusé, déverse sa colère ; les frères de la victime se jettent sur le box.

« Marie-Hélène et Mokhtaria n'auraient jamais dû mourir, je suis désolé de ce que j'ai fait et je demande pardon » déclare Jacques Rançon en clôture des débats.

Le 26 mars 2018, il est condamné à la perpétuité assortie d'une période de sûreté de vingt-deux ans pour les viols et assassinats de Mokhtaria Chaïb et de Marie-Hélène Gonzalez. « Y a-t-il d'autres victimes ? » demande le président à l'accusé. « Non » répond Jacques Rançon. Les mois qui suivent vont prouver qu'il ment…

Si Jacques Rançon affirme qu'il n'a pas commis d'autres crimes, une avocate est persuadée du contraire. Corinne Herrmann, spécialisée dans les *cold cases* fait le rapprochement entre les meurtres de Mokhtaria Chaïb et de Marie-Hélène Gonzalez et celui d'une jeune femme dans la Somme, en 1986.

Le 3 juillet 1986, un agriculteur découvre un sac à dos taché de sang et du matériel de camping dans un sous-bois, à Cachy, près d'Amiens, dans la Somme. Y aurait-il un lien avec l'appel à témoin lancé quatre jours plus tôt à la suite de la disparition d'Isabelle Mesnage ? Les gendarmes trouvent dans le sac un portefeuille et des documents d'identité. Ils se rendent aussitôt sur place et mettent au jour le cadavre d'une jeune femme, allongée face contre terre, à demi dévêtue. À proximité immédiate du corps, un short et une culotte ainsi qu'un bâton ensanglanté. Tout porte à croire qu'elle a été violée et tuée. Néanmoins, en raison de l'état de dégradation du corps causé par la chaleur, l'autopsie ne permet pas de déterminer les causes exactes de la mort.

Isabelle Mesnage, vingt ans, est une jeune informaticienne qui n'a plus donné signe de vie depuis le samedi 28 juin 1986. Ce jour-là, elle était partie en randonnée, seule. C'est dans ce bois qu'elle a probablement croisé la route de son agresseur. Le 11 juillet 1986, une information judiciaire est ouverte pour assassinat.

Le petit ami supposé d'Isabelle est placé en garde à vue. Il nie l'avoir vue le jour de sa disparition. Les enquêteurs n'ont aucun élément tangible contre lui, il n'est pas inquiété. Les gendarmes placent aussi en garde à vue l'agriculteur qui a découvert le corps et un délinquant sexuel connu dans la région, mais cela ne donne rien. Faute de preuves, le juge rend une ordonnance de non-lieu le 26 février 1992.

En se plongeant dans le dossier, Corinne Herrmann est stupéfaite par les similitudes entre l'état des corps des victimes de Perpignan et celui d'Isabelle Mesnage. En réexaminant les images du corps d'Isabelle, elle constate les mêmes mutilations au bas-ventre. Pour l'avocate, cette signature criminelle unique est celle de Jacques Rançon. Elle demande au parquet de rouvrir le dossier. Le corps d'Isabelle est exhumé pour une nouvelle autopsie. Les expertises n'affirment pas toutes avec certitude que la jeune femme a été mutilée comme les deux victimes perpignanaises. En revanche, l'enquête établit qu'en 1986 et en 1992, Jacques Rançon a agressé et violé deux autres jeunes femmes en région Picardie, et ce, dans un rayon d'environ un kilomètre autour du lieu où le corps d'Isabelle Mesnage a été retrouvé.

Alors, est-il possible que ce crime soit le premier de Jacques Rançon ? Le 18 juin 2019, il est extrait de sa cellule et placé en garde à vue pour être interrogé. L'Institut de recherche criminelle de la gendarmerie nationale (IRCGN) mise gros sur cette affaire, et a recours à des profileurs qui chapeautent les interrogatoires et briefent régulièrement les enquêteurs. Lors de la septième audition, Rançon avoue. Oui, il a pris Isabelle Mesnage en stop, l'a frappée au visage avant de lui « faire l'amour » puis de l'étrangler. Oui, il l'a découpée et il a jeté ses « attributs dans un champ » afin qu'on ne retrouve pas son ADN – propos étranges, car à cette époque, on ne parle pas encore d'ADN…

Réitérant ses aveux devant la juge d'instruction et en présence de ses avocats, il est mis en examen pour viol et assassinat. Pourtant, moins d'un mois après ses aveux, Jacques Rançon se rétracte dans un courrier et ne reviendra jamais sur cette position. Il dit avoir avoué sous la pression « n'importe quoi, pour qu'on le laisse tranquille ».

Le 8 juin 2021, le nouveau procès de Jacques Rançon s'ouvre devant la cour d'assises d'Amiens. Jacques Rançon maintient sa version : il n'a pas tué Isabelle Mesnage, il n'est pas un tueur en série. « La série commence à trois » dit-il. Mais il ne convainc pas. La cour et les jurés le condamnent à trente ans de prison, assortis d'une peine de sûreté de vingt ans.

LA PEINE DE SÛRETÉ

La peine de sûreté – période de sûreté selon le texte légal – est prévue à l'article 132-23 du Code pénal depuis 1978.

Elle interdit les réductions de peine, le placement à l'extérieur d'un établissement pénitentiaire, les permissions ou les libérations conditionnelles. Elle représente au minimum de la moitié de la peine prononcée. En cas de réclusion criminelle à perpétuité, elle peut aller à dix-huit ans. Dans les cas de meurtre avec viol et tortures sur mineurs, meurtre en bande organisée ou assassinat sur dépositaires de l'autorité publique en bande organisée et crime terroriste, elle est portée à trente ans au moins et peut être parfois illimitée – ce qu'on appelle la perpétuité incompressible depuis la loi de 1993.

Il existe aussi une « rétention de sûreté » qui peut s'appliquer après la peine de prison en cas de menace ou de non-respect des conditions prévues lors du jugement ou même après celui-ci.

Cependant, comment croire qu'un homme qui a attaqué une femme tous les trois mois après son arrivée à Perpignan n'ait commis aucun crime entre 1986 et 1997 ? Corinne Herrmann se demande si d'autres meurtres ne porteraient pas sa marque : l'assassinat d'une jeune auto-stoppeuse finlandaise en avril 1982 en Suisse, alors que Jacques Rançon circulait non loin ; ou celui de Sophie Borca, seize ans, disparue le 31 mai 1985, à la sortie de son lycée à Saint-Quentin dans l'Aisne. Son corps avait été retrouvé le 22 juin 1985, dans un bois de la commune d'Hombličres, à moitié dénudé, un bâton ensanglanté à proximité…

Malgré deux condamnations à perpétuité – fait rare dans les annales judiciaires –, Jacques Rançon n'a pas encore livré tous ses secrets. Le meurtrier purge aujourd'hui sa peine, et ne sera pas libérable avant 2040, date jusqu'à laquelle court sa période de sûreté. En trente ans, un mystère demeure : celui de la disparition de Tatiana Andujar. La famille attend toujours des réponses.

Affaire Alfredo Stranieri

Un tueur qui approche ses victimes grâce à des petites annonces… Dans cette histoire, tout commence lorsque Claude et Andrée Girard s'inquiètent de ne plus avoir de nouvelles de leur fille, Nathalie. L'enquête durera deux ans, d'abord menée par les parents seuls, puis relayée par la police, croisant une autre affaire de disparition mystérieuse et une tentative d'assassinat.

À l'automne 1997, à Pessac, près de Bordeaux, Claude et Andrée Girard n'ont plus de nouvelles de leur fille de trente ans. Les Girard ont toujours été très proches de Nathalie et bien que celle-ci habite désormais en région parisienne, à Viry-Châtillon, avec son compagnon Frédéric qui y tient une auberge-discothèque, ils entretenaient des contacts très réguliers. Ils tentent de la joindre à plusieurs reprises par téléphone. Sans succès. Nathalie ne répond pas aux appels et tous les courriers qu'ils lui envoient demeurent lettre morte. Les parents s'inquiètent, ce n'est pas dans ses habitudes de rester ainsi sans donner de nouvelles… et pourquoi la trentenaire aurait-elle brutalement coupé les ponts d'autant alors qu'elle avait prévu de passer les fêtes de fin d'année avec eux ?

Au fil des jours, puis des semaines, les Girard se persuadent que, si Nathalie les ignore, c'est à cause de Frédéric. C'est sous son influence qu'elle a décidé de couper tout lien et de rompre tout échange. Ils sont absolument convaincus que cet homme – qu'ils n'apprécient pas beaucoup – est derrière tout ça et que c'est lui qui tire les ficelles. Mais comment leur fille a-t-elle pu se laisser embrigader de la sorte ? Cela ne lui ressemble pas du tout.

Nathalie s'est installée en région parisienne quelques années plus tôt. Elle a d'abord travaillé comme intérimaire. Avec son frère, elle fréquente l'auberge-discothèque L'Île aux Lapins, à Viry-Châtillon. Frédéric Adman en est le propriétaire. Nathalie et Frédéric entament une relation amoureuse que Claude et Andrée Girard ne voient pas d'un très bon œil. Cet homme dont leur fille s'est éprise, patron de boîte de nuit, la cinquantaine, est loin d'être le gendre idéal. Beaucoup plus âgé que Nathalie, il a aussi de sérieux problèmes avec l'alcool. Nathalie a toujours eu un grand cœur et une âme de sauveuse, mais ses parents ont l'impression qu'avec lui elle perd son temps et gâche sa vie. C'est pourquoi ils accueillent leur fille les bras grands ouverts lorsque celle-ci quitte Frédéric Adman et revient habiter chez eux, à Pessac, au début de l'été 1997.

Bien déterminée à tourner la page de cette relation, Nathalie écrit alors une lettre à son compagnon, dans laquelle elle met fin à leur histoire. Or, vers le mois d'octobre, des proches de Frédéric Adman prennent contact avec elle pour l'informer que ce dernier ne va pas bien et qu'il a des soucis de santé. Inquiète, se sentant un peu coupable et responsable, Nathalie retourne à Viry-Châtillon et renoue avec Frédéric. Leur relation reprend, et Nathalie ne postera jamais la lettre de rupture qu'elle lui avait écrite. Ses parents se font une raison : si leur fille est heureuse comme cela, ils ne peuvent pas la retenir.

Les ennuis de santé et la lassitude de mener une vie nocturne incitent Frédéric Adman, sous l'impulsion de Nathalie, à mettre en vente son auberge-discothèque. Le couple a envie d'autre chose. Il est question qu'ils s'installent du côté de Bordeaux, pour que Nathalie se rapproche de ses parents et de cette région qu'elle aime tant. Frédéric envisage de reprendre un commerce. Cette vente représente pour eux l'espoir d'une nouvelle vie.

Le 10 novembre 1997, Nathalie téléphone à ses parents depuis un centre commercial à Thiais. Elle leur annonce que l'auberge-discothèque va être vendue. Elle est euphorique que cela se soit fait si vite. D'autant que l'acheteur n'a même pas cherché à négocier le prix de vente, pourtant élevé. Ils ont convenu que l'acquéreur prendra d'abord l'auberge-discothèque en location, pendant trois ans, puis qu'il l'achètera. Le rendez-vous chez le notaire doit avoir lieu deux jours plus tard. Le temps de s'organiser et de finaliser la vente, le couple espère bien venir à Pessac pour Noël. Lorsqu'il apprend le montant de la vente et les conditions acceptées par l'acheteur sans rechigner, Claude Girard félicite Adman d'avoir trouvé si rapidement un tel « pigeon ».

Ce sera la dernière conversation de Nathalie avec ses parents. Elle ne leur donnera plus de nouvelles. Silence radio. Tous les appels des Girard sonneront, dès lors, dans le vide. Perplexe, le couple essaie de la contacter par un autre biais, en téléphonant à la discothèque. Celui qui répond se présente comme le nouveau gérant et leur apprend que leur fille et Frédéric sont partis « se reposer quelques jours », après la signature chez le notaire. Étrange. Cela ne ressemble pas à Nathalie de partir sans en avertir sa famille. Les parents mettent cela sur le compte de l'euphorie et de la vente précipitée.

Les semaines s'écoulent, et toujours aucune nouvelle. L'inquiétude grandit. Chaque jour, Claude et Andrée Girard attendent un signe de leur fille : un appel, une lettre, une carte postale, mais rien ne se passe. En décembre 1997, un autre événement les alerte… Le compte bancaire de Nathalie a été progressivement vidé au profit de Frédéric Adman : il ne reste pas un centime. Les parents de Nathalie, qui reçoivent les relevés bancaires à leur domicile, ne comprennent pas ce qui se passe. Morts d'inquiétude, ils se disent qu'ils doivent absolument agir et que leur fille est peut-être en danger.

Le 27 décembre 1997, Claude et Andrée prennent la route en direction de la région parisienne et s'installent avec leur caravane au camping de Villiers-sur-Orge, déterminés à comprendre ce qui se trame et à retrouver leur fille chérie. Ils se rendent à Viry-Châtillon, devant l'ancien domicile de Nathalie et Frédéric et y font la rencontre du nouveau gérant de la discothèque. L'homme, petit, affable et bavard, qui dit s'appeler Alfredo Stranieri, leur répète que Frédéric et Nathalie ont décidé de prendre un peu de repos et de recul. Sans fournir plus de détails, il évoque la possibilité d'un voyage en Algérie dans la famille Adman. Les Girard sont déconcertés. Stranieri compatit et se veut rassurant. Il a lui-même une fille de dix-huit ans et sait parfaitement que ce n'est pas toujours facile. Les Girard en veulent à Adman. Ils sont persuadés que si leur fille ne donne pas de nouvelles, c'est parce qu'il l'en empêche. C'est lui qui l'a poussée à couper les ponts.

Claude Girard va remuer ciel et terre. Il appelle la famille d'Adman, les harcèle. Il est convaincu qu'ils lui cachent quelque chose. Il se renseigne auprès des voisins et des connaissances du couple. Apparemment, depuis la mi-novembre, plus personne n'a revu Frédéric et Nathalie. En revanche, le nouveau gérant a été aperçu à plusieurs reprises sur place et il se comporte comme s'il était chez lui. Il apprend que les comptes bancaires du garage dans lequel Frédéric Adman possède des parts ont aussi été vidés. Très remonté, son associé pense qu'il a été arnaqué et que Frédéric a disparu avec la caisse. L'ex-femme de Frédéric, qui avait des parts dans l'auberge-discothèque, est furieuse d'entendre que son ex-mari a vendu sans l'en avertir et sans lui verser sa part.

Le 7 janvier 1998, Claude découvre que la Volvo d'Adman a été déposée dans un garage de Grigny au mois de novembre pour des réparations. Elle y est toujours, mais le garagiste lui apprend que quelqu'un doit venir récupérer le véhicule. Le père de Nathalie se rend sur place et tombe sur Alfredo Stranieri. Ce dernier prétend que Frédéric Adman l'a mandaté parce qu'il ne peut se déplacer. Il a d'ailleurs tous les papiers nécessaires en sa possession. Claude Girard n'y comprend rien et soupçonne le compagnon de sa fille d'être de mèche avec ce nouveau gérant au comportement un peu bizarre.

Le 8 janvier 1998, le couple Girard se rend au commissariat de Juvisy-sur-Orge pour faire une recherche dans l'intérêt des familles. Les policiers ne sont pas vraiment à l'écoute. Nathalie est majeure, saine d'esprit, rien ne prouve qu'elle est en danger et, surtout, si elle a décidé de couper les ponts avec ses parents, c'est son affaire à elle. Elle en a le droit.

Claude Girard est perdu, désemparé. On ne l'a pas pris au sérieux, et le sort de Nathalie n'intéresse personne. Il comprend qu'il ne pourra compter que sur lui-même et que s'il veut mener l'enquête, il devra le faire sans l'appui des policiers. Le père de famille engage alors un détective privé, choisi dans l'annuaire. Quelques jours plus tard, ce dernier avertit les Girard qu'il a retrouvé une trace de leur fille… et leur donne l'adresse à laquelle elle résiderait. Convaincu qu'il s'agit d'une brouille familiale, il a accompli son travail, a encaissé vingt-cinq mille francs, et sa mission s'arrête là.

Les Girard vont devoir de nouveau se débrouiller seuls. Claude Girard se rend à l'adresse indiquée par le détective et constate que le nom de Nathalie Girard figure bien sur l'interphone. L'espoir renaît pour le père de famille qui planque deux jours devant l'immeuble, attend qu'une jeune femme ressemblant à sa fille en ressorte et la suit. Fausse piste. Il s'agit d'un homonyme. C'est la douche froide. Il faut tout reprendre de zéro.

Le 23 janvier 1998, Claude Girard se présente à la gendarmerie de Viry-Châtillon où, là non plus, personne ne le prend au sérieux. Le retraité sent bien qu'il commence à agacer, qu'on lui colle l'image d'un père tyrannique, irascible et bien trop protecteur. Mais il ne lâchera rien. Et puisque les forces de l'ordre ne bougent pas, il multiplie les initiatives pour retrouver sa fille. Aussi placarde-t-il des avis de recherche dans toute la ville, allant jusqu'à offrir une récompense de cinq mille francs à toute personne susceptible de lui fournir des informations. Compatissants, les voisins du New Love, nouveau nom de la discothèque reprise par Stranieri, deviennent ses « informateurs », et lui remontent tout ce qui s'y passe : fréquentation de la boîte de nuit, allées et venues de Stranieri, etc.

Les Girard retournent aussi voir Stranieri qui leur affirme avoir récemment vu la trentenaire et son petit ami. Ils vont bien. Nathalie est enceinte. Elle les recontactera bientôt… Les réponses et le comportement du nouveau gérant intriguent Claude Girard. Cette histoire de chèques et de prétendus contacts avec Adman aussi. Stranieri serait-il son complice ? La disparition du couple cacherait-elle des affaires louches ? Un trafic quelconque ?

Le 13 mai 1998, alors que cela fait six mois que leur fille a disparu dans l'indifférence générale, les époux Girard reçoivent vers vingt et une heures un appel de Stranieri. L'homme vient leur apporter des nouvelles de Nathalie et, le moins qu'on puisse dire, c'est qu'elles ne sont vraiment pas bonnes. Il leur raconte qu'elle serait passée au New Love et qu'elle semblait au bord du gouffre. Sa vie serait devenue un calvaire, elle aurait sombré dans la dépression et aurait des idées suicidaires. Encore enceinte, elle lui aurait dit vouloir garder l'enfant mais souhaiter quitter Adman. Malheureusement, elle n'en aurait pas les moyens, et elle aurait besoin de deux cent mille francs au plus vite pour pouvoir s'échapper. Stranieri ajoute qu'elle ne serait pas prête à reprendre directement contact avec ses parents, et qu'elle lui aurait demandé de servir d'intermédiaire. Claude et Andrée Girard n'y comprennent rien ; ils n'y croient pas vraiment, mais, n'écoutant que leur cœur et leur désespoir, ils filent en direction de Viry-Châtillon. Sur la route, une panne sur leur voiture les bloque à Angoulême. Ils doivent faire réparer leur véhicule et n'arriveront pas dans les délais prévus.

À leur arrivée en région parisienne, Stranieri leur confirme tout ce qu'il leur a raconté au téléphone. Claude et Andrée refusent de le croire. Les époux Girard ont eu le temps de réfléchir… Sont-ils victimes d'une escroquerie ? S'agit-il d'une nouvelle arnaque montée par Adman avec la complicité de Stranieri ? Nathalie est-elle dans le coup ? L'utilise-t-on pour soutirer de l'argent à ses parents ? Les Girard sont perdus et font part de leurs doutes et de leurs suspicions. Stranieri les rembarre en leur disant qu'il a d'autres soucis et que c'est par humanité et par compassion qu'il a accepté de jouer les intermédiaires. Cette histoire commence à le fatiguer, d'autant que, pour lui, les affaires vont mal : Frédéric Adman l'aurait trompé en lui présentant une affaire florissante alors qu'il perd chaque jour de l'argent, paie un loyer mensuel exorbitant, connaît de nombreuses déconvenues avec cet établissement, sans parler des « voisins jaloux » qui lui pourrissent la vie.

Il semblerait en effet que l'ancienne Île aux Lapins ait bien changé depuis le départ de Frédéric Adman. Beaucoup moins fréquentée mais bien plus bruyante, elle est fréquemment le théâtre de bagarres et de débordements, dont se plaignent régulièrement les riverains. Durant l'été, des soirées entre gens du voyage auraient d'ailleurs dégénéré, se terminant à coups de couteau avec l'intervention de la police et d'une compagnie de CRS. Stranieri a même reçu la visite d'une commission de sécurité exigeant la fermeture de l'établissement tant que des travaux d'aménagement et de sécurité n'auront pas été réalisés.

En septembre 1998, Claude Girard est averti par la banque que les comptes de sa fille ont été siphonnés par une série de vingt-trois chèques, émis en à peine trois jours, entre fin août et début septembre. Il y en a pour près de vingt-cinq mille francs. Il lui faut batailler plusieurs semaines avant d'obtenir une copie de ces chèques. Mais les machines d'encaissement et d'enregistrement, par lesquelles ces chèques sont passés, ont rendu leur lecture compliquée. Néanmoins, l'un d'eux, parfaitement lisible, montre que la signature apposée ne ressemble pas à celle de Nathalie Girard. En revanche, le numéro de carte d'identité qui a été noté au dos est bien le sien.

Tous ces éléments nourrissent bien évidemment l'inquiétude des parents, qui ne perdent pas espoir pour autant. Claude Girard demande qu'on lui communique la liste des commerces qui ont encaissé ces chèques. Il se dit que c'est peut-être là un moyen de retrouver la piste de sa fille, de récolter des indices sur les endroits où ils ont été émis. La banque finit par accepter. Les achats ont été effectués en région parisienne, dans de grandes surfaces. Pour Claude Girard, c'est bien une femme qui se sert du chéquier, mais pas sa fille.

Quelques semaines plus tôt, au mois d'août 1998, des policiers ont commencé à s'intéresser à Frédéric Adman qui avait émis pour plus de cinquante mille francs de chèques sans provision. La plupart concernent le règlement de factures à des entrepreneurs qui ont effectué des travaux dans l'établissement de Viry-Châtillon. En effet, le restaurant-discothèque, mis en demeure par la commission de sécurité, est contraint d'opérer des aménagements. Et tous ces travaux sont réglés avec le chéquier de Frédéric Adman.

Creusant toujours la piste des chèques, Claude Girard contacte ces entrepreneurs floués, qui lui confirment avoir bien réalisé des travaux dans la discothèque et le restaurant, mais ils affirment que c'est Alfredo Stranieri qui a signé les chèques. Seulement, ce dernier ne cesse de se réfugier derrière Frédéric Adman qu'il accuse de tous les maux. Y compris lorsqu'il est entendu par la police à ce sujet. Stranieri se présente comme un simple gérant, victime d'un propriétaire malhonnête et sans scrupule. Il ressort de son audition sans être inquiété, alors qu'un mandat de recherche est lancé au nom de Frédéric Adman.

En discutant avec l'un des entrepreneurs, Claude Girard apprend que sa fille Nathalie aurait été aperçue dans l'établissement. Photo à l'appui, le plombier la reconnaît formellement et confirme qu'elle était bien présente sur place lorsqu'il a installé la nouvelle chaudière. Et ce n'est pas le seul témoignage en ce sens : un membre de la famille de Frédéric Adman, que Claude a eu au téléphone, affirme avoir eu de leurs nouvelles à peine quelques mois plus tôt, en début d'année puis au mois de mai. Impossible que ces deux personnes se connaissent. Les Girard, qui commençaient à douter que leur fille soit encore en vie, ont un regain d'espoir, même si cela signifie qu'elle a décidé ou a été contrainte de ne plus jamais reprendre contact avec eux.

En novembre 1998, Claude Girard retourne dans l'Essonne. Cela fait un an que les Girard multiplient les allers-retours, et ces recherches acharnées ont eu raison de leur santé, de leur moral et de leurs finances. Cette fois, Andrée est restée à Pessac, au cas où Nathalie reviendrait, écrirait, appellerait ou donnerait le moindre signe de vie.

De nouveau, ce père désespéré placarde ses avis de recherche, y compris sur le portail de l'auberge-discothèque, par pure provocation. Même s'il ne croit plus aux mensonges d'Alfredo Stranieri, qu'il est convaincu d'avoir affaire à un escroc, Claude Girard ne manque pas de revenir le voir. Il espère secrètement que ce dernier finira par se trahir ou par se retourner contre Frédéric Adman et révéler ce qu'il a fait à Nathalie.

Cette fois-ci, Alfredo Stranieri a moins d'assurance. Il a l'air « d'un clochard ». Ses vêtements sont sales, il est hirsute et continue d'accuser Frédéric Adman de tous ses malheurs. Pourtant, il affirme l'avoir vu, avec Nathalie, quelques semaines plus tôt, à la gare de Lyon. Ils avaient un bébé dans un couffin. Un garçon qui serait né début août. Stranieri a cru comprendre que les choses allaient mal pour eux et qu'ils repartaient à Marseille puis peut-être en Algérie. Frédéric Adman avait l'air malade mais Nathalie a redit qu'elle reprendrait bientôt contact avec ses parents. Claude Girard voudrait y croire, mais il n'a plus aucune confiance en Alfredo Stranieri, lequel finit par s'emporter contre ce père qui l'ennuie avec ses histoires de famille.

Quelques heures plus tard, le père de Nathalie est contacté par la gendarmerie qui le questionne sur les affichettes qui tapissent les murs de Viry-Châtillon, lui demandant d'arrêter d'importuner les gens et de ne plus placarder ces avis de recherche. Claude Girard se rend une nouvelle fois au commissariat de Juvisy-sur-Orge, où il tente d'expliquer les chèques, les fausses signatures, l'attitude de Stranieri, mais rien n'y fait. Les policiers ne l'écoutent pas, ne l'entendent pas ; ils veulent surtout retrouver Frédéric Adman pour ses escroqueries et ils ne s'intéressent pas à la piste Stranieri dans la disparition de la jeune femme et de son conjoint. Un policier évoque le fait que Nathalie a probablement été mise sur le trottoir par son compagnon. Claude

Girard n'en croit pas ses oreilles, c'en est trop pour le retraité qui s'emporte et fond en larmes. Hagard, dévasté, il fait un malaise sur le parking du commissariat.

LES DISPARITIONS INQUIÉTANTES

Environ soixante-dix mille personnes disparaissent tous les ans en France, dont dix mille mineurs.

Pour qu'une disparition soit qualifiée d'inquiétante et qu'une enquête soit diligentée, il faut soit des indices (témoignages d'un enlèvement, traces de lutte, taches de sang), soit une déclaration des parents pour les mineurs. Dans la plupart des cas, il s'agit de problèmes de garde d'enfant ou de fugues provisoires. Mais environ dix mille cas – dont un millier de mineurs – sont plus sérieux que les autres par la durée, l'absence de contact ou de bornage de téléphone...

Disparaître n'est pas un délit pénal. Les majeurs responsables, qui ne sont ni sous tutelle ni sous curatelle, ont le droit de disparaître et de ne plus donner de nouvelles à leur entourage. Les mineurs, eux, restent sous la responsabilité de leurs parents ou de leur tutelle.

Le Fichier des personnes recherchées – couvrant les criminels en fuite, les étrangers en obligation de quitter le territoire et les disparus de toutes catégories – rassemble environ six cent mille noms.

Tout au début de l'année 1999, l'affaire va connaître un étrange rebondissement avec une tentative de meurtre dans les locaux de l'auberge-discothèque à Viry-Châtillon.

Tout commence fin décembre 1998 quand Simon Cohen décide de revendre la Jaguar qu'il a achetée, quelques mois plus tôt, sur un coup de tête et fait paraître une petite annonce dans *La Centrale des particuliers*. Avec un peu plus de dix mille kilomètres au compteur, cette voiture luxueuse a surtout servi pour de brèves escapades avec Joëlle, sa maîtresse. Pour cet homme d'affaires marié de trente et un ans, père de deux enfants, qui possède plusieurs boutiques de prêt-à-porter féminin en région parisienne, cette Jaguar est le symbole de sa réussite… et de sa mauvaise conscience.

Le 24 décembre 1998, Simon Cohen reçoit l'appel d'un acheteur potentiel, qui semble très intéressé, malgré le prix de vente assez élevé. Ce dernier se présente lui aussi comme un chef d'entreprise qui exploite un établissement de nuit très sélect dans la banlieue sud de Paris. Il se nomme Frédéric Adman. Les deux hommes conviennent d'un rendez-vous à la station-service de Pondorly. Simon Cohen exige comme garantie un chèque de banque certifié. Frédéric Adman le rassure, cela ne posera absolument aucune difficulté.

Un peu avant dix heures, le 4 janvier 1999, Simon Cohen arrive au volant de sa Jaguar. L'acheteur est déjà sur place, dans une Clio qui ne paie pas de mine. Son apparence étonne le vendeur. Petit, trapu, les cheveux gras, les vêtements sales et froissés, l'homme ne correspond pas à la personne que Simon Cohen imaginait. Mais le vendeur sait que l'habit ne fait pas le moine, et, pressé de se débarrasser de sa voiture, n'y prête pas plus d'attention. Il pense au fond de lui que ce petit homme bavard cherche un véhicule luxueux, une voiture de représentation qui lui donnera un peu plus d'assurance et lui permettra d'en mettre plein les yeux à son entourage et à sa clientèle. « Adman » fait rapidement le tour du véhicule et se dit très satisfait. Seulement, avec le week-end et les fêtes, il y a eu un petit contretemps, et il n'a pas encore récupéré le chèque de banque. Se voulant rassurant, il explique à Simon Cohen que le banquier est un ami et qu'il viendra lui remettre le chèque, en main propre, dans son établissement de Viry-Châtillon, situé à quelques minutes de là. Simon Cohen n'avait pas prévu d'y passer. Il accepte cependant de suivre son acheteur, sans grand enthousiasme.

Vers onze heures, Simon Cohen gare sa Jaguar dans la rue de l'auberge-discothèque et pénètre dans l'établissement. « Frédéric Adman » semble en être très fier, malgré l'état de vétusté des lieux. Les deux hommes s'installent dans la partie restaurant. Comme l'ami banquier tarde un peu, il propose à Cohen de lui faire visiter la discothèque, qui se trouve en sous-sol. Le vendeur de la Jaguar vient de recevoir un appel de sa femme, Judith, qui s'impatiente. Il lui explique la situation et suit à contrecœur le patron dans la discothèque. Les lieux sentent le renfermé, les murs couverts d'une moquette défraîchie et le sol en dalles de lino usé ne font pas bonne impression. Simon Cohen joue néanmoins le jeu et fait semblant de s'émerveiller. « Frédéric Adman », sensible à ses flatteries, ne perçoit absolument pas le mépris que l'endroit inspire à Simon Cohen. Il allume la boule à facettes et lance la musique. Alors que Simon Cohen commence à s'impatienter, Adman se penche et saisit derrière une banquette une carabine. Simon croit à une nouvelle fanfaronnade. À tort, « Bon, allez ! » s'exclame Adman avant de faire feu sur Simon Cohen.

Touché à la poitrine, Simon Cohen s'effondre à terre. En état de choc, il tente de se relever, se hisse vers l'escalier pour sortir du sous-sol et sauver sa peau quand une autre balle le transperce. Un troisième coup de feu l'atteint au bras droit. Malgré la douleur et la peur, l'adrénaline donne à Simon Cohen l'énergie suffisante pour s'extraire du bâtiment. La porte du jardin qui donne sur la rue est fermée à clé. La victime se réfugie dans la salle de restaurant. Le tueur est de l'autre côté de la porte. Qui est cet homme qui semble bien déterminé à l'éliminer ?

À cet instant, en pleine confusion, Simon Cohen a une idée : Gérard, le mari de Joëlle, sa maîtresse, a mis un contrat sur sa tête et a engagé un tueur. Il est au courant que sa femme le trompe avec lui, depuis qu'elle lui a tout avoué quelques semaines plus tôt. La nouvelle l'a mis dans une colère noire. À travers la porte qu'il bloque avec son dos, il demande : « C'est Gérard qui t'envoie ? » Aucune réponse… quand soudain, comme dans une scène de film d'horreur, une trappe s'ouvre sur le sol, et Simon aperçoit le canon de la carabine.

Si le tueur est sous cette trappe, cela signifie que la voie est libre pour s'enfuir. Simon Cohen sort du restaurant et réussit par miracle à escalader le muret qui donne sur le jardin du voisin. Il retombe lourdement, se relève et se traîne jusqu'à la maison où il s'écroule sur la baie vitrée de la véranda : « Aidez-moi, il veut me tuer ! » Alors que le voisin tente de le secourir, son épouse appelle la police. Le tireur surgit devant leur portail et crie que l'homme qu'ils viennent de recueillir est un cambrioleur qui a essayé de s'en prendre à lui. Lorsque le voisin lui dit que la police est en chemin, le tireur disparaît subitement et quitte les lieux au volant de sa Clio. Convaincu qu'il va mourir, Simon Cohen demande un téléphone pour appeler sa femme à laquelle il dit que Gérard, le mari de sa maîtresse, a tenté de le faire assassiner. Puis il s'évanouit. Quelques minutes plus tard, il est pris en charge par le SAMU et transporté aux urgences. Son pronostic vital est engagé. Simon Cohen est envoyé au bloc. L'opération durera plus de sept heures. Si, par miracle, aucun organe vital n'a été touché, en revanche, les quatre balles ont occasionné de lourds dégâts internes. Il se réveillera après huit jours de coma.

Quelques heures après son réveil, des policiers viennent l'interroger et recueillir sa version des faits. Il décrit son agresseur, donne son nom… Les enquêteurs entendent aussi le voisin.

Grâce à divers témoignages, l'identité du tireur est établie : il ne s'agit pas de Frédéric Adman, mais d'Alfredo Stranieri. Cependant, Simon Cohen sent dans le ton des policiers que son statut de victime n'est pas vraiment pris en compte. Il a le sentiment d'être interrogé comme un coupable. En effet, si le principal suspect est en cavale, avant de disparaître, il a eu le temps de raconter que Simon Cohen l'avait agressé et qu'il avait tiré en état de légitime défense.

Les policiers vont alors s'intéresser de très près à cette histoire de la vente de la Jaguar. Vu que Cohen l'avait acquise très récemment et que tous les papiers n'étaient pas encore à son nom, ils soupçonnent un règlement de comptes sur fond de trafic de voitures. Quant à la piste du mari jaloux, elle est rapidement écartée : le fameux Gérard a été identifié, mais il était en voyage d'affaires au Portugal.

Stranieri court toujours. Simon Cohen, lui, est terrorisé à l'idée que le tueur vienne l'achever sur son lit d'hôpital. Il ne trouve pas le sommeil, ne fait confiance à personne et suspecte toute personne qui entre dans sa chambre d'être envoyée par Alfredo Stranieri. Le trentenaire décide de quitter l'hôpital contre l'avis des médecins, se cache chez des proches ou se terre chez lui. Il sursaute au moindre bruit, ce qui rend sa convalescence douloureuse et terriblement angoissante. Il se replie sur lui-même, développe une vraie paranoïa, engage des gardes du corps pour sortir de son domicile. Dès qu'il est suffisamment remis de ses blessures, il fuit la région parisienne pour se réfugier en province, puis à l'étranger.

Les parents de Nathalie Girard, eux, se disent qu'ils n'entendront peut-être plus jamais parler de Stranieri. Certes, l'homme leur ment depuis plus d'un an, mais il était peut-être le seul lien avec leur fille et leur seul espoir de reprendre contact avec elle.

L'affaire semble au point mort quand, en avril 1999, l'ombre de Stranieri ressurgit dans l'Aveyron, à six cents kilomètres de Viry-Châtillon.

À Bez-de-Naussac, près de Capdenac, Nicole Rousseau, cinquante-cinq ans, et Claude Mouly, soixante ans, sont depuis plusieurs années les propriétaires de La Bouriatte, une ancienne bastide en pierre transformée en auberge de charme et de standing avec piscine. Au cours de l'année 1998, le couple se sépare. Claude Mouly a une nouvelle compagne avec laquelle il a d'autres projets. La gestion de l'auberge est devenue un poids, et ils ont décidé de mettre en vente leur affaire. Au début de l'année 1999, Claude et Nicole se résignent à mettre leur affaire en vente. Ils en demandent quatre millions de francs, une somme assez élevée qui permettrait à chacun de commencer une nouvelle vie. Des petites annonces sont passées dans divers journaux et revues spécialisées.

De retour d'un voyage en Asie au début du mois d'avril 1999, Corinne Mouly apprend de son père, Claude, qu'un compromis a été signé devant notaire le 1er avril et que la vente définitive doit être finalisée dans les prochains jours. L'acheteur n'a même pas négocié le prix de vente. Il s'est même montré assez impatient de s'installer à La Bouriatte avec sa famille et de se lancer dans cette nouvelle affaire. Claude et Nicole semblent heureux et soulagés. Leur acheteur, un restaurateur, propriétaire d'une discothèque en région parisienne qui souhaite se mettre au vert, leur a paru très sympathique.

Après cette conversation téléphonique, silence radio. Les jours passent et Corinne n'a plus aucune nouvelle de son père. À La Bouriatte, personne ne répond. C'est comme si Claude et Nicole s'étaient évaporés. D'ailleurs, à Capdenac, les amis et la nouvelle compagne de Claude Mouly n'en savent pas plus. La vente définitive de l'auberge a bien eu lieu le 10 avril, chez le notaire, mais, depuis, plus personne ne les a revus. Quant au nouveau propriétaire, il a pris possession des lieux. À Corinne, qui le joint par téléphone, il explique que Claude et Nicole sont partis en voyage et qu'il les a lui-même accompagnés à la gare de Capdenac où ils ont pris le train. Corinne n'y croit pas un seul instant. Pourquoi son père et Nicole, qui étaient séparés, seraient-ils partis en voyage ensemble ? Cela n'a aucun sens. D'autant que tous ceux qui connaissent bien Claude le savent : il déteste le train.

Pour comprendre ce qui se passe à La Bouriatte, Corinne décide de se rendre en Aveyron pour y mener ses propres recherches. Elle veut demander des comptes à ce nouveau propriétaire qui a tout l'air d'un menteur. Le 6 mai 1999, elle se présente à l'auberge et tombe sur Stranieri et sa compagne. L'homme semble contrarié de la voir débarquer ainsi, d'autant que Corinne a un fort caractère et est déterminée à mettre les pieds dans le plat et son nez un peu partout pour retrouver la trace de son père.

Elle explique à celui qui se présente comme « Mario » Stranieri qu'elle a l'intention de s'installer dans la petite dépendance, face à l'auberge, qui appartenait à son père et qui ne fait pas partie de l'acte de vente. En fouinant dans la petite maison, Corinne Mouly met la main sur des courriers ainsi que sur des factures de fournisseurs aux noms des anciens propriétaires. Elle s'étonne de retrouver toutes les affaires personnelles de son père ainsi que ses médicaments pour le cœur. Elle ne peut pas croire qu'il soit parti en voyage sans aucun bagage, sans vêtements et sans son traitement. Elle se rend aussi compte que le chien de son père, qui vit toujours dans la propriété, a un comportement bizarre. Au lieu de lui faire la fête en la voyant comme il en a l'habitude, l'animal semble apeuré, maltraité. Il erre dans le jardin en poussant de drôles de gémissements. Les nouveaux propriétaires lui jettent des pierres, mais le chien revient inlassablement au même endroit.

En s'entretenant avec des amis de son père et des proches de Nicole, Corinne se rend compte que Stranieri leur a livré des versions différentes sur le départ et le voyage des anciens propriétaires de La Bouriatte. Ils seraient partis en Suisse « planquer le magot de la vente » ou en Espagne, du côté de Barcelone. Bizarre.

Son instinct lui dit de se méfier. Cependant, Corinne Mouly n'a pas l'intention de quitter les lieux tant que le mystère ne sera pas élucidé. Elle s'installe dans la dépendance, se barricade en plaçant une armoire devant la porte-fenêtre, et fait remplacer toutes les serrures. À partir de ce jour, elle épiera les moindres faits et gestes de ce « Mario » Stranieri.

La jeune femme prend contact avec les gendarmes de Capdenac pour les alerter sur la disparition étrange de son père et sur le comportement louche du nouveau propriétaire. Les gendarmes lui rétorquent que Claude Mouly a très bien pu partir en vacances sans l'en avertir, il en a le droit. De plus, ils n'ont rien dans leur fichier concernant ce dénommé « Mario » Stranieri. Elle les harcèlera d'appels et de visites pendant des semaines. Mais rien n'y fait… Corinne ne se sent pas prise au sérieux, et elle décide de mener sa propre enquête.

Alors, lorsqu'elle rencontre Stranieri, Corinne ne laisse rien paraître, déterminée à entrer dans son jeu et à ne pas éveiller ses soupçons. Elle fait même semblant de le croire lorsqu'il lui indique qu'il a régulièrement Claude et Nicole au téléphone, qu'ils prennent du bon temps en Espagne, qu'ils ne veulent pas entendre parler de leurs enfants et de leurs proches, lesquels s'inquièteraient « pour rien », ou encore lorsqu'il prétend que Nicole l'a appelé depuis la Côte d'Azur où elle se repose après une opération de chirurgie esthétique.

C'est en fouillant dans les affaires de son père que la jeune femme fait une découverte qui va précipiter l'enquête : un courrier du notaire qui a réalisé la vente, adressé à « Alfredo » (et non à Mario) Stranieri. Corinne Mouly montre cet élément aux gendarmes qui semblent la prendre au sérieux.

En réalité, cela fait plusieurs semaines que Stranieri est dans le collimateur des gendarmes de Capdenac. En toute discrétion, ils se sont déjà mis à enquêter sur ce mystérieux personnage. Lors de leur première visite de routine, comme il est de coutume lorsqu'un nouvel individu s'installe dans la région pour son activité professionnelle, ils l'ont trouvé bizarre et son comportement les a intrigués. Depuis, ils effectuent des surveillances régulières du côté de l'auberge, s'intéressent aux allées et venues des camions de déménagement qui livrent des meubles et du matériel professionnel de restauration. Ce n'est qu'une intuition d'enquêteurs, mais ils pensent que cet individu n'est pas clair et qu'il est peut-être mêlé à des trafics.

Les nombreuses visites de Corinne Mouly les ont aussi alertés, et ils craignent que la jeune femme éveille des soupçons chez ce Stranieri. Ils l'incitent à quitter Capdenac et à rentrer en région parisienne « pour sa sécurité ». La preuve qu'elle leur a fournie concernant l'identité du restaurateur a tout changé : si « Mario » est inconnu de leurs services, Alfredo, lui, est recherché depuis six mois dans l'Essonne pour tentative d'assassinat sur un certain Simon Cohen le 4 janvier 1999.

Le 7 juillet 1999, le nouvel occupant de La Bouriatte est convoqué à la gendarmerie de Capdenac. Il prétend ne pas savoir où sont passés Claude Mouly et Nicole Rousseau, mais surtout il affirme s'appeler Mario Stranieri, comme ses papiers l'attestent. Une prise d'empreintes ne va pas tarder à faire la lumière sur la véritable identité de cet homme : il s'agit bel et bien d'Alfredo Stranieri. Et alors qu'il est acculé, le suspect saute par la fenêtre pour s'échapper. Il est rapidement rattrapé par plusieurs gendarmes et mis sous les verrous à Rodez. Le juge d'instruction d'Évry responsable de la tentative de meurtre sur Simon Cohen est averti.

Dans l'Aveyron, les gendarmes entendent Alfredo Stranieri sur les événements du 4 janvier : le suspect nie les faits avec véhémence et explique qu'en réalité il n'a fait que se défendre et qu'il a tiré sur Simon Cohen en état de légitime défense. D'après lui, ce dernier serait le chef d'une bande de trafiquants de voitures, qui l'aurait agressé avec deux hommes de main pour lui extorquer de l'argent ou le forcer à acheter à prix fort une Jaguar dont il ne voulait pas. Ses explications sont peu convaincantes et ne correspondent pas aux éléments et aux indices dont disposent les enquêteurs. Les gendarmes aveyronnais le questionnent sur la disparition de Claude Mouly et Nicole Rousseau. L'homme est mis en examen pour enlèvement et séquestration, mais on le soupçonne de bien pire…

Alors que l'arrestation commence à intéresser la presse locale, Jérôme Glaize, un journaliste du *Parisien* qui avait suivi l'affaire Simon Cohen, fait le lien entre la tentative de meurtre sur le propriétaire de la Jaguar et la disparition des anciens propriétaires de La Bouriatte, puis avec celle de Nathalie Girard et Frédéric Adman. Le journaliste contacte avec Claude Girard, le 13 juillet 1999.

Le père de Nathalie, qui se renseigne sur cet étonnant rebondissement, constate à travers les articles parus dans la presse qu'il existe de nombreuses similitudes entre « son » affaire et celle de l'Aveyron. Il prend contact avec les proches des disparus de La Bouriatte, et se rend le 16 juillet, avec sa femme, en Aveyron, pour y rencontrer Corinne, la fille de Claude Mouly. Le couple et la jeune femme discutent pendant des heures, comparant les circonstances de ces deux doubles disparitions, confrontant leurs certitudes, leurs craintes et leur colère commune à l'encontre des enquêteurs et de la justice.

Dans l'après-midi, Claude Girard est convoqué à la gendarmerie de Capdenac. Les enquêteurs ont appris qu'il était dans les parages et souhaitent l'entendre. Pour la première fois, le père de Nathalie a le sentiment qu'on l'écoute, qu'on s'intéresse à la disparition de sa fille et qu'on le prend au sérieux. L'entretien informel se transforme en une audition de six heures, au cours de laquelle les gendarmes notent tout, posent des questions et tentent de reconstituer pièce par pièce le puzzle d'un dossier qui s'annonce hors du commun.

Si Alfredo Stranieri a été capable de tuer Simon Cohen pour une voiture de luxe, il est possible d'imaginer qu'il ait fait disparaître Nathalie, Frédéric, Claude et Nicole pour mettre la main sur leurs établissements. Avec toujours le même scénario, la même trame : il répond à une petite annonce, ne négocie pas le prix, se présente comme l'acheteur idéal tombé du ciel, puis exécute ses victimes au moment de conclure la vente, sans débourser un seul centime.

Stranieri nie en bloc une quelconque responsabilité dans les quatre disparitions. Les gendarmes lancent des recherches dans les environs de l'auberge de La Bouriatte : ils survolent la zone en hélicoptère, sondent les cours d'eau, organisent des battues dans les bois. Ces investigations mobilisent de très nombreux moyens et ne donnent finalement rien… parce que personne ne sait exactement où chercher.

De retour chez lui, Claude ne trouve pas le sommeil. Entre son instinct de père et tout ce qu'il vient d'apprendre, il n'y a plus de place au doute : Mario Stranieri a tué sa fille et son compagnon. Il ressasse chaque détail, chaque élément soigneusement noté dans ses petits cahiers bleus. Et puis, soudain, le 19 juillet, il est comme frappé par un éclair : il sait où Stranieri a enterré les corps. Un souvenir qu'il avait enfoui dans les tréfonds de sa mémoire vient de ressurgir. Une bâche bleue, lestée de lourdes pierres, dans le jardin de la discothèque de Viry-Châtillon : il n'y avait pas prêté attention, fin 1997, lors de sa première rencontre avec Stranieri, mais, un an et demi plus tard, tout lui revient. Au fil des mois, cette bâche a laissé place à un rectangle de gazon. Il est passé tant de fois à quelques mètres de là...

Claude Girard appelle les enquêteurs d'Évry et leur raconte tout. Les militaires semblent le prendre pour un fou. Il leur est impossible de creuser ainsi, dans une propriété privée, sur la seule foi de ses déclarations. Claude Girard s'emporte, hurle, insulte : si c'est comme ça, il ira creuser lui-même ! À peine a-t-il raccroché qu'il charge une pelle et une pioche dans le coffre de sa voiture. Dans un état second, ivre de douleur et de rage, il roule à toute vitesse en direction de Paris. Les six cents kilomètres sont avalés en quelques heures.

À son arrivée à Viry-Châtillon, les reflets bleus des gyrophares éclairent déjà l'auberge-discothèque : les gendarmes sont là et ils sont en train de creuser. Claude Girard se précipite dans le jardin. On tente de l'en empêcher, mais il parvient à entrer. Il se trouve au bord de la fosse lorsque deux corps sont sortis de terre, à l'endroit exact qu'il avait désigné.

Le 20 juillet 1999, lendemain de la macabre découverte de Viry-Châtillon, les gendarmes vont déterrer les corps de Nicole Rousseau et de Claude Mouly, à quelques mètres de la bâtisse de La Bouriatte, au beau milieu du jardin, là où quelques semaines plus tôt, Alfredo Stranieri et sa famille prenaient leur petit déjeuner. À l'endroit précis où le chien de Claude Mouly venait flairer et gémir.

Les trois affaires ne vont pas tarder à être jointes pour constituer un unique dossier. Un juge d'instruction d'Évry est nommé. Face aux charges qui pèsent contre lui, Alfredo Stranieri s'enferme dans ses dénégations et avance de nouvelles explications, plus farfelues les unes que les autres. Même en présence de Simon Cohen, lors de la reconstitution de la tentative d'assassinat dans le sous-sol de la discothèque, il nie et donne une version des faits que les indices matériels, les blessures de la victime et la configuration des lieux contredisent. Confronté à ses mensonges, il se réfugie derrière des histoires à dormir debout ou se mure dans le silence.

L'instruction et l'enquête vont tenter, pendant de longs mois, de reconstituer le parcours d'Alfredo Stranieri et de faire la lumière sur les zones d'ombre de cette affaire. Le suspect n'est d'aucune aide : entre mensonges, provocations et indifférence, il assume d'être un escroc, mais refuse d'endosser le rôle de meurtrier.

Le 18 février 2003, le procès d'Alfredo Stranieri s'ouvre devant la cour d'assises de l'Essonne, à Évry. L'homme est jugé pour quatre assassinats et une tentative d'assassinat. Les familles des victimes attendent depuis longtemps une réponse de la justice. Simon Cohen, le seul survivant, est déterminé à affronter le regard de celui qui a essayé de le tuer, quatre ans plus tôt. Chacun espère que l'accusé va enfin reconnaître les faits qui lui sont reprochés, mais c'est mal connaître celui que toute la presse surnomme le « coucou » : durant les neuf jours d'audience, il provoque, invective et s'obstine à nier l'évidence. C'est une épreuve terrible pour les parties civiles. Pourtant, le dossier est solide et les preuves matérielles irréfutables.

Le 28 février, le verdict tombe : les jurés condamnent Stranieri à la réclusion criminelle à perpétuité, assortie de vingt-deux ans de sûreté. Dans la salle d'audience, l'accusé annonce déjà qu'il fera appel de cette décision, bénéficiant de la loi de juin 2000 promulguée le 1er janvier 2001. Un an plus tard, en mars 2004, le procès en appel qui se tient à Créteil devant la cour d'assises du Val-de-Marne aboutit à la même peine qu'en première instance.

Même derrière les barreaux, le condamné n'en a pas fini avec les provocations. En septembre 2010, le « tueur aux petites annonces », et son codétenu, Germain Gaiffe – surnommé « le dépeceur de Montauban » et condamné à trente ans de prison pour avoir tué et démembré un homme – postent tous deux, de la maison centrale de Poissy, une lettre identique adressée à la mairie du 16e arrondissement de Paris. Ils y clament être les pères de la fille de Rachida Dati et joignent chacun une déclaration de paternité. Prévenu par les services pénitentiaires, le parquet décide de se saisir de l'affaire et de les poursuivre pour outrage sur personne dépositaire de l'autorité publique. Rachida Dati se constitue partie civile. Lors d'une audience, en mars 2011, Germain Gaiffe porte un pull où est inscrit : « Je suis le père de Zohra. » Interrogés, les deux hommes expliquent avoir partagé un moment d'intimité dans une pièce avec la ministre venue visiter leur établissement pénitentiaire en décembre 2007, plus d'un an avant son accouchement. Les deux hommes sont évidemment condamnés à quatre mois de prison par le tribunal correctionnel de Versailles.

Le 17 juillet 2013, Alfredo Stranieri et Germain Gaiffe se marient à la prison de Poissy, avec pour témoins le terroriste Carlos et l'humoriste Dieudonné. C'est une nouvelle provocation destinée à faire parler d'eux et à tourner en ridicule la loi sur le mariage pour tous, promulguée deux mois plus tôt, le 17 mai 2013.

En détention préventive depuis son arrestation en juillet 1999, la période de sûreté de la peine prononcée à l'encontre d'Alfredo Stranieri s'est achevée en juillet 2021. Cela ne signifie pas que le « tueur aux petites annonces » a purgé sa peine, mais simplement qu'il peut demander une libération conditionnelle, ce qu'il s'est empressé de faire. Cependant, même si cette demande choque les familles des victimes, elle est loin d'être automatique et nécessite que plusieurs conditions soient remplies, à commencer par l'indemnisation des victimes.

L'INDEMNISATION DES VICTIMES

Le juge pénal peut condamner l'auteur d'une infraction à payer à la victime des dommages-intérêts et une somme destinée à couvrir les frais engagés pour le procès.

Il existe trois types de préjudices indemnisables à la suite d'une infraction pénale : le préjudice matériel, le préjudice corporel et le préjudice moral.

Selon les cas, une victime pourra invoquer un ou plusieurs de ces préjudices.

L'indemnisation des victimes d'infractions se fait en principe par l'auteur de l'infraction lui-même. Lorsque la personne condamnée ne paie pas, la victime peut saisir le Service d'aide au recouvrement des victimes d'infractions (Sarvi). Le Sarvi verse à la victime une partie ou la totalité du montant de la condamnation, avant de se charger de récupérer la totalité du montant de la condamnation auprès de la personne condamnée.

Une indemnisation par l'État a été instaurée par la loi du 3 janvier 1977, et depuis des régimes indemnitaires complémentaires (amiante, terrorisme, notamment) ont été créés.

La victime peut être indemnisée avec les fonds générés par les biens de l'auteur des faits qui ont été confisqués par la justice.

Alfredo Stranieri est mort toujours sous écrou le 10 mars 2025.

Affaire Valérie Subra

Nombreux sont ceux qui se souviennent de son visage d'adolescente naïve, de son air angélique, et surtout du scandale qu'a provoqué son affaire. Au début des années 1980, dans les quartiers chics de Paris, Valérie Subra, dix-huit ans à peine, séduit des hommes qu'elle attire entre ses griffes et qu'elle livre à deux de ses amis pour les voler et les tuer. Entre argent facile et désir de vivre une vie de cinéma, comment ce trio infernal de jeunes gens a priori *sans problème a-t-il été capable d'actes aussi cruels ?*

Le 8 décembre 1984, en fin de journée, les proches de Gérard Le Laidier s'inquiètent. L'avocat civiliste de cinquante-huit ans n'est pas venu chercher son fils à midi au pensionnat comme il le fait chaque samedi. Il ne répond pas au téléphone. Son courrier n'a pas été relevé sur le paillasson de son appartement de la rue de Prony dans le XVIIe arrondissement de Paris, alors que la lumière semble allumée dans son cabinet situé au-dessus de son logement… Ses amis se rendent sur place et découvrent l'avocat gisant au sol, dans son bureau, où tout a été retourné.

Les policiers de la brigade criminelle qui interviennent ne trouvent aucune trace d'effraction dans le grand appartement. En revanche, toutes les pièces ont été fouillées… Gérard Le Laidier a les mains et les pieds liés, il a été poignardé à la gorge et au thorax et frappé si fort à la tête que, sous les coups, sa perruque a été projetée à plusieurs mètres. Qui en voulait aussi violemment à Gérard Le Laidier ? En se plongeant dans la vie de l'avocat, les policiers du 36, quai des Orfèvres isolent rapidement plusieurs pistes.

L'avocat n'était ni un ténor du barreau ni un spécialiste du milieu ou des affaires politiques... Son fonds de commerce reposait sur les divorces. Un conjoint s'estimant lésé par une procédure aurait-il voulu se venger ? En interrogeant les collaborateurs et les confrères de l'avocat, les policiers se rendent à l'évidence : les dossiers que l'avocat traitait n'étaient pas du tout sulfureux, son activité était même en déclin. Il faut dire qu'à l'approche de la retraite l'avocat s'adonnait plus à sa passion pour les rencontres sexuelles qu'à son travail. Une jeune consœur du cabinet, Jacoba de Jongh, se rend au « 36 » pour faire part de ses doutes aux policiers. Elle décrit un séducteur compulsif, adepte des rencontres éphémères... Dans son cabinet, elle décrit un véritable défilé. À tel point que Gérard Le Laidier avait même créé une agence matrimoniale spécialisée dans les rencontres homosexuelles. Pour les policiers, la piste est sérieuse, d'autant qu'à la même époque un tueur au mode opératoire étrangement similaire sévit dans le milieu homosexuel parisien. L'ombre d'un tueur en série se profile...

L'emploi du temps de l'avocat permet de déterminer que celui-ci a eu d'innombrables rendez-vous galants les jours précédant son meurtre. Le jour de sa mort, il devait se rendre à une soirée chez des amis en compagnie d'une nouvelle conquête. D'ailleurs, il l'attendait chez lui lorsqu'il avait appelé sa mère ce soir-là avant de mourir. Mais pour les enquêteurs, impossible d'identifier cette jeune femme, car dans le carnet de l'avocat figurent plusieurs dizaines de prénoms féminins associés à des numéros de téléphone… Sans indices sérieux, les policiers de la brigade criminelle décident de convoquer toutes les jeunes femmes mentionnées.

Mais une semaine plus tard, un nouveau crime est commis dans le même quartier…

Le 17 décembre 1984, dans l'après-midi, la famille de Laurent Zarade, confectionneur dans le Sentier, s'inquiète. Le trentenaire n'a pas donné signe de vie depuis la veille au soir, et de la musique s'échappe sur le palier de l'immeuble où il vit dans le XVIIe arrondissement. Son frère le découvre mort dans sa chambre à coucher.

À leur arrivée, les policiers trouvent une scène de crime assez similaire à celle de la rue de Prony. Laurent Zarade a les pieds et les poings liés, il gît au sol, à côté de son lit, une écharpe déchirée autour du cou et un peignoir lui couvrant le visage. Lui aussi a été poignardé. Pas de trace d'effraction, et l'appartement a été minutieusement fouillé. Quelques objets de valeur ont été volés, à commencer par ses bijoux qu'il ne quittait jamais : une bague trois ors, Trinity, de chez Cartier, une chaîne en or et une montre Rolex. Sur la table basse du salon, les policiers découvrent ce qui ressemble au dernier repas qu'aurait pu prendre la victime : une assiette vide, l'autre pleine. Projetées en boucle sur le mur, les images blanches de fin de bobine d'un film. Un premier scénario se dessine. Laurent Zarade avait rendez-vous chez lui avec quelqu'un ce soir-là, et il connaissait son agresseur.

Les policiers dressent le portrait de cette nouvelle victime. Un jeune homme célibataire, sans histoires, qui a bien réussi dans le milieu de la confection, qui aime les voitures de luxe et sortir en discothèque, et qui multiplie les conquêtes. D'après son frère, le soir de sa mort il avait rendez-vous chez lui avec une jeune femme qu'il avait rencontrée la veille à L'Apocalypse, sa boîte de nuit fétiche. Il comptait bien conclure ce soir-là et lui avait préparé un dîner léger.

Pour les policiers, l'urgence est d'identifier les jeunes femmes qui avaient rendez-vous avec les deux victimes. Parmi les très nombreux contacts féminins de Laurent Zarade, les policiers relèvent un papier posé non loin de son téléphone. Y sont inscrits le prénom Valérie et deux numéros de téléphone.

En parallèle de l'enquête de police, la sœur de la victime, qui est avocate et travaille dans le même cabinet que Me Francis Szpiner, cherche à savoir qui était cette femme que devait voir son frère le soir de sa mort. Rapidement, elle obtient un renseignement crucial pour l'enquête : il s'agirait d'une toute jeune fille s'appelant Valérie, vendeuse dans une boutique de vêtements de la rue du Caire. Tout le monde la connaît dans le Sentier, elle est au-dessus de tout soupçon.

En recoupant les informations, les policiers découvrent le numéro de téléphone de cette même Valérie inscrit dans le répertoire de Gérard Le Laidier sauvagement assassiné quelques jours plus tôt. Cette Valérie Subra, inconnue des services de police, est donc pour le moment le lien entre les deux meurtres et leur piste la plus sérieuse. Tout juste majeure, elle vit dans le quartier de la Bastille chez sa mère. Reste à l'interpeller.

Le 20 décembre vers dix-sept heures, les policiers de la brigade criminelle se rendent dans la boutique où travaille la jeune fille. À sa main, ils remarquent une bague identique à celle volée sur le corps de Laurent Zarade et, autour de son cou, une chaîne en or qui ressemble étrangement à celle décrite par la sœur de la victime. La jeune femme les suit sans opposer de résistance. Elle est à l'aise, et cherche même à sympathiser avec les policiers pendant qu'ils la conduisent au 36, quai des Orfèvres. Alors qu'ils perquisitionnent sa chambre d'adolescente, au milieu des peluches et des posters, les policiers découvrent un carnet noir dans lequel sont notés des noms d'hommes, leur profession et les lieux de leur rencontre. Dans le carnet, la carte de visite de Gérard Le Laidier.

Valérie Sudra est entendue par les enquêteurs. Sa naïveté est déconcertante. À Christian Flaesch, jeune commissaire avec lequel elle accepte de discuter et qu'elle tente d'abord de charmer, elle avoue rapidement tout. Comme impatiente d'en finir et sans aucune démonstration d'émotion, elle reconnaît les faits. Oui, elle connaissait les deux victimes. Oui, elle était bien chez les deux hommes au moment des meurtres… Elle raconte comment elle a séduit les deux hommes : Gérard Le Laidier, en traînant aux *Jardins de la Boétie*, un restaurant échangiste du VIIIe arrondissement fréquenté par les hommes d'âge mûr; et Laurent Zarade, en boîte de nuit. Ensuite, elle s'est fait inviter chez eux et a ouvert la porte à ses deux complices : Laurent Hattab, dix-neuf ans, son petit ami, et Jean-Rémi Sarraud, vingt ans, l'homme à tout faire de Laurent. Elle, elle n'a rien fait. Elle n'était même pas dans la pièce quand les hommes ont été tués…

Leur mobile ? L'argent. La petite bande souhaitait dépouiller des hommes riches pour rassembler le plus rapidement possible plusieurs millions de francs et se lancer dans le business du prêt-à-porter aux États-Unis… Valérie Subra admet que c'est elle qui a servi d'appât, mais elle n'a fait que donner un coup de main à ses deux complices. Après ses aveux déconcertants de désinvolture, la jeune fille demande simplement aux policiers si elle pourra passer Noël en famille.

L'ÂGE DE LA RESPONSABILITÉ PÉNALE

L'âge de la responsabilité pénale, qui détermine les conditions dans lesquelles un individu peut être considéré comme responsable de ses actes, varie en fonction des pays. Il est fixé par la loi à : huit ans en Écosse et en Grèce, dix ans en Angleterre et en Suisse, douze ans aux Pays-Bas, au Portugal et en Belgique, quatorze ans en Espagne, Allemagne et Italie, quinze ans en Suède, dix-huit ans au Luxembourg.

Dans le droit français, il n'y a pas d'âge de responsabilité pénale au sens strict, mais il y est fait référence à la notion de discernement.

L'article 122-8 du Code pénal précise : « Les mineurs capables de discernement sont pénalement responsables des crimes, délits ou contraventions dont ils ont été reconnus coupables, en tenant compte de l'atténuation de responsabilité dont ils bénéficient en raison de leur âge, dans des conditions fixées par le code de la justice pénale des mineurs. »

Ainsi, les réponses pénales qui peuvent être apportées varient en fonction de l'âge du mineur au moment de la commission des faits :

– avant dix ans : uniquement des mesures éducatives ;
– entre dix ans révolus et treize ans : des mesures éducatives ou des sanctions éducatives ;
– Entre treize ans révolus et dix-huit ans : des mesures éducatives ou des sanctions éducatives ou des peines ou des mesures éducatives cumulativement avec des peines.

La notion de majorité pénale recouvre deux aspects :

– l'âge à compter duquel un délinquant comparaît devant une juridiction spécialisée pour les mineurs ;

- l'âge à compter duquel il ne bénéficie plus d'une présomption, d'une atténuation de responsabilité qui entraîne une échelle de peines réduite.

En France, la majorité pénale est fixée à dix-huit ans, et les mineurs bénéficient par principe de l'excuse de minorité. Cette règle, établie par l'article 20-2 de l'ordonnance du 2 février 1945 relative à l'enfance délinquante, dispose que la peine d'emprisonnement ou d'amende encourue par un mineur ne peut être supérieure à la moitié de la peine encourue par les majeurs. Et que les mineurs doivent être jugés par une juridiction spécialisée. Récemment, le 26 mars 2025, le Sénat a voté pour réduire la portée de l'excuse de minorité. Les parlementaires ont mis fin à son caractère systématique. La juridiction doit désormais motiver son application pour les mineurs entre 16 ans et 18 ans qui encourent une peine d'au moins cinq ans d'emprisonnement, commis en état de récidive légale.

Après ces aveux rapidement obtenus, les policiers partent à la recherche des autres membres du trio infernal. Jean-Rémi Sarraud est arrêté le jour même, en début de soirée, au pied de l'appartement de la mère de Valérie Subra. Il est venu chercher la jeune fille pour l'amener au restaurant à Saint-Mandé où le trio a ses habitudes. En constatant la présence des policiers, Jean-Rémi Sarraud se laisse faire. Il paraît résigné, presque soulagé. Dans la foulée, Laurent Hattab est cueilli dans le restaurant où les trois complices avaient rendez-vous. Son arrestation est très mouvementée. Il se débat, crie, insulte les policiers qui remarquent aussitôt la montre Rolex à son poignet… la même que celle qui a été volée à Laurent Zarade.

Les deux suspects sont placés en garde à vue au siège de la police judiciaire de Paris. Jean-Rémi Sarraud, qui a l'air nettement plus concerné et plus fragile que Laurent Hattab, est le premier auditionné. Accablé, le jeune homme fait immédiatement des aveux complets. Gérard Le Laidier ? Le trio pensait à tort que l'avocat gardait de grosses sommes d'argent liquide à son domicile. Alors, Valérie s'était fait inviter chez lui. Laurent et Jean-Rémi l'avaient déposée vers 22 h 30 rue de Prony. Valérie avait ensuite profité du moment où Le Laidier était parti lui chercher un verre de jus d'orange pour ouvrir la porte d'entrée à ses complices qui attendaient dans le hall de l'immeuble. Jean-Rémi et Laurent avaient déboulé cagoulés et armés d'un revolver alors qu'elle et l'avocat étaient dans le bureau. Le trio avait un scénario précis selon lequel Laurent Hattab devait hurler à l'avocat qu'il venait le cambrioler pour venger son frère incarcéré à cause de lui. Quant à Valérie, elle devait supplier l'avocat d'obéir aux braqueurs, après quoi Laurent Hattab l'entraînerait dans une chambre pour simuler son exécution. Valérie y attendrait patiemment jusqu'à la mort de l'avocat.

D'après Jean-Rémi Sarraud, Gérard Le Laidier avait résisté et tenté de convaincre les deux jeunes hommes qu'il n'avait pas d'argent liquide chez lui, mais il avait été longuement torturé. Les deux malfaiteurs lui avaient asséné des coups de matraque sur la tête, l'avaient ligoté, en vain. L'avocat n'avait pas avoué de magot caché, tout juste mille cinq cents francs chez lui. Suppliant, l'avocat avait proposé de faire un chèque à ses agresseurs qui étaient devenus fous de rage et avaient décidé de l'achever. Jean-Rémi Sarraud explique que Laurent Hattab lui avait ordonné d'exécuter la victime avec le pistolet, mais qu'il avait pris peur. Il s'était alors saisi du coupe-papier, sur le bureau de l'avocat, et l'avait poignardé à plusieurs reprises dans le cou et dans le buste. Ensuite, le trio avait quitté l'appartement, emportant son maigre butin.

Jean-Rémi raconte qu'ils étaient allés directement au Martine's, une boîte de nuit du bois de Boulogne, où personne n'avait prêté attention à leurs vêtements maculés de sang. Ils s'étaient payé deux bouteilles de champagne et, à quatre heures du matin, avaient déjà tout dépensé. À court d'argent, ils avaient donc décidé dès le lendemain de recommencer. Le choix de Valérie Subra s'était alors porté sur un jeune patron du Sentier qu'elle avait dragué quelques jours plus tôt, Laurent Zarade.

Avant même d'entendre Laurent Hattab, les policiers vont perquisitionner chez lui. Il vit à Saint-Mandé, chez ses parents, dans un hôtel particulier. Sa famille a beaucoup d'argent, le décor est fastueux. Pendant la perquisition, Laurent Hattab se montre méprisant et sûr de lui, mais dans sa chambre les enquêteurs n'ont aucun mal à trouver différents objets volés chez Laurent Zarade. Des stylos Montblanc et des briquets de luxe, et, sous le lit, une paire de baskets blanches maculées de sang… Celui de Laurent Zarade.

Après ces découvertes accablantes, Laurent Hattab passe aux aveux. Oui, il était là quand Gérard Le Laidier a été tué. Non, il n'a rien fait, c'est Jean-Rémi Sarraud qui l'a fait. Pareil pour Laurent Zarade. Sarraud et Hattab avaient déposé Valérie devant chez le confectionneur. La jeune femme lui avait demandé un verre de jus d'orange et en avait profité pour aller ouvrir la porte. Cette fois-ci, les deux complices ne portaient pas de cagoules, car ils avaient imaginé un autre scénario : Laurent Hattab allait surprendre Valérie Subra et Laurent Zarade au lit, il jouerait le fiancé jaloux et en représailles le détrousserait avec l'aide de son acolyte Jean-Rémi. Mais les choses ne s'étaient pas passées comme prévu, là encore leur victime n'avait pas de liquide à son domicile. Ils avaient donc frappé puis ligoté Laurent Zarade avec le cordon du rideau de sa chambre. Les choses avaient ensuite dégénéré. Zarade avait tenté de les convaincre de le laisser vivant, il les avait implorés… et Jean-Rémi l'avait alors forcé à le tuer. Il s'était tout d'abord emparé d'une écharpe pour l'étrangler, mais n'y arrivant pas il aurait attrapé un coupe-papier pour le poignarder après lui avoir couvert le visage avec un peignoir. Laurent Hattab est catégorique : il a agi sur ordre de Jean-Rémi Sarraud. Quant à Valérie Subra, pendant tout le temps du calvaire de Laurent Zarade, elle attendait dans la pièce attenante en regardant des clips et en dégustant le plateau-repas préparé pour elle par la victime deux heures plus tôt… Quelques jours plus tard, il se rétracte et accuse Jean-Rémi Sarraud d'avoir tout manigancé et tué seul les deux hommes.

Quelle est la responsabilité de chacun des membres du trio dans les deux meurtres ? Alors que les enquêteurs peinent à définir précisément qui a fait quoi, un témoignage va venir les aider. Celui d'une ancienne complice, une ancienne employée du père de Laurent Hattab, que le trio avait recrutée comme appât. La jeune femme, sensiblement du même âge, avait fait partie de la bande avant que celle-ci ne passe à l'acte. Laurent Hattab lui avait proposé de faire le coup avec eux, elle avait assisté à une réunion de préparation et avait fait capoter une première tentative par peur. Elle s'était dégonflée lorsqu'elle avait compris qu'ils voulaient tuer leur victime, pas juste la détrousser.

Il y aurait en effet eu plusieurs tentatives ratées avant le meurtre de Gérard Le Laidier et entre les deux assassinats. Le trio improvisait chaque jour en enchaînant les rendez-vous pour tuer. La jeune femme est catégorique. Laurent est le cerveau de la bande, il décide de tout, et il a un ascendant total sur les autres.

Dans cette affaire, les enquêteurs découvrent ce que veut dire « tuer pour rien ». Ce qui les frappe le plus, eux et les experts psychiatres, c'est – au-delà de sa jeunesse – l'inconséquence du trio et son absence de remords. Ils vont chercher à comprendre comment ces trois jeunes gens mal organisés, qui ratent leurs coups, gardent les preuves chez eux, laissent leur numéro de téléphone…, en sont arrivés à une telle violence et comprendre l'alchimie criminelle qu'a engendrée leur association. Pour cela, ils vont se pencher sur les histoires respectives de chacun : Laurent Hattab, un fils de bonne famille à qui on ne refuse rien ; Valérie Subra, une petite fille gâtée qui rêve de paillettes et veut tout avoir sans effort ; Jean-Rémi Sarraud, un gosse de la DDASS sans repères, fasciné par Laurent Hattab.

Quelques jours avant l'ouverture du procès, *Paris Match* publie en une des photos de Valérie Subra, mannequin d'un jour pour une marque de tee-shirts. La jeune femme, alors mineure, pose dans les vagues en monokini et haut mouillé transparent laissant transparaître sa poitrine. Les photos font scandale. Valérie Subra devient un véritable phénomène à quelques jours de comparaître dans le box des accusés : objet de fantasme pour les uns, mante religieuse pour les autres.

Le procès du trio infernal, qui s'ouvre le 8 janvier devant la cour d'assises de Paris, s'annonce comme l'événement judiciaire de l'année 1988.

L'OPINION PUBLIQUE ET LES AFFAIRES

L'opinion publique et le traitement médiatique des affaires sont des éléments à prendre de plus en plus en compte avant et pendant la tenue d'un procès. Souvent d'ailleurs, l'opinion varie : elle peut pousser au lynchage, à des condamnations définitives, prend parfois le parti des accusés… et condamne le système judiciaire.

Depuis l'affaire Troppmann en 1869, qui a permis l'essor de la presse des faits divers, la justice doit aussi trouver un équilibre face à la pression médiatique.

La défense, l'accusation, la police, parfois même les magistrats eux-mêmes utilisent les médias pour peser sur l'opinion, comme ce fut le cas dans l'affaire de Bruay-en-Artois ou dans l'affaire Grégory.

Il est impossible de rester imperméable à la production médiatique, à l'opinion, encore moins à l'heure des réseaux sociaux. Les jurés dans un procès peuvent être influencés, subir une certaine pression. Dans ce cas, le président du tribunal peut prendre des mesures de protection pour les isoler, les mettre en garde. On les instruit des dispositions à prendre pour ne pas être trop influencés et le président leur fait prêter serment, comme prévu à l'article 304 du Code de procédure pénale : « Vous jurez et promettez d'examiner avec l'attention la plus scrupuleuse les charges qui seront portées contre X..., de ne trahir ni les intérêts de l'accusé, ni ceux de la société qui l'accuse, ni ceux de la victime ; de ne communiquer avec personne jusqu'après votre déclaration ; de n'écouter ni la haine ou la méchanceté, ni la crainte ou l'affection ; de vous rappeler que l'accusé est présumé innocent et que le doute doit lui profiter ; de vous décider d'après les charges et les moyens de défense, suivant votre conscience et votre intime conviction, avec l'impartialité et la fermeté qui conviennent à un homme probe et libre, et de conserver le secret des délibérations, même après la cessation de vos fonctions. » Ce à quoi, chaque juré, appelé individuellement, doit répondre en levant la main : « Je le jure. »

Le 8 janvier 1988, c'est vêtue de noir et donc bien différente de l'image de jeune femme sulfureuse qu'elle traîne que Valérie Subra se présente devant la cour d'assises de Paris. Dans le box des accusés, Jean-Rémi Sarraud garde la tête baissée, tandis que Laurent Hattab exaspère l'assistance avec son arrogance non dissimulée. De l'avis général, seul Jean-Rémi fait preuve de sincérité. Laurent, lui, nie tout en bloc et charge son ancien complice et ami, qui assume les faits. Valérie, elle, semble pleurer sur son sort. Certes, la jeune femme n'a pas de sang sur les mains, mais elle a servi d'appât, et c'est ce que fera valoir Me Francis Szpiner, qui représente la famille de Laurent Zarade, pour qu'elle soit reconnue aussi coupable que ses camarades. Il va même jusqu'à comparer son rôle à celui d'un militaire allemand chargé, à la descente des trains dans les camps de concentration, de désigner les prisonniers à gazer immédiatement et ceux à envoyer en camps de travail… L'avocat général requiert une peine identique pour les trois : la perpétuité.

Le verdict est rendu le 16 janvier 1988. Valérie Sudra, Jean-Rémi Sarraud et Laurent Hattab sont tous les trois condamnés à la même peine : la réclusion criminelle à perpétuité assortie d'une peine de sûreté de dix-huit ans pour Hattab et Sarraud et de seize ans pour Subra. Jamais de mémoire d'avocat on n'avait vu une triple perpétuité pour des accusés si jeunes. À cette époque, il n'y a pas d'appel en assises possible, la condamnation est définitive. Après l'énoncé du verdict, la mère de Gérard Le Laidier s'approche du box des meurtriers de son fils unique et aura un mot pour eux : « Mes pauvres petits. »

Le trio a purgé sa peine. Valérie Subra a été libérée en 2001, au terme de seize années à la maison d'arrêt de Rennes et à la prison de Nantes. Elle s'est mariée, a fondé une famille et vit à l'étranger. Laurent Hattab et Jean-Rémi Sarraud ont été libérés en 2003. Le premier a lui aussi refait sa vie à l'étranger. Il est mort en 2020. Le second a accepté de témoigner dans les médias dans un but expiatoire, ce qui n'a guère facilité sa réinsertion. Il est décédé le 17 août 2022.

Cette affaire a eu un tel retentissement qu'elle a inspiré un livre, *L'Appât,* à l'écrivain Morgan Sportès, adapté au cinéma par Bertrand Tavernier en 1995.

Affaire Troadec

En février 2017, une famille entière disparaît près de Nantes : Pascal et Brigitte Troadec, les parents, Sébastien et Charlotte, leurs deux enfants. Dans la maison des disparus, les policiers retrouvent d'infimes traces de sang. Que s'est-il passé ? L'affaire, qui fait écho avec celle des Dupont de Ligonnès survenue six ans plus tôt à seulement cinq kilomètres de là, aura d'importantes répercussions dans les médias. Pourtant, les enquêteurs isoleront des coupables et lèveront le voile sur une sordide affaire de rancœur et de jalousie familiale.

Orvault est une ville de vingt-cinq mille habitants, située à moins de dix kilomètres de Nantes. C'est ici que vit la famille Troadec, au 24, rue d'Auteuil, dans le quartier du « Petit-Chantilly », un endroit paisible aux pavillons bien alignés. Il y a le père, Pascal, sa femme, Brigitte, quarante-neuf ans tous les deux, et leurs deux enfants, Charlotte, dix-huit ans, et Sébastien, vingt et un ans.

Le jeudi 23 février 2017, Martine, la sœur de Brigitte, alerte la police. Elle est inquiète : personne chez les Troadec ne répond à ses appels. D'ordinaire, sa sœur téléphone tous les dimanches à leur mère. Il y a quatre jours, elle ne l'a pas fait. Ni elle ni son mari ne se sont présentés à leur travail. Martine a même essayé de joindre ses neveux, sur leurs portables respectifs et via les réseaux sociaux. Sans succès. Ils sont tous les quatre aux abonnés absents, et la famille n'avait pas prévu de partir en voyage.

Les agents de la police municipale et de la sûreté départementale de Nantes prennent l'affaire au sérieux, se rendent au domicile des Troadec. Ils constatent que les deux voitures du couple sont garées dans la rue. Il ne manque que le véhicule de Sébastien. Ils entrent dans le pavillon et inspectent chaque pièce. Ce qu'ils y découvrent n'est pas rassurant : il y fait très froid, le chauffage a été coupé, il y a du linge humide dans la machine à laver, de la vaisselle dans l'évier, un frigo plein, les draps ont été retirés des lits, et il n'y a plus aucune brosse à dents… Dans cette maison silencieuse, tout porte à croire que la vie s'est arrêtée.

Mais il y a bien plus inquiétant encore : des traces de sang au sol, un peu partout, dans l'escalier, sur une paire de chaussettes et sur des écouteurs retrouvés dans la chambre de Sébastien Troadec. Il n'y a pas de temps à perdre : l'antenne de la PJ de Nantes est saisie d'une enquête préliminaire ouverte des chefs d'homicide volontaire, d'enlèvement et de séquestration. Les lieux sont placés sous scellés, et des investigations plus poussées commencent.

Dans la maison vide de ses occupants, sur des photos au mur, les policiers découvrent les visages des quatre disparus. Les Troadec sont des gens discrets, peu connus de leurs voisins. Pascal Troadec est employé comme électricien au sein d'une société d'enseignes lumineuses, non loin de chez lui. Il a une vie bien réglée entre son travail, ses émissions télé et sa routine rassurante. Brigitte Troadec travaille au centre des impôts de Nantes. Tous deux sont nés à Brest. Ils se sont connus dans le Finistère, là où vivent leurs familles respectives et là où ils ont grandi. Mêmes origines bretonnes, mêmes attaches et même projet de vie. Pascal et Brigitte se sont mariés en 1993 et ont deux enfants. Sébastien, l'aîné, est étudiant en BTS informatique au lycée catholique Saint-Gabriel Saint-Michel, près de Cholet – là où a étudié Arthur Dupont de Ligonnès, le fils aîné de la famille Dupont de Ligonnès, six ans plus tôt. Charlotte est étudiante en BTS sanitaire et social, à Fontenay-le-Comte, en Vendée. Les deux enfants ont quitté le cocon familial et ne rentrent chez eux que le week-end et pendant les vacances scolaires.

Les Troadec aiment voyager en famille : à Landerneau dans la famille de Brigitte, à Saint-Malo, en Vendée, à Rome. Ils prévoyaient de partir à Lisbonne pour Pâques. Ils ne seraient pas partis à la dernière minute sans avertir personne. Et surtout sans plus donner de nouvelles.

Les policiers découvrent que la famille n'a plus donné signe de vie depuis le 17 février 2017, près d'une semaine avant le signalement de la disparition. Pascal, d'ordinaire très ponctuel, ne s'est pas représenté à son travail depuis. Brigitte, en vacances, aurait dû reprendre son emploi le jeudi 23 février, lorsque sa sœur inquiète a sonné l'alerte. Aucun des membres de la famille n'a utilisé sa carte bancaire ni son téléphone portable depuis cette date. Ce sont ceux des enfants qui se sont éteints en dernier, dans la nuit du jeudi 16 au vendredi 17 février : celui de Charlotte, à 0 h 14, et celui de Sébastien, à 3 h 12 du matin après un ultime SMS.

Les médias vont rapidement se passionner pour cette affaire de disparition familiale qui en rappelle d'autres. Gilles Bouleau ouvre son journal télévisé sur TF1 par ces mots : « Il y a eu ces quinze dernières années l'affaire Godard, puis Dupont de Ligonnès. La disparition des Troadec dans la banlieue de Nantes est peut-être de la même nature. » La presse s'emballe d'autant que cinq kilomètres à peine séparent la maison des

Troadec de celle des De Ligonnès. En avril 2011, les policiers avaient retrouvé les corps des quatre adolescents et de leur mère, Agnès, enterrés sous la terrasse, trois semaines après le signalement de leur disparition. Le père, Xavier, suspect numéro un dans cette affaire, est depuis introuvable. Ce dossier hante toujours la police judiciaire nantaise.

Dans ce que l'on appelle déjà « l'affaire Troadec », les enquêteurs privilégient la piste familiale. Ils se plongent dans la vie de cette famille à la recherche de ses secrets. Un profil attire l'attention des limiers nantais. Celui du fils, Sébastien. À vingt et un ans, il apparaît comme un jeune homme fragile. Étudiant en informatique, c'est un geek prompt à étaler sa peine et parfois sa colère sur les réseaux sociaux. À tel point qu'il a déjà été condamné pour avoir publié des messages prônant la violence, alors qu'il n'était qu'en première.

Une nuit de novembre 2013, il dérape et écrit sur un forum Internet : « Demain je vais à l'école avec mon nouveau flingue et je vais me faire une tuerie, mon lycée compte plus de mille personnes. » Convoqué au commissariat, Sébastien se confond en excuses et reconnaît son erreur. Le jeune homme très actif sur les réseaux sociaux multiplie les déclarations choc : « Vivement ma mort, ma vie me soûle » poste-t-il sur Twitter en 2013 ; « Si on savait ce qui se passe dans ma tête, on me prendrait pour un fou sans morale » ; « J'en peux plus, j'veux crever, mais j'en suis même pas capable », en mars 2014. Le soir de la disparition de la famille, le 16 février 2017 à 23 h 38, il envoie un message, énigmatique : « Ça t'est déjà arrivé d'en avoir marre de plein de choses mais genre d'un coup ? Mais je crois que ça m'arrive là. » Sur son compte Twitter, on peut aussi lire : « On arrête d'avoir peur du monstre en dessous du lit lorsqu'on comprend que ce sont nous les monstres. »

Les messages de Sébastien sur la Toile ont de quoi intriguer. Mais de là à les considérer comme prémonitoires… Il faut aux enquêteurs chercher davantage, trouver des preuves et comprendre quels étaient les rapports des membres de la famille. Là encore, Internet livre des indications aux policiers. Dans d'autres publications, Sébastien parle de son père, va jusqu'à le traiter d'alcoolique. Visiblement, leur relation était conflictuelle. À l'été 2013, quatre ans avant les faits, il avait écrit cela : « Punaise hier de deux h du mat a vingt h mon père gueuler j'arrêter pas dlui dire "ferme ta gueule » il continuer à brayer. [sic] » Si en quatre années, la relation avec son père a pu évoluer, cela commence à faire beaucoup d'éléments à charge contre le fils Troadec. D'autant qu'en plus de ses messages intrigants, son téléphone s'est éteint en dernier et que sa Peugeot 308 est la seule voiture de la famille à avoir disparu.

L'avis de recherche des quatre membres de la famille est diffusé le 24 février dans tous les services de police et de gendarmerie avec cette précision : « Les premiers éléments recueillis pourraient orienter l'enquête sur la personnalité du fils Sébastien, lequel est soupçonné d'avoir mis en place un funeste projet visant à supprimer les membres de sa famille et peut-être lui-même. »

L'AVIS DE RECHERCHE

Un avis de recherche est un outil policier ou judiciaire de diffusion au public d'une information concernant une personne recherchée pour divers motifs (victime, disparu, témoin, auteur potentiel).

L'avis de recherche peut être diffusé en interne dans le FPR (Fichier des personnes recherchées), visé par l'article 230-19 du Code de procédure pénale et qui couvre dix-huit catégories différentes telles que les catégories S (pour les personnes menaçant la sûreté de l'État), IT (interdiction du territoire), M (mineurs fugueurs), V (évadés), PJ (recherches de police judiciaire), T (débiteurs envers le Trésor), etc. Il peut être consulté par les policiers, les gendarmes, les douaniers ou l'administration fiscale.

Il comporte environ six cent cinquante mille fiches actives.

L'avis de recherche peut aussi être diffusé auprès du grand public. Il existe également différentes catégories, comme le dispositif Alerte-Enlèvement en France, calqué sur le modèle américain AMBER Alerte, qui concerne les enlèvements avérés d'enfants.

Europol a mis en place un outil sur Internet couvrant une cinquantaine de cas emblématiques de criminels en fuite.

Les médias s'emballent pour l'affaire. Sur le terrain, les journalistes tentent de recueillir des témoignages sur Sébastien afin de brosser son portrait, de trouver LA preuve. Mais lorsqu'ils interrogent les proches et les amis de l'aîné des Troadec, ses camarades se montrent circonspects : Sébastien a effectivement traversé une période difficile, il a pu écrire des messages inquiétants sur la Toile, mais il était gentil et, selon eux, il n'aurait jamais pu faire du mal à sa famille. La piste Sébastien est rapidement écartée.

L'affaire rebondit le 1er mars 2017 avec la découverte d'objets appartenant à la fille des Troadec, à Dirinon, dans le Finistère, à près de trois cents kilomètres d'Orvault. Au lieu-dit Coat-Mez, une joggeuse trouve un pantalon, une carte bancaire et une carte Vitale au nom de Charlotte Troadec. L'affaire se déporte donc de la région nantaise au Finistère, berceau de la famille Troadec. Un important dispositif de recherche est déployé. Cent cinquante policiers ratissent la zone. Les enquêteurs se demandent s'ils vont retrouver d'autres indices ou, pire, les corps des victimes. À l'aide d'un chien pisteur, les gendarmes découvrent sur la commune de Loperhet, à cinq kilomètres de Dirinion, un drap-housse découpé et deux livres jeunesse dont l'un porte une étiquette : Pascal Troadec, classe de quatrième. « Qui joue au Petit Poucet avec les enquêteurs ? » interroge le *JDD*.

Le mystère s'épaissit. Jour après jour, les chances de retrouver les Troadec vivants s'amenuisent, d'autant que les analyses du sang prélevé dans la maison sont formelles : il s'agit bien de celui de trois des membres de la famille, à l'exception de celui de Charlotte.

Le 2 mars 2017, l'enquête s'accélère. La Peugeot 308 gris clair de Sébastien Troadec est découverte sur le parking de la sous-préfecture de Saint-Nazaire, à une petite soixantaine de kilomètres de la maison des Troadec. La voiture est passée au Bluestar : il y a des taches de sang dans le coffre, sur les sièges arrière, sur les poignées des portières, sur le pommeau de vitesse et sur le frein à main. Les enquêteurs relèvent deux traces ADN à l'intérieur du véhicule. C'est celui d'un autre membre de la famille : Hubert Caouissin, le compagnon de Lydie Troadec, la sœur de Pascal. Les analyses mettent également en évidence son ADN sur un verre retrouvé dans la cuisine de la maison d'Orvault.

Ce nom n'est pas étranger aux enquêteurs. Lors du signalement de la disparition, les sœurs de Brigitte leur avaient donné une information intéressante : Hubert et Lydie étaient en conflit avec les Troadec sur une question d'héritage. Hubert Caouissin leur reprochait d'avoir dérobé des lingots d'or appartenant au père de Pascal…

Entendu dès le 3 mars 2017, Hubert Caouissin confirme aux enquêteurs ce conflit qui l'oppose à son beau-frère Pascal

Troadec. Il assure ne plus avoir eu aucun contact avec lui, et le reste de sa famille, depuis l'été 2015. Lydie, auditionnée elle aussi, affirme que son frère a volé de l'or de l'héritage de son père. Pour preuve, le train de vie de la famille Troadec a beaucoup changé : voyages dans des capitales européennes, travaux dans la maison, nouvelles voitures, etc. Les enquêteurs sont suspicieux, d'autant qu'ils ont reçu une lettre anonyme mentionnant ceci : « Arrêtez de chercher du côté de Sébastien, allez plutôt voir du côté du beau-frère, il est jaloux de Pascal à en crever. »

Hubert Caouissin, quarante-six ans, est né le 19 décembre 1970 à Brest, il est le quatrième enfant de la fratrie. Son père est professeur en mécanique. Sa mère, femme au foyer. À l'âge de seize ans, il entre à l'arsenal de Brest comme apprenti chaudronnier. Intelligent, travailleur, il intègre l'École de formation technique des arsenaux, après un BEP de technicien. Il réussit le diplôme de formation technique de l'école de l'armement, puis plusieurs autres concours internes à l'entreprise. Lydie et Hubert se rencontrent sur un site Internet en mars 2006. Ils ont tous les deux trente-six ans. Elle est alors secrétaire médicale. Entre eux, tout va très vite. Lydie emménage chez lui en décembre 2006. Leur fils naît le 8 juillet 2008. Puis les coups durs s'enchaînent. En juillet 2009, on diagnostique un cancer du sein à Lydie. En 2012, Hubert obtient un nouveau poste à l'arsenal de Brest : coordinateur des travaux en chaufferie, affecté à *L'Indomptable* et à *L'Inflexible*, deux sous-marins nucléaires lanceurs d'engins, fleurons de la défense militaire française. Pour cela, il doit gagner, par bateau et aux aurores, l'île Longue, port d'attache des deux sous-marins. Son employeur, Naval Group – anciennement Direction des constructions navales et services – affrète spécifiquement des navettes pour le transport de ses salariés à 7 h 30 le matin. Hubert doit donc se lever tôt, car il lui faut une cinquantaine de minutes pour s'y rendre depuis sa maison de

Plouguerneau. Ce rythme intense ne lui convient pas. Hubert Caouissin souffre du bruit des machines, des moteurs, des soufferies… En novembre 2013, il fait un burn-out et est mis en arrêt de travail jusqu'en septembre 2016. Il a développé une hypersensibilité aux basses fréquences, une forme d'hyperacousie qui le ronge et provoque parfois des moments de violence envers lui-même. Hubert et sa compagne quittent leur domicile et se réfugient dans une ferme isolée, à Pont-de-Buis dans le Finistère, entourée de ronces et d'étangs vaseux. Ils y vivent reclus avec leur petit garçon qui suit l'école à la maison.

Le dimanche 5 mars 2017, Hubert Caouissin et Lydie Troadec sont à nouveau placés en garde à vue au commissariat de Brest. Devant les policiers, Hubert Caouissin se montre bavard… Il confirme une nouvelle fois le conflit qui l'oppose aux Troadec dans l'histoire du « trésor volé ». Selon son récit, Pierre Troadec, le père de Pascal et Lydie, avait découvert de l'or en 2006 alors qu'il travaillait comme artisan plâtrier dans un immeuble de Brest. Il était persuadé qu'il s'agissait d'une partie de l'or disparu que la Banque de France avait fait évacuer par bateau depuis le port de Brest au moment de l'entrée en guerre de la France. Hubert affirme qu'à la mort de son beau-père en 2009, Pascal a volé ce butin, sans le partager avec ses sœurs. Depuis, Hubert lui vouait une haine tenace, et il avait même pensé le dénoncer à Tracfin, la cellule du ministère de l'Économie et des Finances chargée de lutter contre le blanchiment d'argent, la fraude fiscale, sociale et douanière.

Piégé par son ADN retrouvé sur le verre chez les Troadec, Hubert Caouissin est bien obligé de reconnaître qu'il est venu au domicile de son beau-frère et de sa belle-sœur. Il va passer aux aveux, et relater les faits d'une seule traite et dans les moindres détails.

C'était donc pour espionner les Troadec, prouver à tout prix que Pascal et Brigitte ont dérobé l'or et remettre la main sur le magot qu'Hubert Caouissin s'était rendu à Orvault, ce 16 février 2017. D'après ce qu'il raconte aux policiers, il était arrivé à vingt-deux heures au 24, rue d'Auteuil et avait emporté un appareil photo, un calepin, un crayon, et un stéthoscope pour écouter les conversations de la famille à travers la porte. Il était entré dans la maison par la fenêtre de la buanderie, laissée entrouverte pour le chat, dans l'idée de subtiliser une clé afin d'en faire un double, et de revenir plus tard chercher des preuves concernant le vol du butin. Il avait ensuite coupé l'électricité, et réveillé le couple en faisant trop de bruit. Pascal et Lydie étaient alors descendus avec une lampe torche, et Hubert s'était retrouvé nez à nez avec Pascal Troadec. Puis, tout avait dégénéré.

Selon ses dires, Pascal avait menacé son beau-frère avec un pied-de-biche et lui avait lancé : «Je vais te tuer.» Il avait voulu lui porter un coup, mais il l'avait raté. Hubert Caouissin s'était emparé de l'outil, avait frappé Pascal et Brigitte à la tête. Les époux étaient blessés, mais pas morts. Puis Sébastien était sorti de sa chambre, alerté par le bruit. Hubert lui avait également asséné un coup sur la tête. Charlotte était arrivée à son tour et avait subi le même sort. Hubert Caouissin avait ensuite achevé Brigitte, qui s'était réfugiée dans la salle de bains, et Pascal. C'est seulement à ce moment-là qu'il avait réalisé les avoir tous tués.

Couvert de sang, Hubert était rentré chez lui, à Pont-de-Buis-lès-Quimerch, à près de deux heures et demie de route de la scène de crime. Il y était arrivé à neuf heures. Sa femme et son fils dormaient encore. Il avait confié le quadruple meurtre à son épouse qui, le soir même, l'a conduit à Orvault pour « nettoyer » la maison et rassembler des effets personnels de la famille dans de grands sacs-poubelle de cent trente litres qu'elle avait achetés dans la journée. Selon les versions successives qu'elle a données, Lydie serait soit entrée chez son frère avec son mari, soit restée à l'extérieur, dans la voiture, pour faire le guet.

Hubert avait cherché à effacer les traces de sang pendant des heures. Épuisé, il s'était même reposé dans le lit du couple entre cinq heures et 8 h 30 du matin, avant de poursuivre son nettoyage. Enfin, il avait chargé les cadavres dans la Peugeot 308 de Sébastien, était rentré chez lui, dans sa ferme isolée, avait stationné la voiture dans la cour et interdit à son fils de s'en approcher. Il avait ensuite disposé les corps sur une bâche, dans l'une des dépendances de la propriété, les avait démembrés, découpés avec un couteau de cuisine, puis avait fait brûler les os et les peaux dans sa chaudière. Pendant trois jours, Caouissin s'était attaché à détruire ce qui restait des corps des victimes. Il avait dispersé les viscères et les muscles dans les ronciers espérant que les animaux sauvages les fassent disparaître. Il avait aussi brûlé les têtes et enterré les effets personnels non combustibles, notamment les alliances. Il avait emporté le reste des crânes à la plage de La Palue, où il les avait enfouis pour que la marée puisse les prendre…

Caouissin confie aussi que les objets retrouvés les 1er et 2 mars 2017 étaient ceux qu'il avait jetés, sous l'effet de la panique, avant de se rendre au commissariat. Il a également jeté le pied-de-biche, l'arme du crime, du haut du pont de l'Iroise. Elle ne sera jamais retrouvée.

Entendue à son tour, Lydie Troadec affirme dans un premier temps ne rien savoir de la disparition de son frère et de sa famille. Puis elle confirme que son mari lui a avoué avoir « fait une connerie » quand il est rentré le 17 février au matin, vers 8 h 30, couvert de sang. Elle l'a accompagné à plusieurs reprises à la maison d'Orvault pour qu'il nettoie. Puis, le mercredi 22 février, elle l'a aidé à nettoyer la voiture de Sébastien et à la déposer à

Saint-Nazaire. Lydie Troadec explique aux enquêteurs qu'elle faisait faire de grandes promenades à son fils pendant qu'Hubert s'occupait des corps. Elle explique ne pas l'avoir dénoncé de peur d'être séparée de leur fils.

Hubert Caouissin est mis en examen pour « meurtre et atteintes à l'intégrité d'un cadavre » ; Lydie, pour « modification de l'état des lieux d'un crime et recel de cadavres ».

Le 8 mars, les policiers investissent la ferme du Stang, à Logonna, un hameau de Pont-de-Buis-lès-Quimerch. Une immense bâtisse en pierres, cernée de dépendances, qui se dresse sur une propriété d'une trentaine d'hectares, au milieu des bois de chênes et de hêtres. Hubert Caouissin, sa compagne Lydie et leur fils s'y sont installés en janvier 2015 et y vivent comme des reclus. Seule Renée, la mère de Lydie, est au courant qu'ils ont quitté la maison de Plouguerneau. C'est ici que les policiers, sur les indications du meurtrier présumé, retrouvent des restes humains. Si les analyses confirment qu'il s'agit bien des fragments des corps de Pascal, de Brigitte, de Sébastien et de Charlotte Troadec, rien ne permet en revanche de déterminer les circonstances et les causes de leur décès.

Après les aveux sordides d'Hubert Caouissin, les enquêteurs se posent la question du mobile de ce quadruple meurtre : l'or existe-t-il vraiment ? À l'origine de cette légende familiale, il y a Renée Troadec, la mère de Lydie et Pascal. C'est elle qui a raconté que son mari était tombé sur un magot en effectuant des travaux dans un immeuble du 12, rue Legendre, dans le quartier Recouvrance, le quartier historique de Brest. L'or était caché dans un mur de la cave. Pierre Troadec avait ensuite camouflé ce trésor dans le grenier du garage de leur maison. Renée en ignorait la valeur et ne l'avait jamais vu.

Cette découverte, réelle ou fictive, renvoie en tout cas à un fait historique. Alain Boulaire, Brestois et professeur d'histoire, s'y est intéressé et confirme que des centaines de tonnes d'or ont transité par Brest lors de la Seconde Guerre mondiale. Cette évacuation de l'or de la Banque de France vers le Canada, les Antilles et Casablanca – environ 700 tonnes – s'est d'ailleurs faite dans l'urgence, le 18 juin 1940 : des matelots avec l'aide de prisonniers chargent les caisses d'or dans les navires. L'une d'elles tombe dans l'eau. Elle ne sera jamais retrouvée par la Banque de France malgré l'envoi de plongeurs-démineurs de la Marine nationale à la fin de la guerre. Quelqu'un a-t-il mis la main dessus dans la nuit du 18 juin 1940 ? Cette personne l'aurait-elle cachée dans un bâtiment du quartier Recouvrance à Brest, le seul quartier de la ville épargné par les bombardements ? Lorsque l'affaire Troadec éclate, en mars 2017, une Brestoise affirme dans *Le Télégramme* que son père avait, à l'époque, remonté la caisse d'or du fond de l'eau et qu'il l'avait cachée dans un immeuble désaffecté du quartier Recouvrance. Son témoignage accréditerait l'existence de ce trésor.

Renée Troadec est formelle : un jour de mai 2010 où elle est hospitalisée, son fils Pascal est venu récupérer les clés de sa maison. Il a prétexté vouloir prendre des caisses à outils dans le garage pour bricoler. C'est à cette occasion qu'il aurait fait main basse sur le trésor. L'affaire va dès lors pourrir les relations familiales. Renée en parle à sa fille et à son gendre, lesquels sont convaincus que Pascal et Brigitte ont volé le magot. Hubert et Lydie ruminent cette histoire de spoliation dont ils seraient victimes. La rancœur tenace qui les anime vire à l'obsession. Refermés sur eux-mêmes, ils consignent tout sur des cahiers. Personne n'a jamais vu scintiller le précieux magot, mais Hubert Caouissin est persuadé de son existence. Sa vie bascule dans un délire paranoïaque.

Malgré des investigations lancées en Suisse, à Monaco, en Andorre, les juges d'instruction ne retrouveront ni or placé à l'étranger ni compte au nom des Troadec, apportant la preuve qu'ils se seraient enrichis ces dernières années. Ni compte à l'étranger ni dépenses folles. En revanche, les enquêteurs vont découvrir que Lydie et Hubert étaient obsédés par le train de vie de Pascal et Brigitte Troadec. L'ordinateur du couple contient trente-huit photos prises entre le 1er et le 7 février 2017, conservées dans un dossier intitulé « crapules ». Il s'agit d'images de la rue, des captures d'images Google Street View et Google Maps de la maison des Troadec. Il comporte également des recherches sur Charlotte Troadec, des clichés du voisinage et du domicile de la famille.

Et ce n'est pas tout, les enquêteurs découvrent un cahier écrit de la main de Lydie Troadec. Depuis février 2010, celle-ci consigne toutes les rencontres avec son frère et sa belle-sœur, y note leurs moindres faits et gestes, leurs tenues, leurs achats, leurs courses, leurs vacances, leurs répliques… parmi lesquelles ces propos de Pascal : « On dirait le gagnant du loto sur la photo. Un sourire incroyable dans sa tenue. » Lydie confirme avoir pris des notes sur les membres de sa famille en analysant des photographies d'eux sur son ordinateur pour évaluer les changements dans leur train de vie. Lydie et Hubert étaient en effet persuadés que les voyages en Europe et les nouvelles voitures des Troadec étaient la preuve manifeste de leur enrichissement grâce au trésor volé. Dans ces textes, elle surnommait Brigitte de « grosse dondon » et Pascal de « crapule ».

Les enquêteurs mettent également la main sur deux fichiers conservés dans l'ordinateur de Lydie, et datés du 5 juillet 2014, point d'orgue du conflit familial. Le premier est un fichier audio intitulé « Explication Pascal MP3 5 juillet 2014 » et le second est un document Word de 16 pages, « Explication Pascal 5 juillet

2014 ». Ce jour-là, Pascal et Brigitte Troadec avaient été « convoqués » par Hubert et Lydie pour un repas de famille chez Renée. Lydie avait caché un dictaphone dans son soutien-gorge et le sujet du « butin » avait été abordé. Renée avait demandé à son fils et à sa femme de pouvoir récupérer une partie de l'or. Le couple était tombé des nues, ne comprenant pas ce qu'on leur reprochait. Pascal s'était énervé, vexé qu'on l'accuse ainsi, ce à quoi Hubert Caouissin avait rétorqué que « pour des sommes pareilles, on éradique des familles sans problème », « pour des sommes pareilles, on tue des familles entières ». À la suite de ce déjeuner, Renée avait fait un malaise cardiaque, et avait décidé de couper les ponts avec son fils Pascal, qu'elle jugeait malveillant.

À ce stade, l'obsession de Lydie et Hubert avait viré au délire de persécution. Dans les ordinateurs du couple, les enquêteurs découvrent en plus des recherches sur les cours de l'or, et des mots clés évocateurs : « tueur à gages », « puissance. 22 Long Rifle », « arbalète de poing ». « J'avais peur qu'eux nous tuent ou nous fassent tuer par un tueur à gages. J'avais peur que ma belle-sœur et mon beau-frère nous fassent assassiner », tentera d'expliquer Hubert Caouissin.

À force d'accumuler des indices qui n'ont de sens que pour lui, Hubert Caouissin a acquis la certitude que l'or existe, et que ceux qui l'ont dérobé vont s'en prendre à son fils, l'ultime « ayant droit » de « la manne ». Héritier d'un trésor imaginaire, le fils d'Hubert et Lydie est entraîné par ses parents dans leur délire.

Paranoïa, délire obsessionnel, sentiment de spoliation et de persécution… L'état psychiatrique de Caouissin suscite des interrogations chez les experts psychiatriques, dont les conclusions vont être un nouveau tournant dans l'affaire. Le Dr Zagury et le Dr Dubec concluent ainsi unanimement qu'Hubert

Caouissin et Lydie Troadec souffrent d'un délire d'interprétation et d'une altération du discernement, ce qui leur permet d'espérer une peine réduite de trente ans de prison.

L'ALTÉRATION DU DISCERNEMENT

Selon l'article 122-1 du Code pénal, « n'est pas pénalement responsable la personne qui était atteinte, au moment des faits, d'un trouble psychique ou neuropsychique ayant aboli son discernement ou le contrôle de ses actes. La personne qui était atteinte, au moment des faits, d'un trouble psychique ou neuropsychique ayant altéré son discernement ou entravé le contrôle de ses actes demeure punissable. Toutefois, la juridiction tient compte de cette circonstance lorsqu'elle détermine la peine et en fixe le régime. Si est encourue une peine privative de liberté, celle-ci est réduite du tiers ou, en cas de crime puni de la réclusion criminelle ou de la détention criminelle à perpétuité, est ramenée à trente ans. La juridiction peut toutefois, par une décision spécialement motivée en matière correctionnelle, décider de ne pas appliquer cette diminution de peine. Lorsque, après avis médical, la juridiction considère que la nature du trouble le justifie, elle s'assure que la peine prononcée permette que le condamné fasse l'objet de soins adaptés à son état ».

Alors qu'en cas d'abolition du discernement, il n'y a ni condamnation ni peine de prison, mais un traitement ; en cas d'altération, la condamnation est possible, mais la peine est allégée.

La preuve de l'existence d'une altération mentale ne peut être rapportée que par la réalisation d'un examen psychiatrique de la personne mise en cause.

Le procureur de la République peut décider d'une expertise au stade de l'enquête de police.

Le président du tribunal se réserve quant à lui le droit, après avis du procureur de la République, d'ordonner l'expertise psychiatrique ou de la refuser. Le tribunal n'est jamais lié par les conclusions de l'expert.
Il s'agit donc d'une affaire complexe d'interprétation, surtout lorsque les experts ne sont pas d'accord.

Plus de quatre ans après les faits, le 22 juin 2021, Hubert Caouissin et Lydie Troadec se présentent devant la cour d'assises de Loire-Atlantique, à Nantes. Hubert est jugé pour « meurtre et atteinte à l'intégrité des cadavres », il risque la perpétuité. Lydie Troadec, qui a été libérée après quelques mois de détention, comparaît libre. Elle est jugée pour « recel de cadavres et modification de l'état des lieux d'un crime », délits passibles de trois ans de prison et quarante-cinq mille euros d'amende. « Mamie Renée » ne s'est pas constituée partie civile.

L'audience, qui s'étale sur trois semaines, n'apporte rien de plus sur les faits. Hubert Caouissin maintient sa version. Froid, distant, il prétend ne pas avoir voulu tuer la famille Troadec, et il est toujours persuadé que l'or existe. S'il reconnaît une « folie », il continue à affirmer qu'il voulait ce soir-là récupérer des éléments capitaux pour les empêcher de nuire. À la barre, son délire est intact. Sa compagne, en revanche, admet que le trésor n'a vraisemblablement jamais existé. Elle a pris du recul, n'y croit plus et déplore ne pas avoir pu prévenir le drame.

À la fin du procès, Hubert Caouissin demande finalement pardon et dit regretter son geste. Le 7 juillet 2021, après sept heures et trente minutes de délibéré, la cour rend son verdict. Hubert Caouissin est reconnu coupable du quadruple meurtre et condamné à trente ans de prison. La cour et les jurés ont retenu l'altération du discernement, ce qui lui permet d'échapper à la réclusion criminelle à perpétuité. Lydie, quant à elle, dont l'altération du discernement n'est pas retenue, est condamnée à trois ans de prison dont deux ans ferme.

Hubert Caouissin continue de purger sa peine et bénéficie d'un suivi psychiatrique. Il pourra demander une libération conditionnelle à la moitié de sa peine, en 2032, soit après quinze ans de prison. En mars 2024, le détenu a saisi la justice pour récupérer une pelle. Celle qui avait servi à faire disparaître les corps de ses victimes. La cour d'appel a refusé sa demande et fait procéder à la destruction des scellés.

Affaire Simone Weber

On l'a surnommée la « Diabolique de Nancy ». On l'a même comparée à Landru. Au terme d'une enquête qui a passionné la France des années 1980, Simone Weber a été condamnée pour avoir tué son amant puis découpé son corps à la meuleuse à béton avant de le faire disparaître. Jusqu'à sa mort, Simone Weber a clamé son innocence…

Le samedi 22 juin 1985, Bernard Hettier, cinquante-cinq ans, un habitant de Maxéville, en Meurthe-et-Moselle, doit déjeuner chez sa compagne Monique Nus à Nancy. Le couple a ensuite prévu de partir en week-end. Les heures passent et Bernard ne donne toujours pas signe de vie. Étrange. Le téléphone de sa maison rue Sainte-Barbe sonne dans le vide. Monique Nus s'inquiète, d'autant qu'un homme se présentant comme un « ami » de Bernard – dont elle n'a jamais entendu parler – l'a appelée pour la prévenir que ce dernier ne viendra pas car il a soi-disant des ennuis dans sa maison des Vosges.

Monique charge alors son fils Didier d'aller faire un petit tour du côté du domicile de Simone Weber, cinquante-cinq ans, une ancienne maîtresse de Bernard Hettier avec laquelle il est en mauvais terme. Arrivé au 158, avenue de Strasbourg à Nancy, Didier sonne, mais personne ne répond. Pourtant, il lui a semblé voir les rideaux bouger légèrement… Il remarque surtout que la Renault 9 bleue de Bernard Hettier est garée près de chez Simone Weber sur un parking désaffecté. Quand il repasse un peu plus tard dans la soirée, la voiture a disparu…

Inquiète, Patricia Hettier, la fille de Bernard, interroge les voisins de son père. Elle apprend qu'il a été vu en train de se disputer avec Simone Weber devant chez lui le 22 juin au matin. Ils sont ensuite partis chacun de leur côté, dans leurs voitures respectives.

Trois jours après la disparition de Bernard Hettier, les sœurs de celui-ci décident de faire une visite surprise à Simone Weber… La quinquagénaire leur fait visiter son logement étrangement plongé dans la pénombre. D'ailleurs, la cuisine n'est pas accessible, car elle est inondée en raison d'une fuite de la machine à laver. Simone a les mains bandées et prétexte un « accident de jardinage ». Quelque chose cloche, mais le tour du propriétaire ne donne rien, Bernard Hettier est introuvable.

Le 1er juillet, Patricia Hettier alerte la police. On ne la prend pas au sérieux. Son père a cinquante-cinq ans, il a tout à fait le droit de couper les ponts avec ses proches, lui répond-on. Faute d'autres éléments, le policier lui conseille de faire une simple recherche dans l'intérêt des familles (RIF), une procédure administrative qui permettra éventuellement de le contacter et de lui signaler que ses proches s'inquiètent. Elle file à la rédaction de *L'Est républicain* chercher un soutien du côté de la presse. Elle explique que son père a disparu, qu'elle soupçonne sa compagne Simone Weber. Le quotidien publiera un avis de recherche. Sans résultat.

En attendant, Patricia Hettier, qui se méfie de Simone Weber, se met à la surveiller. Coiffée d'une perruque ou d'un foulard, dissimulée derrière des lunettes de soleil, elle suit discrètement la quinquagénaire dans les rues nancéiennes. Son comportement est intrigant. Simone Weber sort surtout la nuit et fait de mystérieux arrêts dans des cabines téléphoniques.

Bernard Hettier n'est pas du genre à disparaître du jour au lendemain sans prévenir sa famille et en abandonnant tous ses biens. Cet homme divorcé, père de deux enfants, travaille comme conducteur d'engins à l'usine du groupe chimique Solvay à Dombasle-sur-Meurthe. Séducteur, il multiplie les conquêtes féminines. En 1981, dans un magasin, il a rencontré par hasard Simone Weber, qu'il avait connue quinze ans plus tôt grâce à des amis. Ils sont devenus amants.

Simone Weber est très amoureuse de cet homme qu'elle appelle son « prince » ou son « roi ». Rapidement, elle découvre son tempérament volage. Malade de jalousie, elle le surveille nuit et jour, note ses allées et venues dans un calepin, relève le compteur kilométrique de sa voiture, fouille dans ses papiers. Bernard la soupçonne même de glisser des somnifères dans son café, car il s'endort de plus en plus souvent sans raison. Lassé d'être ainsi persécuté, Bernard Hettier rompt après un an de relation. Il fréquente une nouvelle femme. Un affront insupportable pour Simone Weber qui harcèle son ancien amant.

Le matin de sa disparition, vers cinq heures, après une nuit de travail à l'usine, Bernard Hettier est passé chez Colette, l'une de ses maîtresses. Inquiet, il semblait craindre Simone Weber : « Je n'ose pas rentrer chez moi. Elle m'attend dans la voiture avec un fusil. » Il avait confié à ses proches : « S'il m'arrive malheur, ça sera de sa faute. »

Dix jours après la disparition de Bernard, un arrêt de travail à son nom parvient à son employeur. Il a été posté à Paris. Pour sa famille, il s'agit d'une manipulation grossière. Le document n'est pas signé, le numéro de Sécurité sociale n'est pas le bon et le médecin qui a rédigé l'arrêt est à Épinay-sur-Seine. La police ouvre enfin une enquête et la confie à Christian Jacques de la brigade de surveillance urbaine (BSU). L'inspecteur découvre que Simone Weber a tout orchestré, qu'elle s'est rendue dès le 30 juin chez sa fille à Épinay-sur-Seine, en Seine-Saint-Denis, qu'elle a demandé à son gendre de se faire prescrire un arrêt de travail au nom de Bernard Hettier. Elle a expliqué que c'était pour aider son compagnon qui a disparu et lui éviter d'avoir des ennuis au travail. Elle demandera ensuite à son cousin de téléphoner à Monique Nus et à ses amis pour leur annoncer que le contremaître était en congé et qu'il ne fallait pas s'inquiéter.

Cette affaire de disparition inquiétante prend peu à peu une tournure criminelle. Le 9 juillet 1985, une instruction judiciaire est ouverte et confiée au juge d'instruction de Nancy, Gilbert Thiel, qui charge les policiers de la sûreté urbaine de guetter Simone Weber pour obtenir des preuves solides. Contre toute attente, cette quinquagénaire à l'apparence inoffensive est d'une prudence de Sioux et se comporte comme une criminelle expérimentée. Pour vérifier si elle est surveillée, elle opère des « coups de sécurité » en s'arrêtant brusquement sur le bas-côté ou en effectuant des demi-tours soudains en voiture.

Les policiers mènent une minutieuse enquête de voisinage et vont recueillir un témoignage capital : celui des Haag, les voisins de Simone Weber, qui habitent l'appartement juste en dessous du sien. Le jour de la disparition de Bernard Hettier, le 22 juin, M. Haag affirme avoir vu Simone Weber rentrer en fin d'après-midi, vers dix-sept ou dix-huit heures, avec un homme. Celui-ci ne serait jamais ressorti de chez elle. Durant la nuit suivante, le couple aurait entendu un bruit sourd, comme celui d'un corps qui tombe, puis celui d'un aspirateur… Au petit matin du 24 juin, juste avant le passage des éboueurs, Mme Haag avait vu Simone Weber descendre sur le trottoir une quinzaine de sacs-poubelle. Intriguée, elle en avait ouvert un et y avait trouvé des chiffons avec des taches rougeâtres.

Au début de l'été, le juge Thiel place Simone Weber sur écoute. Cette dernière appelle à de nombreuses reprises sa sœur Madeleine qui vit à Cannes et dont elle est très proche. Les deux sœurs utilisent un langage codé. Elles s'échangent les soi-disant numéros du Loto, qui s'avèrent former le numéro de la cabine téléphonique située en face de l'appartement de Madeleine à Cannes, et que… les policiers branchent également sur écoute. Elles évoquent une certaine Bernardette qu'il faudra changer d'école, en l'occurrence la voiture de Bernard Hettier qu'il faut cacher.

L'enquête se déplace alors sur la Côte d'Azur. Dans un box que Madeleine loue sous un nom d'emprunt, ils y découvrent la R9 bleue du disparu. Pour le juge Thiel et les équipes de police, cette trouvaille est une véritable aubaine. Ils tiennent enfin un élément matériel incriminant Simone Weber dans la disparition de son ancien amant.

Au téléphone, elle demande aussi à sa sœur de détruire des papiers, à savoir le passeport et le chéquier de Bernard Hettier. Il faut alors agir vite, et éviter la destruction des preuves. Le 8 novembre 1985, les sœurs sont interpellées à Nancy et à Cannes, et des perquisitions sont menées à leurs domiciles. Chez Madeleine, les policiers découvrent la carte grise, les papiers d'assurance et les clés de la voiture du disparu.

L'appartement de Simone à Nancy est passé au peigne fin, mais les policiers ne trouvent aucune trace de sang suspecte. Or, à cette époque, les techniques de la police scientifique sont encore balbutiantes. En revanche, ils mettent la main sur un véritable arsenal : trois carabines équipées de silencieux, des pistolets, des munitions et même trois bâtons de dynamite destinés aux chantiers du bâtiment. Sous une armoire, ils trouvent une douille percutée provenant de l'une de ces carabines. Un coup de feu a-t-il été tiré dans l'appartement ? Les enquêteurs ne retrouvent néanmoins aucun signe d'impact. Plus intrigant encore, ils saisissent des blocs d'ordonnances médicales volés et une trentaine de tampons encreurs chapardés dans des mairies et cachés dans une Cocotte-Minute. Simone Weber serait-elle une apprentie faussaire ?

Une meuleuse-tronçonneuse à béton est saisie dans le coffre de la voiture de Simone Weber. Elle l'avait louée la veille de la disparition de Bernard Hettier, dans un magasin de bricolage, pour faire des travaux dans son jardin, puis l'avait déclarée volée. Selon les experts, l'appareil a été entièrement démonté, lavé à grande eau, et remonté. D'infimes morceaux de substance humaine sont retrouvés dans le moteur. L'analyse déterminera qu'ils sont du même groupe sanguin que celui de Bernard Hettier.

Placée en garde à vue, Simone Weber nie farouchement avoir abattu son ancien amant et l'avoir découpé avec la meuleuse à béton. Elle explique qu'elle aurait organisé la survie artificielle de Bernard pour lui rendre service et l'aider à disparaître. Comme elle craignait que sa voiture soit vandalisée, elle avait décidé de la mettre à l'abri dans le garage de sa sœur à Cannes… Et si elle détient des armes, c'est pour se protéger lorsqu'elle est seule dans sa maison de Rosières-aux-Salines. Le 10 novembre 1985, peu convaincu par les explications des sœurs Weber, le juge Thiel place Simone en examen pour homicide volontaire, vol et détention d'explosif, et sa sœur Madeleine pour complicité d'assassinat. Les deux femmes sont incarcérées à la prison de Nancy.

S'il n'a pas obtenu les aveux de Simone Weber, Gilbert Thiel veut absolument retrouver le corps de Bernard Hettier pour consolider son dossier d'instruction. Il ordonne de retourner à la pelleteuse le terrain de la maison de la quinquagénaire, à Rosières-aux-Salines. En vain. Un témoin affirme ensuite avoir vu Simone Weber jeter un sac dans l'ossuaire de Rosières-aux-Salines. L'endroit est entièrement vidé. Là encore, les recherches ne donnent rien. Un autre témoin confie à Patricia Hettier avoir vu Simone Weber près du canal de l'Est, en pleine nuit, vers quatre heures du matin. Le juge fait assécher le canal sur deux kilomètres. Toujours rien.

LE JUGE D'INSTRUCTION

En droit français, le juge d'instruction a le devoir d'instruire à charge et à décharge. Il faut comprendre en premier lieu que le système français s'est structuré autour d'une logique inquisitoire.

Curieusement, le pays des droits de l'homme n'est pas encore celui de l'*Habeas corpus* ni du contrôle citoyen sur le système judiciaire, de l'inculpation (mise en examen ou en détention) à la condamnation ou à l'application des peines. Même les jurys populaires délibèrent avec les juges et non seuls.

On a donc inventé la fonction de juge d'instruction, qui n'intervient que dans un nombre très réduit de cas (moins de 5 % des affaires), qui peut être un ancien ou devenir un futur procureur, les fonctions entre magistrats du siège, indépendants et ceux du parquet qui le sont moins, n'étant pas différenciées en termes de carrière, ce que l'Europe reproche régulièrement à la France.

L'article 81 du Code de procédure pénale demande donc au juge d'instruction de diriger l'enquête (comme un procureur) tout en essayant de se situer au-dessus des parties (comme un juge de l'instruction) et donc de vivre au milieu d'injonctions contradictoires et de règles beaucoup moins protectrices pour la défense que le système anglo-saxon dit accusatoire (qui a ses propres défauts).

Alors que l'enquête s'éternise, le juge Thiel se penche sur la vie tumultueuse de Simone Weber, cette femme, née en 1930 à Ancerville, un petit village de la Meuse, d'un père mécanicien et d'une mère ouvrière. Ses parents se séparent quand elle a quatre ans. La famille est coupée en deux. Simone et sa petite sœur Madeleine partent vivre avec leur père, qui a refait sa vie avec une femme plus jeune, alors que leurs trois frères et sœurs restent avec leur mère. La jeune Simone rêve de devenir couturière mais rate son CAP. Elle enchaîne les petits boulots, lance un éphémère journal d'annonces gratuites et revend des Renault qu'elle retape elle-même…

Sa vie sentimentale n'est pas plus stable. Le 27 janvier 1955, elle se marie avec Jacques Thuot, le fils de la compagne de son père. Madeleine, elle, épouse le frère de Jacques, Michel Thuot… Simone Weber donne naissance à cinq enfants, mais son mariage vire à la catastrophe. Femme de caractère, elle décrit son mari comme un « patachon » qui ne travaille pas et serait volage. Lui dépeint une femme vulgaire et grossière qui « a la folie des grandeurs ». Leur séparation est houleuse. Jacques Thuot accuse son ex-femme de le harceler, de l'insulter, d'avoir vandalisé sa voiture. Soutenant qu'il est fou, elle réussit à le faire interner quelque temps au centre psychothérapique de Nancy-Laxou.

En 1968, Simone perd sa fille de quatorze ans, Catherine, décédée d'une hémorragie cérébrale alors qu'elle se trouve scolarisée au lycée Beauregard à Nancy. La jeune fille a avalé une surdose de Théralène, un sirop sédatif. Suicide ? Accident, comme le pense Simone Weber qui perd le procès intenté à l'infirmière du lycée ? Elle s'engage alors au sein du Comité pour la vérité et la justice, créé après l'assassinat de Brigitte Dewèvre à Bruay-en-Artois, et dénonce les injustices dont elle se dit victime.

Neuf ans plus tard, en octobre 1977, un nouveau drame la frappe de plein fouet. Son fils Philippe se tire une balle dans la tête, dans une forêt allemande. En guise d'explication, le jeune homme laisse une lettre où il exprime son désespoir d'avoir à faire son service militaire...

Simone Weber finit par se fâcher avec une grande partie de la famille. Elle a réussi à mettre la main sur la maison de son père en abusant les autres descendants. Elle aurait ainsi demandé à un proche de venir chez le notaire et de se faire passer pour son frère qui refusait de se désister en sa faveur...

Ne négligeant aucun aspect de la vie de Simone Weber, le juge Thiel décide d'enquêter sur la mort étrange de son dernier mari, Marcel Fixard, survenue au printemps 1980. Le couple s'était rencontré à la suite d'une petite annonce publiée au printemps 1977 par cet adjudant-chef de soixante-seize ans à la retraite, veuf et sans enfant. À l'époque, Marcel Fixard vivait dans une confortable maison, rue de l'Abattoir à Rosières-aux-Salines, et il cherchait une compagne pour finir sa vie. Simone Weber avait répondu, prétendant être professeure de philosophie, retraitée elle aussi et sans enfant. Elle lui avait affirmé avoir soixante-cinq ans alors qu'elle en avait quinze de moins, et portait une perruque de cheveux blancs afin d'atténuer leur différence d'âge. Le couple s'est mis en ménage.

Le 14 mai 1980, Marcel Fixard succombe à une crise cardiaque. Pour ses proches, c'est la surprise. L'octogénaire était plutôt en bonne santé, même s'il leur était récemment apparu changé, chancelant, comme drogué. Il leur avait aussi semblé que Marcel craignait sa compagne et qu'il se cachait pour téléphoner. Quelques jours après la mort du vieil homme, elle se présente chez le notaire et exhibe un testament indiquant qu'elle est sa femme et son légataire universel. Un faux grossier. À la surprise générale, Simone Weber hérite ainsi de la jolie maison à Rosières-aux-Salines, de tous les biens du défunt et de sa confortable pension de militaire.

Curieux, les enquêteurs se penchent sur la cérémonie de mariage organisée le 22 avril 1980, un mois avant la mort de Marcel, à Strasbourg, à plus de cent kilomètres du domicile de l'octogénaire. Interrogé par la police, le témoin des mariés affirme que l'homme qui s'est marié ce jour-là avec Simone Weber n'est pas le Marcel Fixard des photos qu'on lui présente. Les policiers identifient l'homme en question : il s'agit d'un pensionnaire d'une maison de retraite, qu'elle avait recruté pour l'occasion. Marcel Fixard n'a donc jamais su qu'il était marié.

Simone Weber a-t-elle tué son mari pour empocher son héritage ? L'hypothèse est sérieusement envisagée par le juge Thiel. D'autant que les policiers retrouvent dans les affaires de Simone Weber une ordonnance contrefaite de digitaline, une substance active destinée à traiter les insuffisances cardiaques et donc à utiliser avec une infinie précaution. Pourtant, Simone Weber n'a jamais eu de problèmes de cœur. Et son médecin nie lui avoir prescrit ce cardiotonique qu'elle a acheté sous son premier nom de femme mariée, neuf jours seulement avant le décès de Marcel Fixard.

Cinq ans après le décès de l'octogénaire, le juge ordonne l'exhumation du corps de Marcel Fixard en vue d'une analyse des viscères, destinée à trouver d'éventuelles traces du toxique. C'est un échec. En raison de l'ancienneté du décès, les analyses ne sont pas concluantes. Pourtant, le juge Thiel décide de mettre en examen Simone Weber pour l'assassinat par empoisonnement de son mari.

Au fil des mois, cette enquête à rebondissements va tenir la France entière en haleine. Les médias multiplient les articles et les reportages sur cette mystérieuse disparition et sur l'énigmatique Simone Weber qui ressemble plus à une gentille grand-mère qu'à une tueuse de sang-froid. L'affaire vire parfois au grand-guignol, notamment quand Me Jacques Vergès, l'un des avocats de Simone Weber, tente d'organiser une « reconstitution » avec un poulet et une scie électrique pour démontrer l'absurdité des accusations portées contre sa cliente.

Les parties civiles se sentent les laissées-pour-compte d'une enquête hors norme où l'accusée attire toute la lumière et bénéficie d'un traitement de faveur. Elles s'étonnent du comportement de la prévenue et des interviews improvisées qu'elle donne à la sortie du bureau du juge. Ainsi, Patricia Hettier, la fille de Bernard Hettier, s'avoue-t-elle choquée lorsque Simone Weber, lors d'une perquisition chez elle, va tranquillement cueillir des fruits dans son verger… Mais jusqu'au bout la fille du disparu tiendra à être présente lors des actes d'enquête pour montrer à Simone Weber qu'elle non plus ne lâchera rien et qu'elle espère retrouver le corps de son père.

Pourtant, malgré l'acharnement du juge d'instruction et une mise en examen dans deux affaires de meurtre, il n'existe toujours aucune preuve matérielle que Simone Weber a bien fait disparaître son ancien compagnon… Jusqu'au 15 septembre 1985, jour où une découverte va relancer l'affaire : une valise lestée d'un parpaing contenant un tronc humain est repêchée dans la Marne à 350 km de Nancy, dans le village de Poincy, en grande banlieue parisienne. À première vue, ce tronc humain a été découpé avec un engin mécanique. Quand une circulaire nationale est diffusée par le SRPJ, un fonctionnaire de la police judiciaire de Nancy fait le rapprochement avec la disparition de Gérard Hettier. Une photo de la valise suspecte est présentée à sa fille Patricia qui reconnaît formellement l'une des valises en tissu, munie de sangles en cuir, achetée par son père.

En l'absence d'empreintes digitales et dentaires, l'identification des restes humains s'annonce difficile. Le thorax est comparé à des radios du disparu, retrouvées chez lui. Des similitudes morphologiques sont observées au niveau du bassin et des vertèbres. L'expert estime à 99,9 % la compatibilité, mais le doute subsiste car le tronc porte une cicatrice d'appendicite. Or, Bernard Hettier n'avait jamais subi ce type d'intervention. La défense demandera, trois ans plus tard, une analyse d'ADN. En vain. La mauvaise conservation des échantillons des restes humains, dont certains ont d'ailleurs disparu, ne permettra pas de réaliser une telle expertise, cette technologie étant encore balbutiante dans les enquêtes criminelles.

Cependant, plusieurs éléments incitent à penser qu'il s'agit bien des restes du contremaître. Le parpaing qui lestait la valise comporte des coulures de peinture bleue. L'analyse montre – et les experts sont formels – qu'il s'agit de la même peinture que celle utilisée pour repeindre le toit de la maison de Simone Weber. Autre indice compromettant, les grains de sable retrouvés dans le parpaing sont identiques à ceux provenant du terrain de Simone Weber… Simple coïncidence ou preuve ? Les derniers doutes du juge d'instruction tombent…

Faute de preuves formelles, c'est donc un faisceau d'indices qui conduit le juge d'instruction à renvoyer Simone Weber devant les assises. Il estime qu'il y a suffisamment de charges pour la juger pour les assassinats de Bernard Hettier et de Marcel Fixard.

LE RENVOI

Le renvoi n'est pas condamnation, pas plus que mise en examen ne vaut jugement. Si on demande aux jurés d'exprimer leur intime conviction, on demande aux magistrats de se servir de leur expérience.

Dans tous les cas, un appel devant une chambre de l'instruction ou une juridiction compétente permet de contester, à toutes les étapes de la procédure, les modalités de mise en cause d'une personne.

En France, contrairement à de nombreux pays, le processus ne fait pas appel à des jurys citoyens, sauf aux assises et seulement en formation de jugement.

Le procès de Simone Weber s'ouvre le 17 janvier 1991 devant la cour d'assises de Nancy. Il dure six semaines. Une foule nombreuse se presse sur les marches du palais de justice. Tout le monde veut voir la « Diabolique de Nancy ». Une centaine de témoins et une vingtaine d'experts vont se succéder à la barre. Sur les vingt-cinq avocats qui ont défendu Simone Weber, seuls quatre – dont le célèbre Henri-René Garaud – sont encore là pour l'assister. Le dossier d'instruction, fort de près dix-huit mille procès-verbaux, est conservé dans une grande armoire.

Vêtue d'un chemisier blanc immaculé, orné d'une croix chrétienne, Simone entre dans le box des accusés. Derrière son allure de petite dame de province inoffensive à la mise en plis impeccable, c'est une femme impitoyable au sourire affable et au regard bleu d'une intense froideur qui fait frémir l'assistance. Simone Weber se présente en victime, confie ses malheurs de femme délaissée et de mère traumatisée par la mort de deux de ses enfants. Voulant montrer qu'elle est érudite, elle cite pêle-mêle François Mitterrand, Jean-Denis Bredin, Albert Camus, Arthur Rimbaud ou Socrate. La lecture de ses lettres d'amour enflammées à Bernard Hettier révèle la trahison qu'elle a ressentie lorsque ce dernier a mis un terme à leur relation. «Je n'aurais pas pensé qu'à cet âge on puisse à nouveau tant aimer et tant souffrir» a-t-elle écrit en août 1982. Son stylo Bic quatre couleurs à la main, la sexagénaire prend des notes, houspille ses avocats lorsqu'ils ne sont pas assez énergiques et laisse vite transparaître son tempérament impétueux lorsqu'elle tente de diriger les débats. Après avoir récusé les jurés qui ne lui plaisent pas, elle ne se prive pas de rabrouer et d'insulter les témoins à charge. Ses reparties assassines et méprisantes font mouche.

Les nombreux chroniqueurs judiciaires se régalent avec celle qu'ils baptisent «la reine des répliques». «Mesdames et messieurs du public vous n'êtes pas au spectacle, vous assistez à une œuvre de justice» répète le président Nicolas Pacaud qui a du mal à contenir les foucades de l'accusée. Le procès tourne au cirque et à la foire d'empoigne. Fidèle à sa ligne de conduite, Simone Weber clame haut et fort son innocence concernant les meurtres de ses anciens amants. En revanche, elle admet avoir rédigé le faux testament de Marcel Fixard qui, selon elle, voulait de toute façon lui léguer sa maison. Ses avocats répètent qu'il n'y a aucune preuve matérielle l'impliquant dans ces deux homicides et dénoncent «l'ambiance» créée autour de leur cliente. «Ne condamnez pas sur des hypothèses!» tonne Me Henri-René Garaud.

L'avocat général requiert contre Simone Weber la réclusion criminelle à perpétuité avec une peine de sûreté de dix-huit ans. Un rire vient rompre le silence. C'est celui de Simone Weber qui va prononcer sa propre plaidoirie, avant de lancer comme un ultime défi : «Je ne suis pas le monstre que vous avez bâti.» Onze heures plus tard, la « Diabolique de Nancy » n'est plus aussi bravache quand la cour d'assises revient rendre son verdict. Elle fait un malaise et doit être évacuée. Ultime pirouette de cette femme qui ne se faisait plus beaucoup d'illusions sur son sort. C'est donc sur son lit d'hôpital qu'elle apprend qu'elle a été acquittée pour le meurtre de son mari, Marcel Fixard. Cependant, elle écope de vingt ans de prison pour l'assassinat de Bernard Hettier. Contre toute attente, alors qu'elle avait loué la fameuse meuleuse à béton la veille de la disparition de son ex-amant, la préméditation n'a pas été retenue.

Libérée en 1999, après quatorze années derrière les barreaux, Simone Weber a rejoint sa sœur à Cannes. Elle est décédée le 11 avril 2024, à quatre-vingt-treize ans, dans un EHPAD. Elle a toujours clamé son innocence.

Affaire Bourdin-Fasquel

C'est une cavale meurtrière qui aura duré deux mois, et passionné la France.
Le 4 février 1986, une femme est retrouvée morte le long d'une route de la Somme. Rapidement, les soupçons se tournent vers Jocelyne Bourdin et Marc Fasquel, déjà recherchés pour plusieurs viols. Mais le couple est introuvable. Traqué pendant des semaines, il échappe à toutes les polices de France. Faisant sur son passage de nouvelles victimes.

Dans un village sans histoires du sud-ouest de la France, entre Noël et jour de l'An, une jeune femme de ving-cinq ans, Martine Reneric, se lance à la recherche de son premier emploi. Elle vient tout juste de décrocher son diplôme d'ambulancière et rédige cette petite annonce : «JF, permis taxi-ambulance, BNS ch. emploi.» Elle reçoit alors un appel de M. et Mme François-Xavier de Ponthieu, propriétaires d'une société d'ambulances, qui lui proposent un entretien. Le couple lui donne rendez-vous à La Boule d'or, un hôtel-restaurant situé à côté de la gare de Barbezieux-Saint-Hilaire, en Charente. La jeune femme se fait accompagner par son père, Michel Reneric. Vers minuit, après un dîner au restaurant, ce dernier repart, soulagé de laisser sa fille entre de bonnes mains. Martine doit commencer sa garde d'ambulancière au domicile du couple, qui loue un gîte dans la région.

Mais à peine sont-ils arrivés que l'homme braque un pistolet sur Martine. Comme elle crie, il lui enfonce un chiffon dans la bouche. Avec l'aide de sa femme, il arrache les vêtements de la jeune fille, l'écartèle, la ligote et l'attache au lit. Son calvaire va durer plusieurs heures. Elle est battue, violée, brûlée, sodomisée avec des bougies et humiliée. La femme observe et encourage son mari à être plus violent : «Vas-y, ne prends aucun égard, tu vois bien que c'est une salope ! » Sous la torture, celle-ci soutire à Martine son code de Carte Bleue, puis part au petit matin retirer de l'argent. L'homme resté seul semble s'être « adouci » et propose même un café à sa victime. Une scène stupéfiante après tant de violence. Lorsque la femme revient, le couple détache la victime, lui rend ses vêtements et lui demande de poser pour une série de photos pornographiques. La victime s'exécute, elle n'a pas vraiment le choix. À huit heures du matin, les deux bourreaux la font monter dans leur voiture et la déposent à la gare. Au moment de la relâcher, ils la mettent en garde : si elle parle, ils la retrouveront. Ils ont des éléments pour l'identifier. Ils s'en prendront à elle et à sa famille. L'homme lui donne de l'argent pour qu'elle puisse acheter un billet de train avant de s'excuser de ce qu'il lui a fait subir. Arrivée à Bordeaux, Martine Reneric se présente à la gendarmerie. La victime conduit les gendarmes au gîte. L'endroit est désert, mais les gendarmes y retrouvent des cordes et les bougies qui ont servi à l'agression. Ils n'auront alors qu'un objectif : identifier au plus vite ce couple qui roule à bord d'une Renault 25 de couleur foncée.

Grâce au témoignage et aux déclarations de Martine, la gendarmerie tente d'établir un portrait-robot : la femme est brune aux yeux bleus, son mari est blond, mince et porte une moustache.

Ce signalement est transmis aux organismes de rapprochement judiciaire, qui évoquent des suspects possibles : Marc Fasquel, trente-huit ans et son épouse Jocelyne Bourdin, vingt-neuf ans, recherchés pour des vols de chéquiers et des escroqueries. L'homme, qui est originaire de la Somme, a obtenu une permission de sortie de prison à Noël, et il n'est jamais rentré. Il est en cavale. Leur signalement est diffusé dans toutes les gendarmeries et tous les commissariats de France : si ce couple n'était pas dangereux jusqu'à présent, impliqué uniquement dans des « petits délits », il semble être passé à un cran supérieur dans la violence. Les gendarmes ont peu de doute sur le fait qu'ils peuvent à tout moment recommencer...

Une dizaine de jours après l'enlèvement de Martine, le 5 janvier 1986, Catherine Jouan vient de fêter ses dix-huit ans. Elle s'est inscrite à l'ANPE de Grand-Auverné, en Loire-Atlantique, à plus de 300 km de Barbezieux, pour trouver des petits boulots comme femme de ménage. Elle tombe sur une annonce de M. et Mme Vernaux d'Astier. Elle appelle et débarque chez le couple. Pendant deux jours, tout se passe à merveille. La situation dérape le deuxième soir alors que Catherine regarde la télévision. Il est vingt et une heures. La femme lui demande de monter à l'étage pour l'aider à préparer les chambres. L'homme les rejoint... et l'horreur débute. Le couple menace Christine avec un pistolet, lui arrache ses vêtements, attache ses chevilles et ses poignets, rase son pubis et la viole pendant plus de trois heures. Au petit matin, il lui offre un café, la menace de la tuer si elle parle, et l'abandonne après lui avoir volé le peu d'argent qu'elle avait sur elle. Même scénario qu'avec Martine Reneric.

Une dizaine de jours plus tard et à plus de trois cents kilomètres du lieu précédent, le couple sévit de nouveau. Bernadette Loriot est femme de ménage. Elle habite à Bourges. Elle cherche du travail et tombe sur l'annonce d'un couple. La jeune femme appelle, et un rendez-vous est organisé dans un gîte rural à Pruniers dans l'Indre. À peine est-elle aussi arrivée que le couple la menace avec un pistolet. Ceux que la presse surnommera « les violeurs des gîtes» répètent le même procédé : un guet-apens par le biais d'une petite annonce, une violence extrême avec des cordes, des objets de torture… Leur victime est ligotée, torturée, violée par l'homme et à l'aide d'une matraque en caoutchouc. Comme elle crie, le couple lui met un chiffon dans la bouche. Au petit matin, le couple s'enfuit. La victime parvient à se détacher. Effrayée, elle erre dans la nature avant de trouver refuge chez une voisine.

Le samedi 1er février 1986, la brigade de Courtomer, près d'Alençon, reçoit – comme tous les commissariats et postes de police de France – un signalement concernant un couple de «sadiques» qui se déplace au volant d'une R25 de couleur sombre. Les gendarmes décident de passer au crible tous les gîtes de la région, en commençant par ceux situés près de la brigade «par facilité, et par hasard». Par chance aussi, car l'un des premiers sites qu'ils visitent à Ferrières-la-Verrerie dans l'Orne va les mettre sur la piste du couple infernal. Selon les voisins, la maison abriterait un couple avec une voiture sombre. Intrigués, les gendarmes décident de revenir avec des renforts un peu plus tard. Une voiture de couleur foncée se présente alors qu'ils sont sur place, mais elle fonce sur les gendarmes et s'enfuit. Les gendarmes la prennent en chasse, mais la R25 puissante et rapide aura raison du fourgon de gendarmerie. C'est le premier rendez-vous manqué avec le couple qui file au nez et à la barbe des gendarmes.

Malgré la fuite des suspects, la perquisition du gîte va livrer des informations précieuses. Les gendarmes mettent la main sur des cordelettes, des bougies et sur un appareil photo contenant quatorze clichés des victimes, d'une brutalité insoutenable, et des photographies récentes du couple. Les gendarmes découvrent que les agresseurs se prêtent à un rituel sordide : ils s'immortalisent tout sourire après s'être adonnés à d'atroces scènes de viols et de violence. Ces images, qui sont la preuve de leur folie meurtrière, de leur perversité et de leur sadisme, vont permettre aux enquêteurs de mettre à jour la fiche de signalement et de les identifier. Une alerte est lancée.

Quelques jours plus tard, le 4 février 1986, il fait très froid à Courcelles-sous-Thoix dans la Somme. Les routes sont recouvertes d'une couche de verglas et une bise balaie cette commune picarde entourée de forêts. Un automobiliste découvre sur le bord de la route, à proximité d'un bois, le corps nu d'une femme. Elle gît face contre terre, les mains liées dans le dos. Les gendarmes constatent que le corps porte les stigmates d'une grande violence : morsures, brûlures, coups... La victime a été torturée, et son sang s'écoule sur la chaussée. Aucune précaution n'a été prise pour cacher le corps. Trois douilles de .22 Long Rifle reposent à côté. Les gendarmes repèrent des traces de pas, plus précisément de talons de chaussures de femme. C'est sous le corps que ces empreintes sont les plus marquées. On procède à un moulage. Il s'agit bien d'une empreinte de bottine et l'usure correspondrait à des talons abîmés par une conduite en voiture.

L'identification se révèle difficile, car la victime a été dépouillée de tous ses vêtements, bijoux, sac et papiers d'identité. Une battue est organisée. Les gendarmes s'orientent d'abord vers la piste d'un règlement de comptes dans le milieu de la prostitution, une sombre affaire dans laquelle la victime aurait pu détenir des informations qu'on aurait tenté de lui extirper, ce qui expliquerait les violences qu'elle a subies. Mais, alors que cette piste est creusée, le maire du village de Condé-Folie, dans la Somme, signale aux gendarmes la disparition de l'une de ses administrées, Geneviève Godard, trente-huit ans, veuve et mère d'un garçon de quinze ans. Les voisins la décrivent comme très coquette, rangée, sans histoires, très pieuse, sortant peu et partageant son temps entre son fils et sa paroisse. C'est une mère exemplaire qui n'aurait jamais pu laisser son fils sans nouvelles et disparaître. L'élu, qui identifie le corps, confirme l'identité de la victime.

Les gendarmes s'intéressent à la personnalité, à l'emploi du temps et aux relations de Geneviève Godard. Ils interrogent les habitants du village, traquent le moindre indice. Un détail a cependant attiré leur attention. La victime était impeccablement coiffée, son brushing parfait, exactement comme si elle sortait de chez le coiffeur. Or, elle a disparu un lundi, jour habituel de fermeture pour les commerces. Les enquêteurs identifient un centre commercial Mammouth, à Dury près d'Amiens, où un salon de coiffure est ouvert ce jour-là. D'ailleurs, la responsable du salon connaît bien Mme Godard.

En parallèle, ils épluchent les tickets de caisse et les relevés de banque de Geneviève Godard : après être allée chez le coiffeur, la victime aurait fait des courses à l'hypermarché et aurait quitté les lieux à 20 h 20. Sur le parking, ils retrouvent sa voiture et son Caddie plein, laissant penser à un départ précipité…

Une caissière est formelle. Une grosse berline de couleur sombre, avec un couple à l'avant, rôdait alors sur le parking. Le couple s'était d'ailleurs fait remarquer en importunant d'autres clientes. L'homme et la femme avaient l'air « bizarre », à tel point que la caissière était rentrée rapidement chez elle.

Les gendarmes consultent leurs fichiers et dressent une liste de suspects potentiels. Ils font le lien avec un couple connu pour des faits de viol et d'escroquerie. L'homme, un certain Marc Fasquel, est originaire de La Chaussée-Tirancourt, dans la Somme. Le témoignage d'André Sehet, le maire de la commune, va se révéler déterminant. Le 3 février, vers quinze heures, soit avant le meurtre de Geneviève Godard, il a vu la voiture sombre rouler au ralenti dans le village puis repartir. Il a clairement identifié Fasquel au volant, qu'il connaît très bien, et il a même vu une femme à ses côtés.

Après la confirmation de la présence du couple à proximité de la scène de crime, d'autres preuves sont rassemblées. Ainsi, les enquêteurs constatent que des chèques appartenant à Bernadette Loriot ont été émis à Méru, dans l'Oise, à une centaine de kilomètres au sud d'Amiens, au même endroit où la carte bancaire de Geneviève Godard a été utilisée pour retirer de l'argent à un distributeur automatique. Pour les gendarmes, les pistes se recoupent… et le couple identifié est à l'origine de tout. Après trois enlèvements avec tortures, il s'est engagé dans une escalade de violence en commettant un meurtre. La course contre la montre devient une course contre la mort.

Grâce au témoignage d'André Sehet, les enquêteurs cernent un peu mieux la personnalité de Marc Fasquel. Très bon élève, bien habillé, il a grandi dans un milieu plutôt aisé et a été marqué par un drame survenu dans le village en 1955, quand il avait huit ans. Une institutrice anglaise, Janet Marshall, qui sillonnait la France à vélo, avait été tuée et retrouvée dans un marais tout près de la maison familiale. André Sehet explique que l'autopsie du corps de la victime s'était tenue sous le préau de l'école et que cela avait traumatisé les enfants. Lorsque Marc est adolescent, la famille Fasquel quitte le village et s'installe à Amiens. C'est à cette période qu'il commence à déraper. Il ne veut pas travailler, rompt définitivement avec sa famille et enchaîne les délits. En 1971, à vingt-quatre ans, il écope de deux ans de prison pour vol de chéquier. Il s'enfonce dans la petite délinquance et s'isole, du moins jusqu'à sa rencontre avec Jocelyne Bourdin.

Jocelyne Bourdin est née le 8 avril 1956 à Montbéliard. Issue d'une famille modeste, elle grandit dans un milieu ouvrier. Bonne élève, jeune fille sans histoires, elle rêve de devenir infirmière, mais elle doit y renoncer à la mort de son père. Jocelyne a dix-sept ans et va travailler comme secrétaire dans une compagnie d'assurances pour aider sa mère et son petit frère. En 1976, elle rencontre Marc Fasquel dans un bar de Besançon. C'est un coup de foudre, les amoureux ne se quitteront plus jamais.

Très vite, Marc dévoile à Jocelyne son passé sombre, mais cela ne dérange en rien la jeune femme qui est prête à tout, y compris à le suivre dans la petite délinquance. Le couple enchaîne les escroqueries, se fait prendre. Marc multiplie les séjours en prison, Jocelyne y échappe. Chaque fois qu'il est incarcéré, elle attend sa sortie… jusqu'à ce jour de l'hiver 1985 où Marc Fasquel décide de ne pas retourner en prison après sa permission. C'est le début d'une course vers l'horreur sur les routes de France…

LES PERMISSIONS DE SORTIE DE PRISON

Les articles D142 et suivants du Code de procédure pénale prévoient que la permission de sortir autorise un détenu « à se rendre en un lieu situé sur le territoire national ». Elle est autorisée par le juge de l'application des peines (JAP) ou le chef de l'établissement pénitentiaire du détenu, et peut être assortie d'une ou de plusieurs conditions comme « l'interdiction d'entrer en relation avec la victime de l'infraction, ou de paraître dans les lieux où celle-ci se trouve habituellement ».

« Un délai de route peut être accordé au bénéficiaire de la permission de sortir ; il est calculé en fonction de la durée du trajet et des horaires des moyens de transport utilisés. »

Le JAP peut « ordonner le retrait d'une permission de sortir et la réincarcération immédiate du condamné si les conditions qui ont permis l'octroi de celle-ci ne sont plus réunies, si le condamné ne satisfait pas aux obligations qui lui sont imposées ou s'il fait preuve de mauvaise conduite. »

Lorsque le JAP a accordé à la personne condamnée une permission de sortir, celles ultérieures prévues peuvent être accordées par le chef d'établissement pénitentiaire. S'il rejette la demande, il informe le condamné que cette décision ne peut faire l'objet d'aucun recours, mais que celui-ci peut saisir le JAP d'une demande directe.

Le 5 février 1986, une réunion de crise est organisée au service technique de recherches judiciaires et de documentation (STRJD), au fort de Rosny-sous-Bois, en présence de tous les gendarmes qui ont travaillé sur les crimes du couple Bourdin-Fasquel. La décision de prévenir la presse est prise. Jusque-là, l'enquête était restée confidentielle, mais il faut désormais diffuser les portraits pour que la population puisse aider les gendarmes et procéder à des signalements. Le couple criminel fait la une des médias.

La traque commence, mais le couple qui sillonne la France au volant de sa R25 semble toujours avoir un temps d'avance sur les gendarmes. La population est terrorisée. Les jeunes femmes ne sortent plus seules. Le 11 février 1986, un policier de Castelsarrasin dans le Tarn-et-Garonne est alerté par un père de famille. Christine Morros, vingt-sept ans, se rendait à son cours de yoga. En chemin, elle se serait arrêtée dans un tabac pour faire un Loto, et elle n'est pas rentrée.

Au même moment, à Gensac, un paysan découvre le corps d'une femme dans un fossé, ligoté, étranglé, nu. Ses vêtements ont disparu. Bien qu'aucune preuve concrète ne puisse être établie, les gendarmes pensent que le couple Bourdin-Fasquel a encore frappé. Les similitudes avec la scène de meurtre de Geneviève Godard sont sans équivoque. Mais encore une fois, le couple a déjoué les plans des gendarmes… et est déjà loin, à la recherche de sa prochaine proie. Pourtant, la gendarmerie a mis en place un dispositif considérable pour traquer les deux meurtriers : trois hélicoptères de la gendarmerie et deux de l'armée de l'air sont engagés. Toutes les polices de France sont mobilisées.

Le 11 février 1986, Josette Founeau, quarante ans, rentre chez elle à pied à Boulogne-sur-Gesse, en Haute-Garonne. L'infirmière vient tout juste de quitter la maison de retraite où elle travaille lorsqu'une Renault 25 s'approche. Un homme braque un pistolet sur elle et lui ordonne de monter dans la voiture. Elle est attachée à l'arrière. Le couple roule en direction d'un bois, déshabille la jeune femme, lui brûle les seins avec une cigarette. L'homme la viole avec un pistolet. Sa complice lui vole ses cartes de crédit, ses espèces et son chéquier.

Le calvaire de Josette va durer des heures, mais la quadragénaire va tenter de dialoguer avec ses agresseurs. Elle leur pose des questions. Ils lui expliquent qu'ils ont un fils. Josette leur demande s'il est au courant de ce qu'ils font. Ils ne répondent pas. En début de soirée, vers vingt et une heures, après avoir parcouru une soixantaine de kilomètres, le couple et son otage arrivent à Vic-en-Bigorre. Jocelyne Bourdin s'arrête au distributeur et retire mille huit cents francs. Josette Founeau demande alors à appeler sa famille pour la rassurer. Le couple accepte, et la conduit vers une cabine téléphonique située au centre du village. Celle-ci est déjà occupée. Marc Fasquel descend de la voiture, dégaine son arme et oblige son occupante à monter dans la R25.

Cette femme se nomme Geneviève Tujague. Elle a vingt-sept ans et était en train de téléphoner à son mari. Elle est la nouvelle victime du couple. Josette lui fait signe de ne rien dire, de ne pas se manifester, sinon cela sera terrible pour elle : « Fais tout ce qu'ils te disent si tu veux sauver ta peau. » Les deux femmes se prennent la main pour se rassurer. Le couple change alors d'attitude envers Josette. « La vieille » n'intéresse plus ses agresseurs qui décident de s'en débarrasser en l'abandonnant sur la route.

Libérée, Josette Founeau se rend à la gendarmerie, identifie ses agresseurs et confirme qu'il s'agit bien du couple recherché. Après deux meurtres, une femme est enfin parvenue à échapper au couple de persécuteurs. Quant à Geneviève, elle est désormais seule avec eux. Ils roulent pendant des heures, et les scènes de violence et de viols ponctuent leur errance.

Pendant ce temps, les gendarmes quadrillent la région ; des dizaines de barrages sont dressés sur les routes. Geneviève Bourdin étudie les itinéraires pour éviter les barrages des gendarmes. Le couple est nerveux, la tension dans la voiture monte. Ils entendent à la radio qu'ils sont recherchés. Mais ils ont faim… Le lendemain, le 12 février, après une nuit passée dans la voiture, le couple s'arrête pour déjeuner au restaurant Chez Danielle, à Ygos Saint-Saturnin, dans les Landes. Personne ne les reconnaît, et la victime fait profil bas. Puis ils repartent en n'empruntant que des petits chemins et évitant les grands axes, et déposent leur otage à la gare. Après une journée d'angoisses, d'humiliations et de violences, le calvaire de Geneviève prend fin. Le couple l'embrasse et lui demande pardon, avant de reprendre la route… probablement à la recherche d'autres victimes.

Fasquel et Bourdin passent la nuit dans les bois, puis essaient de quitter la région mais l'étau se resserre. Des annonces sont diffusées, les témoignages de personnes qui disent les avoir repérés se multiplient. À Arthès, dans le Tarn, un couple de garagistes dans une station-service où ils se sont arrêtés pour faire le plein essaie de les retenir en attendant l'arrivée des gendarmes. En vain. Le couple démoniaque prend la fuite.

Tout le Sud-Ouest est en alerte. Le plan Épervier a été lancé pour les intercepter. Dans le ciel, cinq hélicoptères tournent, des barrages routiers sont formés, un escadron de gendarmerie mobile et des tireurs d'élite sont mobilisés. Au total, un millier de gendarmes sont réquisitionnés. Des gendarmes prennent la berline à Montauban en chasse, mais encore une fois, les criminels passent à travers les mailles du filet.

Il est presque midi lorsque, le 14 février 1986, les fugitifs se retrouvent sur la place du village de Montbartier face à deux gendarmes. Marc Fasquel fonce, percute la 4L de plein fouet, tente de repartir en marche arrière. Après sommation, un gendarme tire avec son 9 mm. Sept balles atteignent Marc Fasquel au poumon et à la cuisse. La portière s'ouvre, l'homme descend de la voiture et s'effondre. Il est transporté par hélicoptère à l'hôpital. Jocelyne Bourdin sort les mains en l'air en hurlant : « C'est injuste, c'est injuste, il va mourir ! » Elle n'oppose aucune résistance à son arrestation. La folle virée du couple s'achève dans le sang.

LE TIR DE SOMMATION

Les polémiques sur la légitime défense des forces de l'ordre ne manquent pas. L'usage des armes chez les policiers et les gendarmes est réglementé par l'**article L435-1 du Code de la sécurité intérieure**. La loi stipule que les militaires et les fonctionnaires peuvent « **faire usage de leurs armes en cas d'absolue nécessité et de manière strictement proportionnée** ». Cela ne peut se faire que « **dans l'exercice**

de leurs fonctions et revêtus de leur uniforme » ou signalés par des insignes extérieurs et apparents de leur qualité de policier ou gendarme (brassard, carte professionnelle).

Cet article L435-1 est susceptible d'entraîner des difficultés d'interprétation, notamment dans l'évaluation de la menace réelle, raison pour laquelle une enquête de l'IGPN (Inspection générale de la Police nationale) ou de l'IGGN (pour la Gendarmerie) est systématiquement ouverte lorsqu'un coup de feu est tiré.

La loi mentionne cinq cas précis :

– les policiers et les gendarmes peuvent faire usage de leur arme **« lorsque des atteintes à la vie ou à l'intégrité physique »** sont menées ou menacent les agents ou des tiers. La légitime défense entre en jeu dans ce cas précis. La légitime défense est aussi encadrée par la loi ;

– les forces de l'ordre peuvent se servir de leur arme pour **« empêcher la réitération, dans un temps rapproché, d'un ou de plusieurs meurtres ou tentatives de meurtre »**, de façon justifiée ;

– elles peuvent faire usage de leur arme **« lorsque, après deux sommations faites à haute voix, ils ne peuvent défendre autrement les lieux qu'ils occupent ou les personnes qui leur sont confiées »**. Cela peut être, par exemple, un commissariat ou une prison, dans le cadre de la protection d'un ministre en déplacement ou d'une personne placée en garde à vue ;

– c'est aussi possible après deux sommations si des individus cherchent à fuir et risquent **« de perpétrer, dans leur fuite, des atteintes à leur vie ou à leur intégrité physique ou à celles d'autrui »** ;

– enfin, autre cas de figure, **« lorsqu'ils ne peuvent immobiliser, autrement que par l'usage des armes, des véhicules »**, qui risqueraient de porter atteinte **« à leur vie ou à leur intégrité physique ou à celles d'autrui »**.

Marc Fasquel ne survivra pas à ses blessures. Il meurt dans l'hélicoptère qui le transporte. Jocelyne Bourdin devra donc répondre seule des atrocités commises à deux. Elle entame un tour de France des palais de justice, où elle est entendue pour chaque victime par le magistrat qui a instruit l'affaire. Pour se défendre, elle ne cesse de rejeter la faute sur son complice, prétendant que Marc Fasquel avait promis de s'en prendre à leur fils et à sa famille si elle le quittait. Elle était, selon ses propos, une femme menacée, sous emprise et n'avait pas d'autre choix que de se soumettre. Lors de la reconstitution du meurtre de Geneviève Godard à Courcelles-sur-Thoix, elle refuse de porter le mannequin et préfère rester tricoter dans le véhicule de gendarmerie.

Le procès de Jocelyne Bourdin s'ouvre le 16 mai 1989, devant la cour d'assises de Montauban. Les faits sont effroyables. Après seulement une heure d'audience, le président fait évacuer le public et les journalistes. Le procès se tiendra à huis clos.

Jocelyne Bourdin, trente-trois ans, fait tout pour apparaître irréprochable : elle parle bien, se présente devant le juge vêtue d'un joli tailleur et d'une chemise impeccable. Mais son attitude est étrange et sème le doute. Et si c'était elle le cerveau du couple ? C'est ce que laissent à penser les témoignages des victimes, qui font état d'une incitation à la violence. C'est toujours elle qui prenait les photos et qui semblait décider des actes de tortures.

Toujours est-il que Bourdin et Fasquel ont agi ensemble… et que dès leur rencontre, ils se sont isolés en commettant des délits mineurs. Jocelyne avait passé toute sa grossesse dans la voiture, en cavale, et elle avait accouché sous un faux nom. Dans leur voiture, ils disposaient d'une petite télévision portable et ils auraient été influencés par des films très violents, comme *La Mariée rouge* que le couple avait visionnée avant d'enlever la première jeune femme. L'histoire d'un couple qui kidnappe des jeunes filles et les emmène dans les bois... Les enquêteurs peinent néanmoins à établir la cause du déclic qui a entraîné le passage à l'acte. Jocelyne Bourdin ne coopère pas vraiment ; Marc Fasquel est mort...

Après deux heures de délibéré, les jurés répondent oui aux soixante-sept chefs d'accusation qui pèsent contre Jocelyne Bourdin. Elle est condamnée à vingt ans de réclusion criminelle, une peine assortie d'une période de sûreté de treize ans. À l'énoncé du verdict, l'inculpée ne montre aucune réaction. À l'époque, il est impossible de faire appel d'un verdict d'assises, elle se pourvoit donc en cassation et sa demande est rejetée.

Jocelyne Bourdin a été libérée en 1999. Elle est décédée, à Rennes, le 12 mars 2020 à l'âge de soixante-trois ans. Personne ne connaîtra jamais ses véritables motivations.

Affaire Mathilde Croguennec

Du 24 au 26 juin 2005, le village de Carnoët dans les Côtes-d'Armor accueille son premier festival de musique techno, le seul autorisé en Bretagne cet été-là. Quarante mille festivaliers venus de France et d'ailleurs envahissent les champs. La découverte, le dimanche matin, du corps d'une jeune Bretonne de dix-huit ans va transformer les festivités en cauchemar. Des centaines de tests ADN et des dizaines d'interrogatoires seront menés avant de trouver le coupable, par hasard.

En 2005, les rassemblements en plein air pour écouter de la musique techno ont encore très mauvaise réputation en France. Connus pour réunir des milliers de festivaliers de toute la France et d'Europe, ils sont vus par les riverains comme un trouble à l'ordre public et un lieu de forte consommation de drogue et d'alcool. Cette année-là, néanmoins, une nouvelle réglementation élève « le seuil à partir duquel il faut obligatoirement déclarer la manifestation en préfecture. » (*Le Figaro*). Le but était d'éviter les débordements, de trouver un équilibre face à une jeunesse qui veut s'amuser sans sombrer dans un dispositif répressif.

Trois jours de fête sont prévus. Cependant, à Carnoët, la population ne se réjouit guère de voir soixante hectares de terres agricoles réquisitionnés par l'État et piétinés par quarante mille festivaliers. Les agriculteurs n'ont pas le choix, et seront indemnisés pour la perte de leurs récoltes. Un important dispositif de mille gendarmes, pour un grand nombre d'entre eux habillés en civil, est déployé pour assurer la sécurité des teufeurs et contrôler le trafic de stupéfiants.

Si des rumeurs d'agressions circulent, comme toujours dans ce genre d'événements, tout semble bien se passer... jusqu'au matin du troisième jour, vers 9 h 45 le dimanche 26 juin, quand deux jeunes femmes tombent sur le corps sans vie d'une adolescente. Son cadavre gît dans une sapinière, à une centaine de mètres des champs, dans une zone isolée qui sert de toilettes aux teufeurs.

Les gendarmes présents au Teknival arrivent immédiatement sur place. Les premières constatations sont faites : le corps de la jeune femme est lacéré de coups de couteau. La victime a été égorgée, son pantalon et sa culotte sont posés à côté d'elle, son tee-shirt et son soutien-gorge sont remontés, elle ne porte pas de chaussures. On retrouve à proximité de son corps des clés de voiture avec un porte-clés en forme de poisson. Il n'y a ni téléphone, ni sac, ni papiers d'identité.

La piste d'un meurtre à caractère sexuel semble la plus plausible, et le travail des enquêteurs s'annonce colossal. La sapinière est une poubelle à ciel ouvert. Les techniciens en identification criminelle (TICS) relèvent tous les indices autour du corps, et collectent des centaines d'éléments qu'ils placent sous scellés : mouchoirs, papier toilette, préservatifs... Tout ce qui est susceptible d'élucider l'affaire est prélevé. Parmi les détritus, à proximité du cadavre, ils découvrent un emballage de préservatif, maculé de sang.

Alors que les gendarmes s'affairent, deux jeunes femmes se présentent vers onze heures. Elles sont sans nouvelles de leur cousine depuis plusieurs heures. Elle s'appelle Mathilde Croguennec, tout juste majeure, les cheveux courts et les yeux bleus. Elle portait un pantalon, des baskets, et c'est elle qui a les clés de la voiture. Cette description colle avec celle de la jeune femme retrouvée dans la sapinière. Pour en avoir le cœur net, les gendarmes emmènent les cousines sur le parking et leur demandent de leur montrer l'automobile de leur cousine. Les clés trouvées près du corps ouvrent le véhicule. Les gendarmes ont dès lors la certitude que la jeune victime est bien Mathilde Croguennec.

Lorsque le corps est retrouvé, le festival bat encore son plein. Plus de vingt-quatre mille personnes sont encore présentes sur le site, soit autant de suspects potentiels. Les gendarmes bouclent le périmètre, coupent les enceintes, fouillent les poubelles et les soixante hectares, récoltent près de cent tonnes de déchets à trier. Ils procèdent à des contrôles d'identité. Le meurtrier est peut-être toujours là. Il faut agir vite avant que la rumeur se répande et qu'il quitte les lieux. Ils établissent des barrages, ouvrent les coffres, les sacs, bloquent les sorties… En douze heures, ils contrôlent les milliers de personnes qui sortent du Teknival, dont beaucoup sont encore dans un état second. Collecter les bonnes informations est difficile, et l'accueil est compliqué. L'enquête s'annonce complexe.

LE CONTRÔLE D'IDENTITÉ

Les dispositions qui permettent le contrôle d'une identité sont différentes entre Français et étrangers, majeurs et mineurs. Les articles 78-1 à 78-7 du Code de procédure pénale prévoient que seuls les officiers de police judiciaire (OPJ), les agents de police judiciaire (APJ) et les agents de police judiciaire adjoints (APJa) sous le contrôle d'un OPJ, et dans certains cas les douaniers (article 67 du Code des douanes), peuvent vérifier les identités, c'est-à-dire que la pièce d'identité correspond à la personne et qu'il n'existe aucune demande spécifique la concernant dans les fichiers. D'autres agents publics peuvent relever l'identité d'une personne, mais pas la contrôler.

On peut justifier son identité par différents moyens : carte d'identité, passeport, permis de conduire, de séjour, acte de naissance, livret de famille, livret militaire, carte d'électeur, carte Vitale, etc.

Selon l'article 78-2 du Code de procédure pénale, les agents « peuvent inviter à justifier, par tout moyen, de son identité toute personne à l'égard de laquelle existe une ou plusieurs raisons plausibles de soupçonner :

- qu'elle a commis ou tenté de commettre une infraction ;
- ou qu'elle se prépare à commettre un crime ou un délit ;
- ou qu'elle est susceptible de fournir des renseignements utiles à l'enquête en cas de crime ou de délit ;
- ou qu'elle a violé les obligations ou interdictions auxquelles elle est soumise dans le cadre d'un contrôle judiciaire, d'une mesure d'assignation à résidence avec surveillance électronique, d'une peine ou d'une mesure suivie par le juge de l'application des peines ;
- ou qu'elle fait l'objet de recherches ordonnées par une autorité judiciaire.

Sur réquisitions écrites du procureur de la République, l'identité de toute personne peut être également contrôlée, selon les mêmes modalités, dans les lieux et pour une période de temps déterminés par ce magistrat.

L'identité de toute personne, quel que soit son comportement, peut également être contrôlée, selon les modalités prévues au premier alinéa, pour prévenir une atteinte à l'ordre public, notamment à la sécurité des personnes ou des biens. »

L'article 78-3 précise : « Si l'intéressé refuse ou se trouve dans l'impossibilité de justifier de son identité, il peut être retenu sur place ou dans le local de police où il est conduit aux fins de vérification de son identité. Dans tous les cas, il est présenté immédiatement à un officier de police judiciaire qui le met en mesure de fournir par tout moyen les éléments permettant d'établir son identité et qui procède, s'il y a lieu, aux opérations de vérification nécessaires. »

Lorsqu'il s'agit d'un mineur, « le procureur de la République doit être informé dès le début de la rétention. Sauf impossibilité, le mineur doit être assisté de son représentant légal ».

La rétention ne peut excéder quatre heures, ou huit heures à Mayotte.

« Si la personne interpellée maintient son refus de justifier de son identité ou fournit des éléments d'identité manifestement inexacts, les opérations de vérification peuvent donner lieu, après autorisation du procureur de la République ou du juge d'instruction, à la prise d'empreintes digitales ou de photographies lorsque celle-ci constitue l'unique moyen d'établir l'identité de l'intéressé. »

Le refus est alors passible d'une amende de 3 750 euros et de trois mois de prison.

Les gendarmes ont donc récolté les identités de plusieurs milliers de personnes, toutes des suspects potentiels. Dès le dimanche, plusieurs interpellations ont lieu.

Les gendarmes ont effectivement recueilli plusieurs signalements faisant état de deux hommes au comportement suspect. Le premier, dénoncé par plusieurs jeunes filles qu'il a importunées, nie avoir croisé Mathilde pendant le festival. En revanche, il avoue avoir violé une jeune femme pendant le festival. Cette jeune femme n'a cependant jamais été retrouvée. Le second est arrêté, couvert de sang, dans un champ. Il s'agit d'un toxicomane qui était en train de se piquer quand les gendarmes sont arrivés. La surprise lui a fait perdre ses moyens, et du sang a giclé partout. Les deux hommes seront libérés.

À ce stade, aucun profil de suspect ni aucun mode opératoire ne semble se dégager. Les gendarmes se demandent aussi si la scène de crime est bien celle qu'ils pensent. Ils sont en effet frappés par le peu de sang autour du corps en regard de la violence du crime. La victime a sans doute été attaquée ailleurs et s'est vidée de son sang avant de mourir là où elle a été trouvée. Ils veulent comprendre comment et où elle a été tuée. Pour cela, le dimanche soir, de nuit, les gendarmes passent toute la zone au Bluestar. En partant de l'endroit où le corps de la jeune fille reposait, ils identifient des traces de sang sur le sol qui forment un cheminement à travers les arbres jusque dans une clairière.

Le lundi 27 juin, au lendemain de la découverte du cadavre, une autopsie est réalisée au centre hospitalier universitaire de Brest. Selon le médecin légiste, Mathilde a reçu vingt-huit coups de couteau et a été égorgée, ce qui a provoqué sa mort. La jeune femme avait consommé de l'alcool et des drogues, mais elle était tout à fait consciente. Elle a essayé de se défendre, car elle présente des blessures au niveau des mains. L'autopsie ne parvient pas à établir de traces de viol. Pour le légiste, le meurtrier s'est acharné sur sa victime, et la mort a été extrêmement violente.

Les gendarmes se mettent alors en quête de l'arme du crime et ratissent minutieusement tout le périmètre. Le couteau est retrouvé dans la sapinière, au pied d'un arbre.

L'acharnement dont a fait preuve le meurtrier interpelle les enquêteurs. Connaissait-elle son agresseur ? Mathilde était pourtant une jeune fille sans histoires. Elle habitait avec sa mère, son beau-père et sa petite sœur à Langoat, dans les Côtes-d'Armor. Ses parents étaient séparés, mais restés en bons termes. Passionnée d'équitation, elle voulait devenir monitrice. Jolie, élancée, elle avait, selon ses proches, beaucoup de caractère. Ses parents avaient accepté qu'elle se rende au Teknival parce que ses cousines, son petit copain Adrien et d'autres amis l'accompagnaient.

Après une semaine de flagrance, une enquête pour meurtre est ouverte au parquet de Guingamp. Une cellule spéciale, baptisée « Homicide 22 », est créée et occupe à temps plein douze gendarmes de la section de recherches de Rennes délocalisés à Saint-Brieuc. Ils vont entendre l'entourage de la jeune fille.

Les cousines racontent aux enquêteurs qu'elles étaient restées avec Mathilde et son petit ami durant tout le festival. Vers six heures du matin, le dimanche, le couple s'était mis à l'écart avec des sacs de couchage pour se reposer. Mais vers neuf heures, les cousines s'étaient étonnées de voir Adrien revenir seul. Il ne savait pas où se trouvait Mathilde, et pensait qu'elle devait être en train de dormir sur le parking. Il n'avait pas l'air préoccupé. Un détail avait néanmoins interpellé les cousines : Adrien avait avec lui les affaires de Mathilde, notamment son sac et ses baskets. Encore plus étrange, le jeune homme avait quitté le Teknival seul, à pied, sans chercher sa petite amie ni même signaler sa disparition aux gendarmes. Il avait parcouru l'itinéraire en stop jusque chez lui à Perros-Guirec.

Pour les enquêteurs, Adrien est certainement l'une des dernières personnes à avoir vu Mathilde. Le 27 juin, il est convoqué à la gendarmerie de Saint-Brieuc. Confus, visiblement dans un état second, il ne se souvient de rien et ne sait pas pourquoi il s'est retrouvé avec ses affaires. Il dit avoir fumé des joints avec elle, puis s'être endormi. À son réveil, elle n'était plus là. Quand les enquêteurs lui demandent pourquoi il ne l'a pas cherchée, il a pour seule réponse : «Je ne sais pas.» A-t-il tué Mathilde ? Il lâche : «Pour moi non.» Adrien a consommé de la drogue pendant le festival, et il est encore «perché». Il en arrive même à douter de ce qu'il a fait... Peut-être est-ce lui, il ne s'en souvient pas. S'il fait figure de suspect principal, pour le moment rien ne l'incrimine, mis à part son comportement. Les gendarmes prélèvent son ADN et le libèrent, faute de preuves.

Les scellés récoltés sur le lieu du crime sont envoyés à l'Institut génétique Nantes Atlantique (IGNA). Les analyses révèlent que seul l'ADN de Mathilde figure sur les vêtements, mais il y a beaucoup de sang, ce qui pourrait masquer la présence d'un autre ADN. Sur l'emballage de préservatif taché de sang, un ADN masculin est identifié, mais il est impossible de le dater, peut-être ce préservatif était-il là bien avant le meurtre... Le sang retrouvé sur le couteau appartient bien à Mathilde, il s'agit donc de l'arme du crime. Aucune autre trace ADN n'est isolée sur la lame et le manche du couteau. En revanche, les techniciens nantais ont l'idée de le démonter pour rechercher la présence de cellules épithéliales. Banco ! Un ADN masculin est trouvé, le même que celui sur l'emballage du préservatif. Il n'y a plus de doute, les enquêteurs ont l'ADN du meurtrier de Mathilde. Il faut maintenant le localiser.

L'ADN ne correspond pas à celui du petit ami ni à ceux des deux premiers suspects. Ils sont tous trois mis hors de cause. Il n'est pas non plus répertorié au Fichier national automatisé des empreintes génétiques (FNAEG). Reste à comparer cet ADN inconnu avec ceux des festivaliers qui avaient déjà écopé d'une condamnation judiciaire, et à tester tous les hommes adultes de Carnoët. Pour le juge d'instruction, il s'agit de confirmer ou d'infirmer la piste locale. Ce sont ainsi plus de cinq cents tests ADN qui sont réalisés. Des moyens hors du commun mais qui ne donnent malheureusement aucun résultat.

Parallèlement, les enquêteurs essaient de remonter la piste de l'arme du crime. Ils veulent retrouver son propriétaire, et donc le potentiel meurtrier de Mathilde. Le modèle est un couteau de chasse importé de Taïwan, un Ranger, en forme de banane. Deux cent vingt exemplaires ont été importés et distribués dans divers points de vente en France. Le plus proche se situe au Mont-Saint-Michel, où il s'en est vendu une dizaine. Toute la comptabilité du magasin est épluchée pour déterminer s'il y a un achat qui correspond à ce couteau. Mais la tâche est trop vaste, et les tickets de caisse n'indiquent pas le détail exact des achats, et nombre d'entre eux ont été faits en liquide. Les enquêteurs parviennent à identifier quelques personnes, mais aucune d'elles n'était présente au festival.

Les gendarmes s'intéressent aussi aux appels passés sur le lieu du crime. Cinq cent mille communications téléphoniques ont borné sur le secteur pendant le festival, et toutes sont épluchées. Il s'agit de trouver un détail qui pourrait parler de Mathilde ou de ses proches. Il ne ressortira rien de ces communications. Cependant, les enquêteurs récupèrent les identités des propriétaires de tous les téléphones, et vont procéder à un recoupement minutieux des informations dont ils disposent, reprendre les auditions et comparer les ADN avec celui retrouvé sur le couteau et l'emballage de préservatif. Après plus de trois cents auditions, aucun nouvel élément n'apparaît.

Le 10 septembre 2005, trois mois après le meurtre, le téléphone de Mathilde, qui avait disparu, se met à borner du côté de Châteauneuf-d'Ille-et-Vilaine, à 145 km de Carnoët. La carte SIM a été changée, le numéro associé n'est pas celui de Mathilde, mais grâce aux fadettes récupérées auprès de l'opérateur, les enquêteurs remontent la piste jusqu'à l'individu qui détient le téléphone. Il est suspect, car non seulement il était présent au festival en même temps que Mathilde, mais parmi les amis qui étaient avec lui dans le même véhicule, l'un a déjà été condamné pour agression sexuelle.

Le 15 novembre 2005, quatre hommes sont interpellés et placés en garde à vue. Ils racontent avoir trouvé le téléphone par terre en quittant le Teknival et l'ont gardé pour s'en servir plus tard. Les ADN des suspects sont comparés avec celui des scellés, mais rien ne matche. Cette piste est close, les mois passent et le meurtrier court toujours. Pour les enquêteurs, c'est la douche froide. Pour les parents de Mathilde également.

Fin janvier 2006, un nouveau drame touche la famille Croguennec. Thierry, le père de Mathilde, décède brutalement à quarante-deux ans. Il est mort de chagrin sans connaître la vérité sur le décès de sa fille.

Tant bien que mal, l'enquête se poursuit. Les gendarmes exploitent une nouvelle piste, celle des selfies et des photos prises par les participants pendant le festival. Ils recherchent des images sur lesquelles Mathilde apparaîtrait avec d'autres teufeurs. Adrien avait lui-même pris quelques photos où l'on voit Mathilde avec ses amis parfaitement identifiables. Néanmoins, sur deux d'entre elles figure un homme portant un pull rouge. L'une a été prise le samedi à 23 h 50, la seconde, le dimanche matin vers 6 h 20, peu de temps avant le meurtre. Interrogé, Adrien affirme ne pas savoir qui est l'homme en question. Il explique que c'est Mathilde qui lui a demandé de les prendre en photo. Les cousines de Mathilde ne reconnaissent pas non plus l'individu. Pour les enquêteurs, il s'agirait d'un homme qui s'est incrusté dans le groupe d'amis de Mathilde.

Les photos sont transmises à tous les services de police et de gendarmerie de France. En février 2006, le juge Mesnard autorise aussi la diffusion des images et de l'appel à témoin dans les médias. Une conférence de presse est organisée. Quelqu'un pourrait bien identifier l'homme au pull rouge et faire avancer l'enquête. Cela ne donne rien... jusqu'à ce 23 mai 2006 où un homme, interpellé à Rennes pour trafic de titres-restaurant voit l'avis de recherche placardé sur le mur du commissariat. Il reconnaît immédiatement l'homme sur la photo. Il s'appelle Alain Kernoa, il est marin à Brest, ils ont effectué leur Service national ensemble. Aussitôt, la section de recherches de Rennes est prévenue.

Les gendarmes reprennent alors tous les relevés des contrôles d'identité opérés à la sortie du Teknival. Le nom d'Alain Kernoa figure bien sur la liste. Reste à vérifier s'il est bien l'homme au pull rouge. Ils récupèrent des photos du suspect, et font appel à un expert qui réalise une analyse morphologique et trouve neuf points de convergence.

Avant de l'interpeller, les gendarmes veulent savoir qui est cet homme. À vingt-quatre ans, il vit chez sa mère à Marseille. Il a été matelot sur la *Jeanne d'Arc* et a démissionné de la Marine. Il a été arrêté à Brest pour exhibition sexuelle en février 2006, huit mois après le meurtre : il s'était masturbé dans sa voiture devant une jeune fille. Son ADN n'a pas encore été enregistré au FNAEG.

Petit à petit, les éléments se mettent en place. Alain Kernoa était au Teknival, son nom figure dans les listings des gendarmes qui ont contrôlé les festivaliers à leur sortie. Son téléphone a borné sur les lieux au moment du festival. Cependant, les enquêteurs doivent pousser plus leurs investigations pour ne pas risquer la fausse piste et pour trouver une preuve qui pourrait le confondre. Ils fouillent ses comptes bancaires et notent que, trois jours avant le meurtre, il a acheté du matériel au Mont-Saint-Michel, dans le magasin qui commercialise des couteaux identiques à l'arme du crime. Les tickets de caisse sont de nouveau étudiés. Les enquêteurs identifient celui d'Alain Kernoa : l'un des articles qu'il a acquis ce jour-là coûte le prix exact du couteau de chasse.

Il leur faut aussi interpeller rapidement le suspect… qui pour le moment n'est pas en France, mais en Pologne où il rend visite à sa petite amie. Son interpellation aura donc lieu à son retour deux semaines plus tard, le 22 juin 2006, un an après le meurtre. Il est placé en garde à vue pour homicide volontaire.

Les enquêteurs ont face à eux un homme petit, de 1,60 m, très pâle, au comportement déroutant. Le suspect semble en total décalage avec les événements, comme si tout cela ne le concernait pas et que ce n'était qu'une formalité. Il parle du mariage de sa sœur qu'il a peur de rater, il pense à sa voiture en panne, à sa petite amie. Il admet être allé dans la boutique le 21 juin 2005 et y avoir acheté un couteau. Il reconnaît même le modèle sur les photos qui lui sont présentées. Il avoue s'être rendu au Teknival par hasard pendant une permission et avoir eu des relations avec plusieurs femmes, toutes consentantes…

Concernant Mathilde, il admet aussi l'avoir rencontrée le matin du 26 juin 2005 et être allé avec elle à la sapinière pour y avoir une relation sexuelle. Ils auraient alors été agressés par des punks. Voulant défendre Mathilde, il aurait sorti son couteau pour éloigner les agresseurs, mais ces derniers lui auraient attrapé la main pour le forcer à poignarder Mathilde. Quand les gendarmes évoquent la présence de son ADN sur l'emballage du préservatif, il a une explication : lors de la bagarre, il se serait blessé, aurait cherché quelque chose dans son sac pour s'essuyer et aurait confondu cet emballage de préservatif avec un mouchoir.

Pour les enquêteurs, la version d'Alain Kernoa ne tient pas debout. Ils décident alors d'interrompre quelques heures l'interrogatoire, pour leur permettre de gagner du temps. D'autant que dès le début de la garde à vue, l'ADN du suspect a été prélevé pour être analysé en urgence à l'IGNA. Les enquêteurs sont suspendus à ces résultats, il s'agit du 514ᵉ test ADN dans le cadre de cette enquête. Pendant ce temps, la chambre d'Alain Kernoa à Marseille est perquisitionnée. Les gendarmes y trouvent des étoiles de ninja, des couteaux et la recette imprimée du GHB, la drogue du violeur.

En fin d'après-midi à dix-sept heures, les résultats de l'IGNA tombent enfin. L'ADN d'Alain Kernoa est bien celui qui a été retrouvé sur le couteau et sur l'emballage du préservatif. Les gendarmes ont arrêté le meurtrier de Mathilde.

Quand les interrogatoires reprennent, au bout de vingt-deux heures de garde à vue, Alain Kernoa déclare aux enquêteurs se souvenir de tout. Il admet avoir menti et donne une nouvelle version des événements : Mathilde l'aurait suivi de son plein gré dans la sapinière, elle lui aurait souri… et il aurait sorti son couteau et l'aurait poignardée dans le ventre. Elle aurait crié « Arrête, arrête ! », l'aurait giflé, puis se serait enfuie. Kernoa l'aurait ensuite rattrapée et l'aurait égorgée. Il explique qu'il l'aurait transportée sous les sapins pour ne pas être vu et aurait continué à la poignarder. Il lui aurait alors enlevé son pantalon, aurait remonté son tee-shirt, aurait ensuite pris un préservatif pour la violer, mais n'y parvenant pas il aurait procédé à un viol digital. C'est là qu'il serait « revenu à lui ». Il aurait rejoint ses copains et serait rentré à Brest.

Après douze mois, l'enquête est enfin bouclée. Mais malgré les questions des gendarmes, Alain Kernoa n'explique pas pourquoi il a tué si sauvagement la jeune Mathilde. Même après ses aveux, les conditions du meurtre restent mystérieuses. Il avait beaucoup bu pendant le festival mais n'avait pas pris de stupéfiants. À son avocate, il affirme ne se souvenir de rien. Il semble encore déconnecté de la réalité et de la gravité de ce qui lui est reproché. Alain Kernoa est placé en détention provisoire.

Qui est le meurtrier ? Né à Marseille, Alain Kernoa, la vingtaine au moment des faits, a grandi dans une famille unie avec ses trois frères et sœurs. Sa mère travaille à La Poste, son père est un ancien marin reconverti en moniteur d'auto-école. Ses parents sont séparés. Il est dépeint comme quelqu'un de banal, de gentil et d'intelligent, titulaire d'un bac professionnel obtenu avec la mention très bien, sorti deuxième de promo de ses études au lycée d'instruction navale de Saint-Mandrier. Enfant, il a suivi un traitement hormonal de croissance. Sa petite taille est en effet le drame de sa vie. Il en est extrêmement complexé et s'est réfugié dès l'adolescence dans les jeux vidéo.

En 2004, il est envoyé en Indonésie pour venir en aide aux victimes du tsunami et il se vante d'avoir repêché des cadavres. Il se targue d'appartenir à la mafia, de participer à des tournantes dans les caves marseillaises. Il ment, s'invente une vie et parle des femmes de façon dégradante. Certains de ses camarades de la Marine le surnomment « le pédophile », car il assume son goût pour les prostituées mineures en Asie.

Le 6 octobre 2006, le juge organise une reconstitution à Carnoët. Alain Kernoa s'y prête sans réticence. Il a l'air paumé, presque enfantin. Il ne mesure toujours pas la gravité de ce qu'il a fait. Au moment de répéter les coups qu'il a donnés à Mathilde, il est confus, ne se souvient plus. Il dit se voir comme dans un jeu vidéo en 3D, il se revoit en train de la poursuivre et la frapper. Une fois de plus, il brouille les pistes.

Pour les enquêteurs et les avocats, Alain Kernoa ment. Leur hypothèse est qu'il a traqué Mathilde depuis la veille au soir et qu'il a attendu le moment où elle était seule pour l'agresser dans la sapinière. Il est envoyé devant la cour d'assises pour homicide volontaire avec préméditation et atteinte à l'intégrité du cadavre.

L'EXPOSITION AUX IMAGES VIOLENTES

Alain Kernoa est dépeint comme quelqu'un de renfermé qui a développé une réelle addiction aux jeux vidéo. Est-elle à l'origine de son comportement meurtrier ? Le débat sur le rôle des images violentes et des contenus pornographiques sur les individus n'est pas nouveau. De nombreuses études ont été menées qui produisent des conclusions disparates, parfois contradictoires.

Dans de nombreux cas, la violence vue sur les écrans permet une certaine forme de défoulement sans passage à l'acte. Plus rarement, les films donnent des idées de mode opératoire à des criminels déjà engagés dans un projet.

Les méfaits de la pornographie et de la dégradation du corps des femmes sont beaucoup plus souvent mis en cause.

Pour ce qui est des jeux vidéo, ils reproduisent les mêmes problématiques en les accentuant par la capacité des joueurs à devenir les « maîtres du jeu ». Ils peuvent arrêter le jeu, recommencer, modifier parfois les paramètres, sans supporter aucune des conséquences que le scénario au cinéma ou à la télévision impose aux spectateurs.

Par ailleurs, on peut noter une addiction forte aux écrans chez les adolescents (qui a tendance à perdurer) et des effets de fatigue, de perte de socialisation et des effets sur le caractère, particulièrement pour les jeux de combat.

Trois ans après les faits, le 22 septembre 2008, le procès d'Alain Kernoa s'ouvre devant la cour d'assises des Côtes-d'Armor.

Le meurtrier a reconnu les faits et encourt la perpétuité. Il se défend mal, a l'air totalement fermé, encore déconnecté. Il est persuadé qu'il sortira bientôt de prison et pourra se marier avec sa petite amie. Toute la famille de Mathilde est là, dans l'assistance, attendant des explications. En vain. Depuis la reconstitution, sa version n'a pas bougé, il ne se rappelle rien, il pensait être dans un jeu vidéo, il reste évasif. Un sentiment de malaise plane. Kernoa n'arrête pas de fixer la petite sœur de la victime. L'adolescente de treize ans finira par sortir de la salle pour crier.

Après cinq jours de procès, l'accusé est condamné à la perpétuité, assortie d'une peine de sûreté de dix-huit ans. À l'annonce du verdict, il s'effondre et, pour la première fois, laisse paraître une émotion : il semble avoir enfin compris. Il fera alors appel du verdict et sera jugé devant la cour d'assises de Rennes en février 2010. Défendu désormais par Me Dupond-Moretti, il échappe à la perpétuité, mais écope d'une sanction de trente ans de prison avec vingt ans de sûreté et l'obligation de soins.

Alain Kernoa purge sa peine au centre de détention de Roanne. Il sera libérable en 2026.

Affaire Patrick Dils

Patrick Dils, Francis Heaulme. Ces deux noms résonnent très fortement dans l'histoire criminelle française. Tout commence en septembre 1986 dans la banlieue de Metz, quand on découvre près d'une voie ferrée désaffectée les corps de deux enfants de huit ans sauvagement assassinés. L'enquête va s'étendre sur vingt ans, broyer un jeune homme, révéler un scandale policier et faire surgir l'un des meurtriers les plus inquiétants de notre époque.

Les enfants ont disparu… Dimanche 28 septembre 1986, Cyril Beining et Alexandre Beckrich, huit ans, sortent jouer à côté de chez eux, rue Venizélos, à Montigny-lès-Metz, en Moselle. Ne les voyant pas rentrer, les familles partent à leur recherche dans les rues de la ville. À 18 h 45, les parents d'Alexandre découvrent leurs vélos en bas d'un talus menant à une friche de la SNCF. La voie ferrée désaffectée est le terrain de jeu favori des enfants du quartier. Alexandre et Cyril ont-ils eu un accident ?

Les parents inquiets préviennent la gendarmerie. Le brigadier Roland Hupp arrive sur place, gravit le talus. À 19 h 30, il découvre les corps des deux petits garçons. Ils ont été tués à coups de pierres, et sont morts dans un déchaînement de violence inouïe. La tête de l'un d'eux est enfoncée de neuf centimètres dans le ballast, broyée. L'un des garçons est en partie dénudé, mais ne semble pas avoir subi de violences sexuelles.

L'enquête commence. Le médecin légiste qui se déplace ce dimanche soir est un jeune interne. Il n'a pas emporté son thermomètre, ce qui aurait permis de prendre la température des corps pour établir l'heure de la mort. Il fait une estimation approximative, qui laisse un créneau assez large, entre dix-sept heures et 18 h 30.

Ce double meurtre odieux suscite énormément d'émotion dans la région et met une pression immense sur la police. À cette époque, l'affaire du petit Grégory, assassiné deux ans plus tôt, bat son plein. À Montigny-lès-Metz, c'est la psychose totale. Les enfants ne sortent plus de chez eux.

Le service régional de police judiciaire (SRPJ) de Metz est chargé de l'enquête. À sa tête, l'inspecteur Bernard Varlet. L'affaire le touche particulièrement, l'oncle du petit Cyril est un ami d'enfance. Pour lui, il est hors de question d'échouer. Il en fait une affaire personnelle. Il doit trouver le ou les coupables…

L'enquête de voisinage débute. Les enquêteurs frappent chez les Dils, qui habitent dans le quartier. Ils n'ont rien vu, rien entendu. Ils ne savent rien. La famille n'était pas chez elle au moment du crime. Elle était partie pour le week-end faire la cueillette des pommes dans son verger de la Meuse et était rentrée à 18 h 45 précises. Les parents et les enfants du couple avaient vidé la voiture, dîné et étaient allés se coucher. Tout le monde était resté à la maison.

Quelques jours plus tard, un petit voisin contredit leur témoignage. Il raconte à l'inspecteur Varlet avoir vu Patrick, seize ans, le fils aîné des Dils, passer à pied devant chez lui rue Venizélos vers dix-neuf heures.

Le 1er octobre 1986, l'inspecteur Varlet – qui affirmera avoir eu une intuition dès le début – met toute la famille Dils en garde à vue ainsi que Thierry Christmann, quinze ans, un ami de Patrick Dils qui travaille à mi-temps avec lui dans un restaurant de Montigny-lès-Metz. Le policier confronte Patrick au témoignage du petit voisin. L'adolescent craque : oui, il est bien sorti juste après leur retour de la Meuse. Il s'est rendu au bout de la rue Venizélos pour fouiller dans les poubelles d'une entreprise à la recherche de timbres pour sa collection philatélique. S'il n'a rien dit, s'il a menti par omission aux policiers, c'est parce qu'il avait honte de faire les poubelles et peur que l'on se moque de lui… Il est relâché.

L'inspecteur Varlet acquiert alors la conviction, qui ne le quittera jamais, que Patrick Dils est coupable. S'il a menti pour des timbres, il a pu mentir pour des meurtres. Pourtant, la police tient deux autres suspects, deux hommes qui sont arrêtés durant l'hiver et qui passent aux aveux. Le premier, Henri Leclaire, est un original un peu simplet, dénoncé par la grand-mère d'Alexandre. Le 11 décembre 1986, il avoue les deux meurtres avant de se rétracter. Lors d'un « transfert sur les lieux » afin de procéder à une reconstitution, il est mis hors de cause à cause de son surpoids. Il a des difficultés à monter sur le talus… Le 12 février 1987, le second, Claude Grabot, passe à son tour aux aveux. Le jeune homme de 18 ans s'accuse lui aussi du double meurtre, mais il affabule totalement… La police n'a plus de suspect. La pression est immense.

Six mois après le drame, un témoin providentiel donne l'occasion à l'inspecteur Varlet de placer Patrick Dils en garde à vue. Une voisine, qui habite en face du talus, affirme avoir entendu un peu avant dix-neuf heures des cris d'enfants, provenant de la voie ferrée. Pour le policier, ce témoignage permet de reculer l'heure de la mort des deux garçons à cet horaire, ce qui annule l'alibi de Patrick Dils.

Dès le lendemain, le 28 avril 1987, Patrick Dils et son ami Thierry Christmann sont arrêtés sur leur lieu de travail au restaurant. C'est un choc pour le garçon totalement introverti qu'est Patrick.

Grand, maigre, affublé d'un immense nez et d'une timidité maladive depuis son plus jeune âge, Patrick Dils subit les moqueries en silence. L'adolescent vit dans les jupons de sa mère, Jacqueline, une femme très autoritaire et austère. Il partage avec elle la passion des collections de minéraux et de timbres. Chez les Dils, on vit en vase clos, on ne fraie pas avec les voisins. Discrétion et rigueur sont les mots d'ordre. Patrick Dils respecte les adultes et encore plus les forces de l'autorité.

Le 29 avril 1987, après des heures d'interrogatoire et de dénégation, et sous la pression des enquêteurs, Patrick Dils finit par avouer le double meurtre. À l'époque, il n'y a ni avocat lors de la garde à vue ni enregistrement vidéo pour les mineurs. Il est seul face à l'inspecteur Varlet et à un autre policier, et répond oui à toutes les questions qui lui sont posées. Dans le procès-verbal de son audition, il donne des détails extrêmement précis et fait même un croquis des lieux pour étayer ses aveux. Il racontera que face à lui, était affiché au mur un plan avec toutes les informations sur les lieux du crime...

Patrick Dils est alors immédiatement transféré dans le bureau de la juge d'instruction pour l'interrogatoire de première comparution. Me Bertrand Becker, l'avocat choisi en urgence par ses parents, n'a pas le temps d'arriver au palais de justice que Patrick Dils a déjà été entendu par la juge, en présence de l'inspecteur Varlet qui lui intime de répéter ce qu'il a dit pendant sa garde à vue.

LES CONDITIONS DE LA GARDE À VUE DES MINEURS

En 1986, les gardes à vue de mineurs étaient beaucoup moins encadrées qu'aujourd'hui. Les enquêteurs pouvaient user des mêmes moyens de pression, de mise en condition psychologique ou de persuasion qu'avec un adulte. Il n'y a donc pas eu de faute à ce niveau-là. En revanche, la présence d'un inspecteur de police dans le bureau du juge d'instruction au moment de l'audition du suspect sur la base de ses déclarations en garde à vue n'était déjà pas autorisée dans la procédure pénale.

Depuis, des règles précises ont été édictées et des garanties spécifiques s'appliquent aujourd'hui pour les mineurs, comme l'obligation de la présence d'un avocat dès la première heure de la garde à vue et celle de filmer. Les procédures fixées diffèrent suivant l'âge du suspect ou du témoin. S'il n'y a pas d'enregistrement, la condamnation ne peut pas reposer sur les seuls aveux de l'accusé.

Les articles 62 et suivants du Code de procédure pénale (CPP) fixent les conditions de la garde à vue.

Avec ces aveux, la justice tient son coupable. Pourtant, quelques jours plus tard, l'adolescent revient sur ses déclarations. Les policiers l'auraient forcé à avouer.

Patrick Dils rencontre son avocat pour la première fois après ses aveux, lors d'une nouvelle convocation devant la juge. Il ne sait même pas ce qu'est un avocat ni que sa présence était obligatoire. Encore moins que le responsable de l'enquête n'avait rien à faire là. Lorsque Me Becker lui explique qui il est, que ce sont ses parents qui l'envoient, son visage change et Patrick bredouille : « Ce n'est pas moi qui ai fait ça. » L'adolescent est perdu… L'avocat est lui circonspect, il a lu les déclarations détaillées du jeune homme, en parle à la juge qui lui crie dessus et conseille à son client d'accepter la reconstitution programmée par la juge.

Le 7 mai, à l'aube, Patrick Dils est amené sur le lieu du crime pour une reconstitution. La presse, les parents des victimes et les voisins ont été mis au courant. Il porte un gilet pare-balles, des menottes et un casque de moto pour éviter les photos. Docile, il exécute tout ce qu'on lui demande. Mais il se trompe d'endroit, situe la scène de crime à plus de quarante mètres de l'emplacement exact. Terrorisé à l'idée de fâcher la magistrate et les policiers qui sont présents, il fait ce qu'on lui intime de faire. Il craint de clamer son innocence et de subir les foudres de la police.

Le scénario de la justice est ainsi établi : Patrick Dils est sorti pour fouiller les poubelles à 18 h 45, il a rencontré les enfants qui jouaient sur le talus, les a tués l'un après l'autre à coups de pierres, est rentré chez lui dîner en famille et s'est couché. La juge d'instruction estime le temps dont il a disposé : huit minutes et vingt-cinq secondes. Quant au mobile, Alexandre et Cyril se seraient moqués de lui. L'affaire est close.

Patrick Dils est inculpé pour homicide volontaire et écroué à la prison de Metz-Queuleu. Pendant les deux ans qui vont suivre, en attendant son procès, il n'aura pas le droit de communiquer avec sa famille, pas le droit aux parloirs. La juge pense que sa mère est complice et qu'elle l'a couvert. Il n'a droit à aucune visite, sauf celles de son avocat.

Le procès de Patrick Dils se tient en janvier 1989 à huis clos, devant la cour d'assises de la Moselle, à Metz. C'est la première fois qu'il revoit ses parents depuis son interpellation. L'audience dure deux jours. Deux heures suffisent pour le délibéré : perpétuité. Quelque temps avant le procès, Me Becker s'était fait amputer de la cheville et avait demandé un report du procès, en vain. À l'audience, il souffre trop, et fait des malaises… Aujourd'hui, il le reconnaît, Patrick Dils n'a pas eu de défense lors de son premier procès.

LE HUIS CLOS

Le terme « huis clos », de huis (« la porte » en latin) et clos (« fermée ») est un dispositif très ancien visant à réduire la présence du public pendant un procès.

Il apparaît dans le droit pénal français au XVIe siècle.

En réalité, il s'agit moins d'une fermeture totale que d'une limitation à un public restreint – avec la présence de journalistes – pour que les audiences ne restent pas secrètes et les décisions discrétionnaires. C'est une procédure exceptionnelle dans la mesure où l'on juge « au nom du peuple français ». En principe, donc, toutes les audiences doivent être publiques.

Le huis clos peut être demandé par toutes les parties, sauf l'accusé. Il est automatique et pour toutes les affaires concernant des mineurs. Il est très souvent demandé dans le cas d'affaires très sensibles, notamment familiales ou sexuelles.

À chaque fois, c'est le président du tribunal qui estime si le huis clos demandé par une partie est légitime ou non. Cela peut être, par exemple, pour protéger le témoignage d'une victime ou d'un témoin qui risquerait des représailles.

En matière criminelle, le huis clos n'est pas une obligation, mais une victime partie civile qui le demande l'obtient de droit.

Le verdict est d'une sévérité inouïe. L'excuse de minorité – qui aurait pu lui permettre de demander une libération conditionnelle au bout de vingt ans de réclusion – est refusée à Patrick Dils qui devient à dix-huit ans le plus jeune condamné à la réclusion à perpétuité de France. Du jamais vu. À cette époque, on ne peut pas faire appel d'un verdict en cour d'assises. Le jugement est donc définitif.

Après ce verdict, Me Becker croise une jurée dans la salle des pas perdus. La femme est médecin, elle est hagarde et le regarde longuement. Elle lui avoue alors, les larmes aux yeux : « Je n'ai rien pu faire. »

En prison, Patrick Dils se mure dans le silence. Ses conditions de détention sont très dures. Il intériorise son désespoir et écrit à ses proches. Il clame son innocence, signe tous ses courriers « l'innocent incompris », mais personne ne l'écoute. Il n'y a rien à faire, car pour obtenir une révision du procès, il faudrait un élément nouveau…

L'histoire aurait pu en rester là… Mais trois mois après la condamnation de Patrick Dils, à 800 km de Metz, un gendarme est saisi d'un crime particulièrement brutal commis sur une plage de Brest le dimanche 14 mai 1989 à dix-sept heures. La victime est une aide-soignante de 49 ans qui bronzait, seins nus, sur la plage du Moulin-Blanc. Aline Pérès a été poignardée au foie, au rein et à la carotide. Elle a été exécutée en plein après-midi, à la vue de tous. Le crime a été commis en quelques secondes, personne n'a rien vu.

Arrivé le premier sur place, le gendarme Jean-François Abgrall a un pressentiment : le meurtrier a de l'expérience. Ses coups étaient précis. Celui qui a fait ça, en plein jour, avec une incroyable sauvagerie a sans doute déjà tué…

Un témoin présent ce dimanche-là sur la plage met l'enquêteur sur une piste. Il lui signale que deux vagabonds ont été aperçus dans le coin, à proximité du lieu où se trouvait la victime.

Jean-François Abgrall enquête, interroge de nombreuses personnes qui fréquentent les lieux et se rend à la communauté Emmaüs de Brest, un foyer et lieu d'accueil situé à quelques centaines de mètres de la scène de crime. Il y apprend que le jour du crime, à 16 h 30, soit une demi-heure avant les faits, une dispute a éclaté entre plusieurs pensionnaires. Certains sont sortis se calmer. Il demande la liste des pensionnaires pour les interroger, mais tous ont déjà repris la route. Parmi eux, un certain Francis Heaulme.

Le 19 juin 1989, Il apprend que le marginal qu'il recherche est retenu à la gendarmerie de Saint-Clair-sur-l'Elle, dans la Manche. Il s'y rend immédiatement pour l'entendre. Leur rencontre va marquer le gendarme à vie.

Un physique effrayant, un regard particulier… Francis Heaulme pourrait passer pour simplet, mais il ne l'est pas du tout. L'homme a une mémoire remarquable et une certaine intelligence des situations. Le gendarme Abgrall – qui a sensiblement le même âge que lui – gagne sa confiance, l'encourage à parler de lui, de son parcours. Heaulme raconte sa vie, explique qu'il est hanté par des scènes de guerre et insiste sur le fait qu'il a appris à tuer à l'armée. Il explique spontanément comment s'y prendre : il faut frapper avec une lame au foie, au rein et à la carotide… l'enquêteur n'en revient pas. Alors même que l'information n'est pas sortie dans la presse, Francis Heaulme vient de lui décrire la façon dont Aline Pérès a été tuée.

Lorsqu'il est interrogé sur le meurtre de la plage, il est formel : le 14 mai 1989, il était hospitalisé à Quimper, à 70 km de la scène de crime. En revanche, il raconte que, trois jours avant les faits, il s'était rendu sur cette plage avec un certain Henri L. Il reconnaît avoir eu des pulsions meurtrières en regardant une jeune fille sur la plage, mais celle-ci se serait enfuie vers son père en le voyant… Le temps de l'interrogatoire, son alibi est vérifié : Heaulme était bien hospitalisé en cardiologie au moment du crime.

Sans autre élément, le gendarme se résout à le laisser partir, mais il a l'amère impression qu'il relâche un tueur… Alors le gendarme s'obstine et, après plusieurs mois d'enquête, il réussit à faire tomber l'alibi de Heaulme. Ce dernier s'est absenté de l'hôpital le dimanche après-midi du crime avant de réintégrer sa chambre… Pour preuve, il y avait du sable sous son lit témoigne son voisin d'hôpital. Mieux encore, il trouve un témoin, un compagnon d'Emmaüs qui était présent ce jour-là. L'homme a tout vu et accuse Francis Heaulme. Jean-François Abgrall a désormais rassemblé assez d'éléments pour placer le suspect en garde à vue. Il part à sa recherche, mais Heaulme est introuvable…

Finalement interpellé le 7 janvier 1992 à côté de Strasbourg, Francis Heaulme passe aux aveux. Il raconte ce qui s'est passé à Brest en mai 1989. Il a bien tué Aline Pérès sur une pulsion. Une pulsion qui grandissait en lui depuis ce rêve qu'il avait fait, quelques jours plus tôt, et dans lequel il poignardait une femme. En tuant Aline Pérès, il a « réalisé » son rêve…

Et il ne s'arrête pas là. Francis Heaulme raconte dans la foulée les « pépins » qu'il a eus, les corps qu'il a vus, les scènes d'agressions, de viols et de meurtres auxquelles il a assisté dans différents endroits de France… Il décrit avec une précision inouïe ses flashs. Tout ce qu'il dit a réellement existé, car il a une mémoire autistique absolue, mais il mélange les noms, les lieux et les dates. Le gendarme réalise qu'il doit apprendre à décrypter son langage pour remettre les informations dans l'ordre et en confirmer la véracité.

Lors de ses confidences, Francis Heaulme cite une affaire d'enfants qui lui auraient jeté des cailloux du haut d'un talus de chemin de fer alors qu'il circulait à vélo un dimanche dans l'est de la France. Il raconte au gendarme qu'il serait monté sur le talus pour se venger, puis il aurait vu les corps des enfants morts entre deux wagons. Il se serait ensuite enfui. Comme pour chacun des flashs qu'il évoque, le gendarme vérifie dans les fichiers s'il y a des concordances avec des affaires non élucidées. Rien, pas de double meurtre d'enfants dans l'est de la France…

En novembre 1997, à Montigny-lès-Metz, la maman de Patrick Dils, toujours persuadée de l'innocence de son fils, lit la presse et réunit des articles sur ce tueur en série originaire de l'est de la France. Elle en parle à la nouvelle avocate de son fils, Me Estelle Dubois, laquelle contacte Jean-François Abgrall. Pourrait-il y avoir un lien entre Francis Heaulme et le meurtre des deux enfants ? Le gendarme repense immédiatement aux confidences du tueur sur les enfants, le talus et les cailloux en 1992. S'il n'avait alors rien trouvé dans les fichiers en cours, c'était parce que l'affaire avait été jugée et retirée des fichiers de gendarmerie…

À partir de là, le gendarme découvre que Heaulme était bien dans la région au moment des faits et qu'il travaillait à quelques centaines de mètres de la scène de crime… Il habitait alors chez sa grand-mère à Vaux à sept kilomètres de Montigny-lès-Metz, se déplaçait à vélo et empruntait la rue Venizélos pour se rendre à la piscine.

Le gendarme rédige un procès-verbal à transmettre en urgence au procureur de Metz pour lui faire part des incroyables concordances entre les propos de Heaulme et le double meurtre de Montigny-lès-Metz. Ce fait nouveau pourrait permettre la révision du procès de Patrick Dils. Le procès-verbal n'arrivera jamais à destination. Abgrall fulmine. Il est pieds et poings liés…

Grâce à la presse, l'affaire prend une autre dimension. Le journaliste Dominique Rizet, très proche de Jean-François Abgrall, titre dans *Le Figaro Magazine* : « L'erreur judiciaire du siècle ? » Plusieurs papiers paraissent et les magistrats de la Cour de cassation chargés d'étudier la demande de révision entendent Abgrall et Heaulme. Celui-ci réitère ses propos sur le meurtre des enfants et y ajoute quelques détails, que Patrick Dils n'avait jamais fournis dans ses aveux, tels que le pantalon et la culotte baissés de l'un d'entre eux. Finalement, après de nombreuses auditions et grâce à ce fait nouveau qu'est la présence de Francis Heaulme sur les lieux du crime au moment des faits, Patrick Dils obtient le 3 avril 2001 la révision de son procès.

LA RÉVISION

Les articles 622 à 626 du Code de procédure pénale (CPP) précisent les conditions de révision ou de réexamen.

« La révision d'une décision pénale définitive peut être demandée au bénéfice de toute personne reconnue coupable d'un crime ou d'un délit lorsque, après une condamnation, vient à se produire un fait nouveau ou à se révéler un élément inconnu de la juridiction au jour du procès de nature à établir l'innocence du condamné ou à faire naître un doute sur sa culpabilité. » (CPP, article 622.)

« Le réexamen d'une décision pénale définitive peut être demandé au bénéfice de toute personne reconnue coupable d'une infraction lorsqu'il résulte d'un arrêt rendu par la Cour européenne des droits de l'homme que la condamnation a été prononcée en violation de la Convention européenne de sauvegarde des droits de l'homme et des libertés fondamentales ou de ses protocoles additionnels, dès lors que, par sa nature et sa gravité, la violation constatée entraîne, pour le condamné, des conséquences dommageables auxquelles la satisfaction équitable accordée en application de l'article 41 de la Convention précitée ne pourrait mettre un terme. Le réexamen peut être demandé dans un délai d'un an à compter de la décision de la Cour européenne des droits de l'homme. Le réexamen d'un pourvoi en cassation peut être demandé dans les mêmes conditions. » (CPP, article 622-1.)

Pour que la révision d'un procès puisse être demandée, il faut qu'un fait ou un élément nouveau apparaisse, qu'il soit de nature à faire naître un doute sur la culpabilité du condamné, ou à prouver son innocence. Les magistrats de la cour de révision estiment si ces éléments peuvent mener à de nouvelles investigations, et au final à une annulation du jugement et donc, quand c'est possible, à un nouveau procès.

Depuis trente ans, alors que des centaines de demandes ont été déposées, seules huit erreurs judiciaires ont été reconnues et réparées. On peut citer Marc Machin, Loïc Sécher et évidemment Patrick Dils. En revanche, certaines affaires célèbres dans lesquelles le condamné a toujours crié son innocence n'ont jamais été révisées. C'est le cas d'Omar Raddad et de Dany Leprince par exemple (en janvier 2025, après de multiples péripéties, son dossier a été renvoyé devant la cour de révision).

Le 20 juin 2001 s'ouvre à Reims le procès en révision de Patrick Dils. L'espoir est immense pour le détenu de trente-deux ans qui vient de passer quinze années en prison et pour sa famille. Terrorisé, Dils se défend timidement.

Me Bertrand Becker, l'avocat de Patrick Dils, fait citer à la barre le greffier, la juge d'instruction et l'inspecteur Varlet pour leur demander qui était présent pendant l'interrogatoire de première comparution du jeune homme, alors âgé de 16 ans.

Devant la cour, la juge et Varlet sont pris en flagrant délit de mensonge. Ils soutiennent qu'ils ne se souviennent plus si Varlet était présent ou non lors de cet interrogatoire. Le greffier, lui, est formel : la juge et le policier mentent; et Dils a parlé sous la forte pression de l'inspecteur Varlet.

Ce dernier se discrédite encore plus lorsqu'il affirme qu'il était convaincu dès le lendemain du crime que Patrick Dils avait tué les enfants. La pression subie par l'adolescent saute aux yeux de l'assistante. Ses aveux ont été extorqués, et l'acquittement que réclame l'avocat général semble gagné.

Francis Heaulme est également appelé à comparaître au procès en révision de Patrick Dils, en qualité de simple témoin, et afin de justifier sa présence sur les lieux du crime. Il reconnaît avoir vu les enfants, mais il nie être l'auteur du crime. Il ajoute à l'attention de Dils : « Je sais que ce n'est pas toi et je te souhaite bonne chance. »

Le délibéré va durer six heures. L'avocat général, convaincu de l'innocence de Patrick Dils, a demandé l'acquittement. Le verdict tombe : Patrick Dils est condamné à vingt-cinq ans de prison… Une décision qui suscite l'indignation générale. Les magistrats n'ont pas voulu désavouer leurs prédécesseurs. Patrick Dils a déjà purgé quinze ans en prison, en le condamnant à vingt-cinq années, il peut prétendre sortir six mois plus tard… libre, mais coupable. Et ce n'est pas ce que veut Patrick Dils. Ce qu'il veut, c'est être innocenté. Il fait donc appel.

Fin juin 2001, l'affaire est partout dans les journaux. Deux témoins essentiels se manifestent auprès de Me Becker. Ils sont outrés par la nouvelle de la condamnation de Dils, qui leur semble vraiment injuste. Les deux hommes, deux pêcheurs, habitent Vaux, la commune où réside la grand-mère de Francis Heaulme. Ils le connaissent. Le dimanche du crime après leur partie de pêche, ils ont ramassé Heaulme non loin du talus, le long de la voie ferrée, ivre, hagard et couvert de sang. Ils l'ont raccompagné chez sa grand-mère. S'ils sont restés silencieux jusque-là, c'est parce qu'ils craignaient la justice et la police pour une histoire de pension alimentaire non versée…

Les langues se délient, Me Becker en avertit le magistrat qui doit juger en appel l'affaire du double homicide. Celui-ci demande un supplément d'information avant la tenue du procès. Cette fois, ce sont les gendarmes de la section de recherches de Metz qui s'en chargent. Leur rapport, qui reprend l'enquête de zéro, est accablant pour le travail des policiers de 1986. En recoupant tous les témoignages de l'époque, ils démontrent que Dils n'a matériellement pas pu commettre les crimes. Contrairement aux calculs de la juge d'instruction, Patrick Dils aurait eu moins de neuf minutes pour sortir de chez lui, aller sur le talus à plusieurs centaines de mètres, tuer les deux enfants et rentrer chez lui dîner… Et ce n'est pas tout ! En reprenant toutes les auditions de Francis Heaulme, les deux gendarmes relèvent quinze allusions directes à Montigny-lès-Metz. Des noms, des dates, des images, un mode opératoire. Avec tous ces éléments, le procès de la dernière chance peut s'ouvrir…

Le 8 avril 2002, le troisième procès de Patrick Dils débute à Lyon. Entre-temps, un amendement a été voté pour rendre public le procès quand le mineur est devenu majeur. L'avocat Me Becker a une idée fixe : que Patrick Dils s'exprime enfin. Il va littéralement le forcer à raconter son calvaire derrière les barreaux. C'est une réussite, car son client émeut la salle et pour la première fois clame haut et fort son innocence en public.

Devant la cour, les gendarmes de la section de recherches de Metz font une démonstration magistrale. Les pêcheurs sont également entendus. Francis Heaulme – qui comparaît toujours comme simple témoin – confirme qu'ils l'ont bien pris en charge en voiture le jour des meurtres. En revanche, il continue d'affirmer qu'il n'a pas tué les enfants. À la barre, il prononce cette phrase glaçante : « Moi, mon style, c'est l'Opinel. J'étrangle à mains nues. »

Le 24 avril 2002, le verdict tombe. Patrick Dils est acquitté. Innocenté après quinze années derrière les barreaux, il sort de prison le soir même. Heaulme, lui, n'est pas condamné. Il n'y a donc plus aucun coupable pour les meurtres de Cyril et d'Alexandre.

Dès lors, plus rien ne se passe, la procédure s'enlise. Le procureur de Metz ne fait rien. Pourtant, un policier du SRPJ de Nancy, l'inspecteur André Macel, a fait un rapport sur de nouveaux aveux de la part de Francis Heaulme. Celui-ci a même réalisé un croquis incroyablement précis des lieux du crime. Plusieurs codétenus de Heaulme se sont aussi manifestés pour dire qu'il leur avait tout avoué. L'homme aime bien se confier et raconter ses exploits en prison. Mais ils ne sont pas pris au sérieux. Les parents des victimes sont désespérés, ils réclament toujours justice. Or, pour cette dernière, l'affaire de Montigny-lès-Metz n'est pas une priorité, et Francis Heaulme est déjà plusieurs fois mis en examen pour d'autres faits…

En 2005, la nouvelle avocate de la famille du petit Cyril plonge dans le dossier et va tout faire pour remettre la justice en mouvement. En juin 2006, le juge d'instruction entend Francis Heaulme qui réaffirme être monté sur le talus, mais il explique qu'il aurait paniqué en découvrant les corps des enfants. Il se serait blessé, et c'est pour cela que les pêcheurs l'auraient ramassé hagard et couvert de sang. Heaulme demande une reconstitution en octobre 2006… à laquelle il refuse finalement de participer. Il joue avec les nerfs des magistrats. Le 18 décembre 2007, une décision de justice inattendue est rendue : Francis Heaulme bénéficie d'un non-lieu.

Deux mois plus tard, Chantal Beining, qui s'est promis de trouver le meurtrier de son fils Cyril, fait appel. L'affaire est relancée au parquet de Metz. Le nouveau procureur général Jean-Marie Beney est conscient du naufrage judiciaire de Montigny-lès-Metz… Et la justice fait volte-face. Chantal Beining et son avocate finissent par obtenir que le procès ait lieu. Francis Heaulme est renvoyé devant la cour d'assises sur le banc des accusés.

Le 31 mars 2014, plus de vingt-sept ans après les faits, le procès dans le double meurtre de Cyril et Alexandre s'ouvre à Metz. Au deuxième jour d'audience, le 1er avril, Heaulme fait des révélations qui mettent en cause un complice. Un dénommé Henri Leclaire – Henry L. – qu'il avait déjà évoqué devant Jean-François Abgrall dans une autre affaire, lors de ses aveux de 1992 et qui est entendu comme témoin. Ce même Henri Leclaire qui avait confessé les meurtres de Montigny-lès-Metz en décembre 1986, et avait été mis hors de cause en raison de son surpoids. Après seulement deux jours, le procès est renvoyé « à une session ultérieure », car un supplément d'information est demandé. En août 2014, Henri Leclaire est placé en examen… et bénéficiera d'un non-lieu, validé par la Cour de cassation le 10 janvier 2017. Ces nouvelles décisions de justice semblent étonnantes pour les parties civiles comme pour la défense de Heaulme.

LE NON-LIEU

Le non-lieu (anciennement « *mise hors de cour* »), correspond à l'abandon par le juge d'instruction d'une action judiciaire en cours de procédure. Il est prévu par les articles 177-1 et suivants du Code de procédure pénale.

Quand il mène son enquête, le juge doit en effet réunir assez d'éléments contre une personne soupçonnée pour pouvoir la juger ou, le cas échéant, pour la disculper. Il va rendre un non-lieu quand les faits ne sont pas suffisamment caractérisés, ou si le prévenu ne peut pas être jugé : en cas de décès ou d'irresponsabilité pénale, par exemple.

Il est possible de poursuivre à nouveau un prévenu qui a bénéficié d'un non-lieu uniquement si des éléments nouveaux tendent à prouver qu'il est bien coupable. Il s'agit alors d'une reprise de procédure, décidée par le procureur. À noter qu'un prévenu qui bénéficie d'un non-lieu peut demander à l'État un remboursement de ses frais de justice, ou une indemnisation s'il a passé du temps en détention provisoire.

En 2017, Francis Heaulme reste donc le seul suspect du meurtre des enfants de Montigny-lès-Metz. Son procès va enfin pouvoir se tenir. Entendu comme témoin, Patrick Dils se fait martyriser par les avocats de la défense. Puisque Henri Leclaire est inattaquable juridiquement, il est devenu le bouc émissaire des avocats de Heaulme et des premiers enquêteurs. Son traitement scandalise l'avocat général Jean-Marie Beney, lequel est persuadé de la culpabilité de Heaulme.

Le 17 mai 2017, le tueur en série est finalement condamné à la perpétuité pour les meurtres de Cyril et d'Alexandre. C'est sa douzième condamnation… Un verdict confirmé en appel à Versailles le 21 décembre 2018. Il est incarcéré à la maison centrale d'Ensisheim dans le Haut-Rhin. Le 17 juin 2020, sa demande de pourvoi en cassation est rejetée, il est définitivement condamné à la réclusion à perpétuité.

Le naufrage judiciaire de Montigny-lès-Metz laisse un goût très amer et beaucoup de questions en suspens. De l'avis de tous,

Francis Heaulme avait nécessairement un complice, il n'a pas pu agir seul. À ce jour, ce procès est le dernier dans lequel a comparu le tueur en série. Cependant, Jean-François Abgrall est persuadé de son implication dans bien plus d'affaires criminelles prescrites que les douze qui lui sont imputées. En réalité, l'ex-gendarme le soupçonne d'une cinquantaine de meurtres. Lors de son procès en appel à Versailles, Francis Heaulme l'a lui-même reconnu en pleine salle d'audience à travers cette phrase lourde de sens : « J'ai tué des dizaines de personnes, mais pas à Montigny. »

Francis Heaulme, qui purge six peines de réclusion criminelle à perpétuité, ne sortira probablement jamais de prison. Il est régulièrement entendu dans de nouveaux dossiers de *cold cases*.

Depuis son acquittement, Patrick Dils tente tant bien que mal de se reconstruire. Il vit aujourd'hui en couple et a fondé une famille. Il a écrit deux livres et donne des conférences lors desquelles il raconte son combat pour la vérité. Il est devenu le symbole d'une des plus graves erreurs judiciaires de notre histoire récente.

Affaire Redoine Faïd

C'est l'un des criminels les plus connus de France. Dès l'âge de dix-huit ans, encore lycéen en classe de terminale, il se lance dans des braquages de banques, des vols à main armée et des attaques de fourgons blindés. Ses deux évasions spectaculaires l'ont fait entrer dans la légende noire du crime.

Il est 10 h 16, ce dimanche 1er juillet 2018, lorsque l'hélicoptère Alouette II de Stéphane Buy décolle de l'aérodrome Lognes-Émerainville en Seine-et-Marne. À son bord, les Lepetit, un père et son fils, âgés respectivement d'une cinquantaine et d'une vingtaine d'années. Les passagers veulent aller admirer le château de la famille Rothschild à Ferrières-en-Brie.

En vol, ils demandent à se poser pour soulager une envie pressante. Mais une fois à terre, les passagers dégainent des armes de poing et menacent le pilote de l'Alouette. Menaçants, ils le forcent à redécoller pour atterrir, à quelques kilomètres de là, dans un champ où un homme cagoulé, muni d'un gros sac et d'un pistolet-mitrailleur monte à bord. Les Lepetit enfilent eux aussi une cagoule et exigent que le pilote les conduise au centre pénitentiaire de Réau en Seine-et-Marne. Cette prison ultramoderne abrite près de sept cents détenus sur un site d'une vingtaine d'hectares.

Quelques minutes plus tard, l'Alouette se pose dans la cour d'honneur, la seule à ne pas être équipée de filins de sécurité. Depuis les miradors, les surveillants ont bien vu arriver l'hélicoptère, mais celui-ci est hors d'atteinte derrière les bâtiments. Un gardien tente de prévenir le commissariat local, sur une lignée dédiée, mais celle-ci est en dérangement. Le policier croit d'abord à un canular...

Alors que l'un des malfaiteurs tient le pilote en respect, les deux autres mettent pied à terre. Le premier jette trois fumigènes qui enveloppent la cour d'une épaisse fumée blanche. Le second s'approche d'une porte blindée, rarement utilisée, menant aux parloirs. Équipé d'une disqueuse orange, il découpe la serrure en moins d'une minute puis file dans les couloirs. Il sectionne deux autres serrures, puis celle du parloir numéro 50 où se trouve le braqueur Redoine Faïd en compagnie de Brahim, un de ses frères.

Les surveillants, qui eux ne sont pas armés, se cachent pour éviter d'être confrontés à ce commando armé et déterminé. La voie est libre. Redoine Faïd et ses complices s'enfuient sans courir, rejoignent l'hélicoptère et s'y s'engouffrent. D'un geste provocateur de la main, Redoine Faïd salue les surveillants puis prend place aux côtés du pilote. « Je ne suis pas un terroriste, je n'ai tué personne » lâche-t-il à Stéphane Buy. L'Alouette décolle et disparaît dans le ciel. Cette incroyable évasion n'a duré que sept minutes et trente-trois secondes. Et aucun coup de feu n'a été tiré.

Quinze minutes plus tard, à Gonesse dans le Val-d'Oise, une patrouille de police aperçoit un homme affolé qui lui fait signe. C'est Stéphane Buy, le pilote de l'Alouette II. Le commando l'a forcé à atterrir dans un chemin, tout près de l'aéroport de Roissy Paris-Charles-de-Gaulle. Les malfrats ont incendié l'appareil avant de s'engouffrer dans une Renault Megane qui les attendait. Quelques minutes plus tard, nouvelle alerte. Le véhicule est signalé en feu dans le parking du centre commercial O'Parinor, à Aulnay-sous-Bois, à cinq minutes de Gonesse. Un témoin a vu deux hommes s'enfuir à bord d'un Renault Kangoo blanc, qui a disparu dans la nature.

Sur les images de vidéosurveillance, les policiers reconnaissent Redoine Faïd. Son évasion spectaculaire fait scandale. D'autant que les responsables du centre de détention de Réau avaient alerté la direction de l'administration pénitentiaire sur la présence de drones survolant la cour d'honneur, au début de l'année 2018, après son arrivée. L'installation de filins anti-hélicos était pourtant bien prévue dans le cahier des charges de la prison, mais leur mise en place avait été différée au motif que les prisonniers ne circulaient pas dans cette fameuse cour d'honneur, mais le commando, visiblement bien renseigné, savait qu'une porte réservée aux équipes d'intervention permettait d'accéder aux couloirs de la prison. Le détenu semblait scruter son environnement et guetter les moindres faits et gestes des surveillants. Une demande de transfert le concernant avait été formulée en urgence, mais elle était restée lettre morte…

Huit jours après l'évasion de Redoine Faïd, l'enquête rebondit en forêt d'Halatte, dans l'Oise, à dix kilomètres de Creil, la ville natale de l'évadé. Un chasseur y découvre des sacs contenant une disqueuse, des talkies-walkies, un brassard de police, des gilets pare-balles, des fusils d'assaut et de nombreuses munitions. Sont également retrouvés des vêtements de marque, dont un tee-shirt Hugo Boss orange semblable en tout point à celui que portait l'évadé… Les policiers pensent avoir mis la main sur du matériel appartenant à Redoine Faïd et au commando venu le libérer.

Un autre coup de pouce du destin survient le 24 juillet 2018, trois semaines après l'évasion. Une patrouille de gendarmerie tente de contrôler une Renault Laguna à Domont, dans le Val-d'Oise, avec à son bord deux hommes. Le véhicule prend la fuite. Au terme d'une course-poursuite qui les conduit dans le parking d'un centre commercial de Sarcelles, ils abandonnent le véhicule et s'évanouissent dans la nature. Dans le coffre de cette voiture faussement immatriculée, les gendarmes découvrent des vêtements, des duvets, des détonateurs, des mèches lentes et six pains d'une matière explosive. La vidéosurveillance permet d'identifier les deux fugitifs : il s'agit de Redoine Faïd et de son frère Rachid.

À l'aide des affaires et des documents retrouvés dans le véhicule abandonné, les enquêteurs arrivent à retracer l'emploi du temps et l'itinéraire des fuyards. Quelques jours plus tôt, Redoine Faïd et son frère faisaient leurs emplettes en toute décontraction dans un magasin parisien, boulevard Montmartre. Les images de vidéosurveillance l'attestent. Les deux hommes souriants ont aussi été filmés par des caméras dans un cybercafé de la rue de la Convention, dans le 15e arrondissement, où ils se sont connectés sur Leboncoin pour acheter un véhicule d'occasion. Redoine Faïd n'est donc ni en cavale en France ni à l'étranger. Alors que les services d'élite de la police judiciaire le traquent depuis son évasion, il circule librement, avec une casquette et des lunettes, en plein cœur de la capitale. Il prépare sans doute un nouveau coup pour trouver de l'argent. Selon le conducteur d'un VTC qui l'a entendu en parler au téléphone, il était même prévu qu'il accorde une entrevue à une journaliste de BFM TV. Celle-ci est mise sur écoute. Finalement, ce projet d'interview ne semble pas tenir la route…

Grâce aux analyses génétiques, les policiers identifient peu à peu les membres du commando ayant libéré Redoine Faïd. L'ADN de son frère Rachid, toujours à ses côtés en cavale, est isolé sur une bouteille retrouvée près de la Megane calcinée à Aulnay-sous-Bois et sur un sac abandonné dans la cour de la prison. Officiellement, Rachid Faïd est parti en Algérie, dix jours avant l'évasion. Depuis sa famille n'a plus de nouvelles... L'ADN de Hamza Cheikh, un homme de trente-deux ans déjà connu de la justice, figure également sur cette bouteille. L'homme est en contact avec Karoune Herizi, un neveu de Redoine Faïd... Grâce au tuyau d'un « tonton », un second neveu du fugitif, Liazid Faïd, est lui aussi dans le collimateur.

En septembre 2018, un autre renseignement capital parvient aux oreilles des enquêteurs de la police judiciaire. Alima, une habitante de Creil, a été vue avec une personne vêtue d'un niqab, dont la stature et l'attitude faisaient plus penser à un homme qu'à une femme. Les deux suspects sortent parfois la nuit, en voiture, pour passer des appels discrets hors de Creil, notamment à Liazid Faïd. Ce véhicule est également vu au contact d'une autre voiture conduite par Ishaac Faïd, un autre neveu de Redoine Faïd.

Ce n'est plus une simple coïncidence. Les policiers sont persuadés que le fugitif se cache dans l'appartement d'Alima, rue Carpeaux à Creil. Ils demandent au juge d'instruction une autorisation spéciale pour intervenir en pleine nuit au domicile de la femme. Le 3 octobre 2018, à 4 h 20 du matin, des policiers surarmés défoncent la porte du F2 situé au quatrième étage. Ils surprennent Redoine Faïd en plein sommeil. L'homme amaigri ne cherche même pas à attraper le revolver posé à côté de lui près du livre de Bernard Petit, l'ancien patron du 36, quai des Orfèvres. « Qui m'a balancé ? » demande-t-il tout de suite aux policiers. Les policiers interpellent aussi Rachid Faïd, son frère, Ishaac Herizi, son neveu, et Alima, sa logeuse. Ils saisissent deux pistolets-mitrailleurs. Liazid Faïd, un autre neveu, sera arrêté à son domicile de Villers-Saint-Paul.

Après une évasion digne des meilleurs films d'action, la cavale de Redoine Faïd s'achève comme dans une série B. Sans argent, le fugitif n'avait rien trouvé de mieux que se replier dans son fief aidé par sa famille.

LES RÈGLES D'INTERVENTION LORS D'UNE TENTATIVE D'ÉVASION

Pour réduire les risques d'évasion ou d'intrusion, l'administration pénitentiaire s'est dotée d'un service de renseignement renforcé qui dispose de nombreux moyens d'interception.

Plusieurs scénarios de tentatives d'évasion existent : attaque de la prison par un commando extérieur, parfois héliporté ; attaque aux explosifs contre les enceintes ; prise d'otages de surveillants ou d'agents intérieurs ou extérieurs (enseignants, personnel médical, etc.). Dans tous les cas, un protocole particulier est prévu et mis en place en fonction de la dangerosité des détenus (courtes ou longues peines, récidivistes, terrorisme) et du type de prison.

Tous les personnels de surveillance pénitentiaires ne peuvent pas être armés, il s'agit d'une prérogative limitée aux gardiens des miradors afin d'éviter toute prise d'otages ou d'agression des autres gardiens.

Les gardiens ont le droit de faire feu aux conditions évoquées à l'article L227-1 du Code de l'administration pénitentiaire « en se limitant à ce qui est strictement nécessaire » ; « en cas de légitime défense, de tentative d'évasion ou de résistance par la violence ou par inertie physique aux ordres donnés. Dans ces cas [...], ils peuvent faire usage d'une arme à feu en cas d'absolue nécessité et de manière strictement proportionnée. »

« Ces dispositions sont applicables aux membres des forces de l'ordre lorsqu'ils interviennent, à la demande du chef de l'établissement, pour assurer le maintien de l'ordre à l'intérieur de l'établissement pénitentiaire ou pour assurer une mission de protection et de garde dans l'établissement ou aux abords de celui-ci. » (Article L227-2 du Code de l'administration pénitentiaire.)

L'évasion, quant à elle, est punie selon sa nature. Ainsi, selon l'article 434-27 du Code pénal, « l'évasion est punie de trois ans d'emprisonnement et de 45 000 € d'amende ». Lorsqu'elle « est réalisée par violence, effraction ou corruption, lors même que celles-ci auraient été commises, de concert avec le détenu, par un tiers, les peines sont portées à cinq ans d'emprisonnement et à 75 000 € d'amende ».

L'article 434-32 du Code pénal précise les peines qui s'appliquent aux complices : « Le fait, par toute personne, de procurer à un détenu tout moyen de se soustraire à la garde à laquelle il était soumis. Si le concours ainsi apporté s'accompagne de violence, d'effraction ou de corruption, l'infraction est punie de cinq ans d'emprisonnement et de 75 000 € d'amende. Si ce concours consiste en la fourniture ou l'usage d'une arme ou d'une substance explosive, incendiaire ou toxique, l'infraction est punie de sept ans d'emprisonnement et de 100 000 € d'amende. »

En cas d'évasion réalisée « sous la menace d'une arme ou d'une substance explosive, incendiaire ou toxique », le Code pénal stipule que la peine est portée à trois ans d'emprisonnement et de 45 000 € d'amende (article 434-28). Lorsqu'elle est réalisée par violence, effraction ou corruption, lors même que celles-ci auraient été commises, de concert avec le détenu, par un tiers, les peines sont portées à cinq ans d'emprisonnement et à 75 000 € d'amende.

En cas d'infractions prévues à l'article 434-27 et au 1° de l'article 434-29, le Code pénal stipule que « sont punies de sept ans d'emprisonnement et de 100 000 € d'amende » celles qui « ont été commises sous la menace d'une arme ou d'une substance explosive, incendiaire ou toxique». «Les peines sont portées à dix ans d'emprisonnement et à 150 000 € d'amende lorsqu'il a été fait usage d'une arme ou d'une substance explosive, incendiaire ou toxique ou lorsque les faits sont commis en bande organisée, que les membres de cette bande soient ou non des détenus.» (article 434-30 du Code pénal.)

«Les peines prononcées pour le délit d'évasion se cumulent, sans possibilité de confusion, avec celles que l'évadé subissait ou celles prononcées pour l'infraction à raison de laquelle il était détenu.» (article 434-31 du Code pénal.)

«Est puni de dix ans d'emprisonnement et de 150 000 € d'amende le fait, par toute personne chargée de sa surveillance, de faciliter ou de préparer, même par abstention volontaire, l'évasion d'un détenu. Ces dispositions sont également applicables à toute personne habilitée par ses fonctions à pénétrer dans un établissement pénitentiaire ou à approcher, à quelque titre que ce soit, des détenus. Dans les cas prévus par le présent article, si le concours apporté consiste en la fourniture ou l'usage d'une arme ou d'une substance explosive, incendiaire ou toxique, l'infraction est punie de quinze ans de réclusion criminelle et de 225 000 € d'amende.» (article 434-33 du Code pénal.)

«Est puni d'un an d'emprisonnement et de 15 000 € d'amende le fait, en quelque lieu qu'il se produise, de remettre ou de faire parvenir à un détenu, ou de recevoir de lui et de transmettre des sommes d'argent, correspondances, objets ou substances quelconques en dehors des cas autorisés par les règlements. Est puni des mêmes peines le fait, pour une personne se trouvant à l'extérieur d'un établissement pénitentiaire ou d'un établissement de santé habilité à recevoir des détenus, de communiquer avec une personne détenue à l'intérieur de l'un de ces établissements, y compris par la voie des communications électroniques, hors les cas où cette communication est autorisée. » (article 434-35 du Code pénal.)

Avec son évasion, sa cavale et son arrestation, Redoine Faïd – qui n'en est pas à son premier coup – fait la une de l'actualité.

Dixième d'une fratrie de onze enfants, Redoine Faïd est né en mai 1972 à Creil, une ville de l'Oise au cœur d'une agglomération de cent mille habitants, perdue au milieu de la campagne picarde à une heure de Paris. Sa famille est installée dans le quartier sensible du Plateau. Son père, ouvrier, tente sans succès d'ouvrir une boucherie à Barbès, à Paris. Redoine Faïd dira garder de bons souvenirs de son enfance, heureuse, à l'éducation stricte et traditionnelle. Ses parents d'origine algérienne espèrent qu'il fera des études et trouvera un bon emploi. Mais Redoine Faïd sèche les cours et se passionne plutôt pour le football. Il raconte avoir commencé à chaparder dans les supermarchés à l'âge de 7 ans. Il aurait même dérobé une platine vinyle dans une école maternelle.

En 1979, la mort du truand Jacques Mesrine abattu par la police, porte de Clignancourt à Paris marque toute la famille Faïd. Fasciné par les voyous, le jeune Redoine change de braquet. Avec ses copains creillois, il se met à cambrioler des appartements et des magasins. Mais le jeune homme en veut toujours plus. En 1990, alors qu'il est en terminale au lycée Jean-Rostand de Chantilly, il dérobe l'équivalent de trente-cinq mille euros au Crédit du Nord avec deux copains. C'est son premier vol à main armée. « C'est pas après toi que j'en ai, mais après l'argent de la banque » lance-t-il à l'employée, en citant un dialogue du film *Mesrine* sorti en 1984.

Il faut dire que Redoine Faïd passe des heures devant les films de policiers et de gangsters. Il connaît par cœur les répliques de *Heat,* réalisé par Michael Mann, et de *Scarface* de Brian De Palma. Il est aussi fan des *bad boys* Jean-Paul Belmondo, Steve McQueen, Robert De Niro… et adore se faire appeler « Doc », comme le personnage de Steve McQueen dans *Guet-apens,* un voyou impliqué dans un braquage de banque. Quelques années plus tard, il ira même à la Cinémathèque française pour y rencontrer Michael Mann, son « maître », et lui dire toute son admiration…

Les références cinématographiques deviennent sa signature. Ainsi, le 20 décembre 1995, déguisé en père Noël, un homme sonne au domicile du directeur de la BNP de Creil. Quand la porte s'ouvre, il dégaine une arme et braque l'épouse et les enfants du banquier. Après lui, des malfrats portant des masques d'hommes politiques français (Édouard Balladur, Valéry Giscard d'Estaing, Raymond Barre, Michel Rocard, etc.) pénètrent dans le logement. Redoine Faïd avouera plus tard s'être inspiré du film *Point Break, extrême limite,* dans lequel des surfeurs à la dérive affublés de masques d'anciens présidents américains braquent à tout-va. Le commando a en tête de dévaliser les coffres de l'agence bancaire le lendemain matin, ils ont donc toute la nuit à passer auprès de leurs otages. Pour rendre la séquestration moins pénible, les voyous ont cependant apporté des bonbons et des bandes dessinées aux quatre enfants du couple… Le lendemain, Redoine Faïd accompagne le directeur à la banque et dérobe l'équivalent de trente mille euros. En partant, il lui lance : « Merci d'avoir voté pour moi ». Comme dans *Point Break…*

De 1995 à 1997, Redoine Faïd se spécialise dans les agressions et les séquestrations. Il vise un patron de société informatique, un responsable de supérette ou même un bijoutier, comme à

Chantilly où l'opération échoue en février 1997. Il échappe de peu aux gendarmes. La liste de ses braquages en région parisienne s'allonge, lançant à ses trousses différents services policiers, dont la brigade de répression du banditisme (BRB).

Inarrêtable, Redoine Faïd prend confiance en lui. Les prises d'otages et les butins de quelques dizaines de milliers d'euros ne lui suffisent plus. Il veut être en haut de l'affiche. Il veut jouer, comme il le dira plus tard, la « Ligue des champions du braquage » en s'attaquant désormais à des fourgons blindés. Pour ce faire, il lui faut monter des opérations militaires où aucun détail n'est laissé au hasard.

Pour son baptême du feu, Redoine Faïd et son commando s'attaquent le 3 juillet 1997 à un fourgon blindé de la société Ardial, qui rentre au dépôt à Villepinte, en Seine-Saint-Denis. Il est vingt heures quand une Renault Safrane percute le fourgon. Immobilisés, les convoyeurs sont aussitôt pris en tenaille par deux camionnettes. Six hommes armés de kalachnikovs et d'un lance-roquettes, et brandissant des explosifs, surgissent. Ils portent des combinaisons noires et des masques de gardiens de hockey, une tenue que Redoine Faïd a choisie en clin d'œil au film *Heat* de Michael Mann, dans lequel des malfrats lancent à pleine vitesse un camion contre un fourgon blindé. Paniqués, les trois convoyeurs ne se font pas prier pour descendre de leur fourgon. Couchés le long du fourgon, ils sont ligotés. Alors que les malfrats chargent les sacs de billets, un équipage de la brigade anticriminalité (BAC) arrive. Une fusillade éclate. Touché au bras, Redoine Faïd réussit à fuir avec le reste du commando. Bilan de l'opération : un butin équivalant à plus d'un demi-million d'euros, et de nombreuses traces ADN laissées dans un hôtel près de l'aéroport de Paris–Charles-de-Gaulle où ils ont été vus et dans l'un des véhicules avec lequel ils ont pris la fuite.

Visé par deux mandats d'arrêt, Redoine Faïd mène une vie de fugitif. Il n'est rattrapé qu'un an plus tard, en septembre 1998, lorsqu'il est appréhendé pour détention de faux papiers dans un train en Suisse. Il s'échappe. Sa cavale s'achève le 30 décembre 1998, à Paris. La gendarmerie de l'Oise a été informée que Redoine Faïd s'apprête à quitter la France pour l'Israël. Les enquêteurs identifient l'agence de voyages auprès de laquelle Redoine Faïd a réservé, sous le nom de Philippe Mazaud, un billet d'avion. Les hommes de la BRB planquent devant l'agence. Quand il s'y présente, il est intercepté sans ménagement.

Si l'ADN de Redoine Faïd matche avec celui retrouvé dans l'une des voitures des braqueurs du fourgon de Villepinte, pendant toute l'instruction, le malfrat nie pourtant toute participation dans cette opération. Il ne passera aux aveux que lors de son procès en mai 2002, affirmant qu'il n'a été que le « voiturier » dans cette affaire et qu'il n'a pas ouvert le feu sur les policiers. Verdict : quinze ans de prison, et douze ans pour son rôle de chef du gang des « saucissonneurs ». Il est incarcéré.

Après onze ans derrière les barreaux, le Creillois bénéficie d'une libération conditionnelle en 2009 et continue de faire parler de lui. Désormais, il joue le criminel repenti. Le 25 octobre 2010, à dix-neuf heures, il entre sous les applaudissements du public sur le plateau du *Grand Journal* de Canal+. Redoine Faïd porte une chemise blanche impeccable et un élégant costume gris anthracite. Il prend place aux côtés de Jean-Louis Debré, ancien ministre de l'Intérieur. Redoine Faïd est venu parler de son livre *Braqueur, des cités au grand banditisme*, coécrit avec le journaliste devenu son ami, Jérôme Pierrat. L'homme a une tête sympathique et de la tchatche. S'il avoue avoir été accro à l'adrénaline des « bracos », il jure la main sur le cœur qu'il s'est rangé. Redoine Faïd n'a-t-il pas animé un séminaire de formation à la sécurité chez Boucheron, le grand joaillier de la place Vendôme ? Fini la vie de cavale. Désormais marié, titulaire du bac qu'il a passé en prison, il travaille comme commercial dans une société d'intérim à Paris. Coqueluche des médias, le braqueur star est aussi courtisé par le cinéma. Le réalisateur Cédric Kahn envisage de réaliser un film tiré de sa vie. Dans un documentaire signé du même Jérôme Pierrat et diffusé le 3 janvier 2011 sur Canal+, il consent à raconter, l'œil pétillant, les coulisses du braquage du fourgon de Villepinte. Avec un million de téléspectateurs, Canal+ réussit alors un beau score d'audience.

Mais il berne tout le monde… Huit jours après la diffusion du documentaire, les policiers de la BRB tambourinent à la porte de chez lui, à Courbevoie. Bien renseigné, il a déjà disparu dans la nature. Si les enquêteurs veulent interpeller « l'écrivain », comme ils l'ont surnommé, ce n'est pas pour discuter de son livre mais plutôt d'un drame sanglant survenu à Créteil, dans le Val-de-Marne, le 20 mai 2010.

Ce matin-là, une patrouille de policiers remarque un Renault Trafic blanc, avec deux trous faisant penser à des impacts de balles. Ils décident de le contrôler, mais le véhicule prend la fuite. Une course-poursuite s'engage sur l'autoroute A4. Les malfaiteurs lancent des projectiles sur la voiture de police, puis vident des extincteurs pour forcer les policiers à s'arrêter. Un individu ouvre les portes arrière de l'utilitaire, et fait feu sur les policiers avec une arme automatique. Des balles s'égarent et touchent d'autres véhicules. Le Trafic prend la direction de Villiers-sur-Marne. Les voyous, cagoulés, vêtus de combinaisons bleues et de gilets pare-balles, descendent alors de leur véhicule, y récupèrent des cadres explosifs destinés à éventrer les fourgons blindés, interceptent une voiture et mettent le feu au fourgon.

À ce moment-là, une voiture de la police municipale de Villiers-sur-Marne arrive sur les lieux. Une fusillade avec les deux policiers s'engage. Les malfrats prennent la fuite et disparaissent sur l'autoroute. Aurélie Fouquet est mortellement touchée. La jeune policière de vingt-six ans laisse derrière elle un compagnon et un enfant de dix-neuf mois. Ancienne agente de médiation, « la pitchoune » était unanimement appréciée de ses proches et de ses collègues qui évoquent sa joie de vivre, sa gentillesse et sa vocation à aider les autres. Lors de ses obsèques, un hommage national lui est rendu par le président Nicolas Sarkozy qui promet que tout serait fait pour retrouver ses assassins.

L'enquête va très rapidement progresser grâce à un incroyable coup de chance. La veille de la fusillade de Villiers-sur-Marne, l'utilitaire avait été repéré avec deux autres fourgons garés dans le bois de Vincennes. Les trois véhicules avaient été volés. La BRB avait placé une balise sous l'un d'eux, qui va permettre de localiser le fourgon dans une rue de Champigny-sur-Marne. Après plusieurs heures de planque, les policiers interpellent son conducteur, Malek Khider, quarante-deux ans, déjà connu pour vol à main armée. Dans un sac qu'il a caché dans le jardin de ses voisins, les limiers de la BRB trouvent trois kalachnikovs, des munitions, des grenades, des gilets pare-balles, un brassard de police. Malek Khider avoue : il devait participer à l'attaque d'un fourgon blindé, organisée à Bonneuil-sur-Marne ; la « tirelire » devait contenir environ dix millions d'euros ; son rôle était de mettre des cales sous le fourgon et de poser une herse sur la route. Informé de la fusillade à Villiers-sur-Marne, Malek Khider avait rebroussé chemin. Si le malfrat donne des détails sur l'attaque avortée du fourgon, il refuse en revanche de livrer les noms de ses complices.

Des empreintes génétiques permettent d'identifier plusieurs malfrats. Parmi eux, Olivier Tracoulat, blessé pendant la fusillade, un petit braqueur récidiviste, originaire de Creil, qui a fréquenté Redoine Faïd en prison. L'homme apparaît dans les statuts d'une entreprise de rénovation autrefois gérée par la sœur de Redoine Faïd. L'analyse ADN établit aussi l'identité de Fisal Faïd, l'un des frères de Redoine. Son ADN a été récupéré sur un cadre à explosifs et sur le sac retrouvé chez Khider. D'autres empreintes génétiques permettront d'identifier quatre autres membres présumés du commando.

L'étau se resserre. Tout porte à croire que le « repenti » a repris du service et qu'il est le cerveau de cette affaire. D'autant que la BRB fait une découverte miraculeuse. La veille de la fusillade, le fourgon balisé s'était arrêté dans une station Shell de La Courneuve. Les images de vidéosurveillance montrent qu'il fait partie d'un convoi formé d'un autre fourgon et d'une Megane. Et qui conduit ce véhicule ? Redoine Faïd.

La BRB lance en janvier 2011 un vaste coup de filet, qui aboutit à une trentaine d'arrestations… mais pas à celle de Redoine Faïd. Le 11 janvier 2011, alors qu'une équipe débarque chez lui pour l'interroger, il a déjà pris la fuite. Ils ne le localiseront que plusieurs mois plus tard, en juin, quand un nouveau « tuyau » leur indique que le fugitif a trempé dans une autre attaque spectaculaire, celle d'un fourgon blindé de la société Loomis, le 17 mars 2011 à Roclincourt près d'Arras, dans le Pas-de-Calais. Là encore, l'opération a été rondement menée. Un faux chantier de travaux a été installé sur la RN 17. Le fourgon s'est retrouvé coincé entre deux camions. Cagoulés et armés, des malfrats ont surgi et fait sauter la porte du fourgon. En quelques minutes, ils ont fait main basse sur des sacs contenant deux millions d'euros.

Bien renseignés, les policiers lillois interpellent Redoine Faïd et l'un de ses complices le 28 juin 2011 dans un kebab de Villeneuve-d'Ascq. Celui que toutes les polices recherchent porte la barbe, des lunettes et une casquette. Il a beau nier avoir participé à l'attaque du fourgon Loomis, les policiers retrouvent sur lui des billets provenant du braquage… Redoine Faïd est placé en détention.

Alors qu'il est au cœur des enquêtes sur la fusillade de Villiers-sur-Marne et l'attaque du fourgon de Roclincourt, Redoine Faïd a bien l'intention de reprendre son destin en main. Le 13 avril 2013, Abdeslam, un autre de ses frères, doit lui rendre visite à la prison de Lille-Loos-Sequedin où il est incarcéré. Alors qu'il doit se rendre au parloir, le détenu sort de sa cellule avec un sac à linge sale. Il en sort un pistolet, prend en otages quatre surveillants, tire un coup de feu en l'air pour prouver que son arme n'est pas factice. Redoine Faïd a tout prévu : il a scotché sur lui des détonateurs, il porte son arme autour du cou. Sous les objectifs des caméras de surveillance, il fait sauter quatre portes et parvient à l'extérieur de la prison. Les policiers n'osent pas ouvrir le feu, car Redoine Faïd retient toujours les quatre gardiens. Le groupe se dirige vers une Peugeot 406 grise stationnée au bord de la route, dans laquelle l'attend un complice. Le braqueur libère trois surveillants et embarque le quatrième, avant de le libérer quelques kilomètres plus loin. Cette évasion spectaculaire, pleine de sang-froid et de détermination, aura duré vingt-cinq minutes.

La nouvelle de l'évasion de Redoine Faïd fait la une des médias. Le ministère de la Justice est montré du doigt. Avait-il un complice à l'intérieur de la prison ? Sinon comment le détenu aurait-il pu se procurer une arme et des explosifs ? Apparemment, il les aurait trouvés à l'intérieur d'un casier, dans un local d'entretien auquel il n'aurait pas dû avoir accès. Il n'aurait pas non plus subi toutes les palpations d'usage. Des surveillants sont interrogés par la police judiciaire de Lille, mais les enquêteurs ne parviennent pas à trouver le maillon faible.

La cavale de Redoine Faïd ne va pas durer longtemps. Le 23 mai 2013, l'Office central de lutte contre le crime organisé (OCLCO) est informé que le fugitif aurait séjourné dans un hôtel à proximité de l'aéroport de Paris-Charles-de-Gaulle avec un complice. L'info est bonne. Les images de vidéosurveillance le montrent au volant d'une Peugeot 406 grise, portant une perruque et des lunettes. Les enquêteurs identifient l'homme qui a réservé la chambre : Hassan Bourouas, vingt-neuf ans, connu pour des petits trafics et des recels. Les policiers diffusent son signalement et son nom auprès des autres hôteliers de la région. Ils apprennent que le même Hassan Bourouas a réservé une chambre du 24 au 29 mai au B&B Hôtel de Pontault-Combault. Le 28 mai, les policiers encerclent les lieux. Redoine Faïd et son complice entrent dans la chambre 38. À 2 h 40, l'assaut est donné. Le fugitif ne cherche même pas à attraper le pistolet placé sur sa table de chevet. Redoine Faïd et Hassan Bourouas sont interpellés. Les policiers découvrent cinq mille euros en liquide, plusieurs livres concernant des souvenirs d'anciens policiers, la traque de Ben Laden ou l'histoire du convoyeur Toni Musulin, et des billets pour aller voir Eminem et George Benson en concert à Paris…

Redoine Faïd retourne en prison. À l'heure des comptes, la justice ne va pas être tendre avec cet homme à l'intelligence supérieure à la moyenne, passé maître dans l'art de la manipulation. En 2016, il est jugé devant la cour d'assises de Paris dans l'affaire d'un braquage avorté et de la fusillade de Villiers-sur-Marne. Le prévenu se perd dans des explications fumeuses pour tenter de justifier sa présence dans la Megane repérée avec les fourgons impliqués dans la fusillade. Il ne convainc pas. Il écope de dix-huit ans de prison, puis de vingt-cinq ans par la cour d'appel. Ses complices sont condamnés à des peines de deux à vingt-cinq ans de réclusion. En 2017, il est jugé dans le cadre de l'attaque du fourgon blindé de Roclincourt, près d'Arras, Redoine Faïd n'a même pas fait le déplacement jusqu'à la cour d'assises d'appel de Saint-Omer. Il écope de dix-sept ans de prison. Son évasion du centre pénitentiaire de Lille-Loos-Sequedin en 2013 lui vaut dix ans de prison. Pour celle de la prison de Réau en 2018, la cour d'assises de Paris le condamne le 26 octobre 2023, à quatorze ans de réclusion criminelle. Pour l'ensemble de ses crimes, il a donc écopé de dix ans, vingt-cinq, puis vingt-huit ans de prison.

LE CUMUL DES PEINES

En France, les peines peuvent se cumuler dans de rares exceptions.

L'article 132-2 du Code pénal prévoit ainsi qu'il y a « concours d'infractions lorsqu'une infraction est commise par une personne avant que celle-ci ait été définitivement condamnée pour une autre infraction ».

L'article 132-4 du Code pénal précise : « Lorsque, à l'occasion d'une même procédure, la personne poursuivie est reconnue coupable de plusieurs infractions en concours, chacune des peines encourues peut être prononcée. »

Toutefois, lorsque plusieurs peines de même nature sont encourues, il ne peut être prononcé qu'une seule peine de cette nature dans la limite du maximum légal le plus élevé. « Chaque peine prononcée est réputée commune aux infractions en concours dans la limite du maximum légal applicable à chacune d'entre elles. » (article 132-3 du Code pénal).

Un processus de confusion de peines est possible, qui consiste, en la présence de plusieurs peines poursuivies séparément, à faire absorber la plus faible, par la plus forte, totalement ou partiellement, de sorte que les peines soient exécutées simultanément, dans la limite de la peine la plus forte.

« Lorsque, à l'occasion de procédures séparées, la personne poursuivie a été reconnue coupable de plusieurs infractions en concours, les peines prononcées s'exécutent cumulativement dans la limite du maximum légal le plus élevé. » (article 132-3 du Code pénal.)

Aux États-Unis, à l'inverse, le principe est celui du cumul des peines sans limite maximale. C'est pour cette raison que des individus peuvent être condamnés à des peines d'emprisonnement de plusieurs centaines d'années.

À la suite de ces condamnations, Redoine Faïd est incarcéré dans la prison ultrasécurisée de Vendin-le-Vieil, dans le Pas-de-Calais. Placé à l'isolement, il dénonce les conditions très difficiles qui sont les siennes : pas de lumière du jour, fouilles corporelles régulières, les parloirs familiaux derrière un Hygiaphone, déplacements menottés encadrés par des gardiens armés jusqu'aux dents.

Redoine Faïd est aujourd'hui l'un des détenus les plus surveillés de France. Les peines prononcées pour le délit d'évasion se cumulant, sans possibilité de confusion, comme le stipule l'article 434-31 du Code pénal, il ne sera pas libérable avant 2060.

Affaire Fiona

Le dimanche 12 mai 2013, Cécile Bourgeon vient signaler la disparition de sa fille Fiona, cinq ans, au commissariat de police de Clermont-Ferrand. Est-ce une fugue ? Un enlèvement ? Malgré des moyens considérables mis en place lors des premiers jours de recherches, la mobilisation des habitants, et les appels émouvants d'une mère désespérée, Fiona reste introuvable... L'enquête aux multiples rebondissements finira par mettre en lumière les mensonges et la violence d'un couple maléfique.

Le dimanche 12 mai 2013, vers 18 h 30, Cécile Bourgeon, enceinte de six mois, vient déclarer la disparition de sa fille de cinq ans, au commissariat de Clermont-Ferrand. La mère de vingt-cinq ans explique s'être assoupie un quart d'heure dans le parc de Montjuzet où elle s'était rendue avec Fiona et sa petite sœur Eva, deux ans et demi. Situé au cœur de la ville, ce vaste parc de vingt-six hectares est très fréquenté, surtout en ce week-end de l'Ascension qui se termine. La mère raconte qu'à son réveil, Fiona n'était plus là. Elle l'a cherchée partout, a interpellé les promeneurs. En vain, personne n'a vu la fillette. Cécile Bourgeon a alors prévenu son compagnon, Berkane Makhlouf, qui l'a rejointe aussitôt. Au bout de quarante-cinq minutes de recherches infructueuses, elle a donc décidé de se rendre au commissariat.

Les policiers prennent ce signalement très au sérieux. Il n'y a pas une minute à perdre. Des moyens humains et matériels considérables vont être mobilisés dès le début de l'enquête. Plus de trois cents policiers et gendarmes investissent le parc Montjuzet et en ratissent chaque recoin. La petite fille s'est peut-être cachée dans les buissons, elle est peut-être tombée quelque part. Deux hélicoptères dotés de caméras thermiques survolent les lieux avec un puissant projecteur. Des vêtements de Fiona récupérés au domicile du couple Bourgeon-Makhlouf vont aussi servir de « base olfactive » au travail d'équipes cynophiles de la gendarmerie, qui arpentent les allées du parc à la recherche d'une trace de l'enfant. Une société d'élagage est appelée pour dégager la végétation dans des secteurs inaccessibles du parc. Les puits, les cours d'eau, et les étangs environnants sont sondés. Malheureusement, cela ne donnera rien. Fiona restera introuvable.

Dès le lendemain de la disparition, le procureur de la République de Clermont-Ferrand et le directeur de la sécurité publique décident de diffuser un appel à témoin dans les médias. Un numéro vert est mis en place. Les enquêteurs retracent la vie de Fiona. La petite fille aux grands yeux bleus est une enfant espiègle, polie, souriante, sociable. Elle vit en appartement, dans un quartier populaire de Clermont-Ferrand, avec sa sœur et sa mère et, depuis un an, avec le compagnon de celle-ci, Berkane Makhlouf.

Comme c'est le cas dans ce genre d'affaires, les policiers s'intéressent aussitôt à la piste familiale. Nicolas Chafoulais, le père de Fiona, et Cécile Bourgeon ont vécu huit ans ensemble avant de se séparer en février 2011. Depuis que Cécile Bourgeon a refait sa vie avec Berkane Makhlouf, rencontré à l'été 2012, le père voit peu ses filles. Il aurait donc un mobile. Les enquêteurs le convoquent et le questionnent pendant plusieurs heures.

Mais Nicolas Chafoulais a un alibi : il était avec des amis au moment de la disparition de Fiona. Certes, il souffrait de ne pas la voir mais il ne l'a pas enlevée. Force est de constater qu'il n'a rien à voir dans tout ça. La piste est écartée, et Nicolas Chafoulais se lance lui aussi à la recherche de sa fille.

Le mardi 14 mai 2013, en l'absence de nouvelles concernant la petite fille, une information judiciaire est ouverte pour arrestation, enlèvement, séquestration ou détention arbitraire de mineur de quinze ans. L'Office central pour la répression des violences aux personnes, avec à sa tête Christophe Molmy, vient apporter son renfort au SRPJ de Clermont-Ferrand. Aucune piste n'est laissée au hasard, plus de deux cent soixante individus référencés dans les bases de données des personnes condamnées pour des infractions sexuelles sont entendus.

Cécile Bourgeon est interrogée puis réinterrogée par les enquêteurs qui cherchent à comprendre ce qui a pu se passer. Ses déclarations sont capitales et constantes. Le mercredi 15 mai, celle-ci se constitue partie civile dans le dossier et fait appel à un ténor du barreau clermontois : Me Gilles-Jean Portejoie. Désormais, la mère de famille ne peut plus être entendue comme témoin par les policiers. Le 16 mai, elle est donc convoquée par les juges d'instruction pour un premier échange. Sur le perron du palais de justice, elle prend la parole devant les médias. Face aux caméras, en larmes, elle lance un appel à témoin déchirant. Un véritable élan de solidarité est constitué autour de cette maman éplorée, enceinte de son troisième enfant. Un comité de soutien se crée. Sur les réseaux sociaux, les abonnés se comptent par milliers.

Le vendredi 17 mai, Cécile Bourgeon est convoquée pour une mise en situation dans le parc. Le procureur Pierre Sennes a un geste protecteur envers elle, il la prend par la taille comme pour lui témoigner de son soutien, lui aussi. L'image va tourner en boucle dans les médias. Cécile Bourgeon est plus que jamais cette Mère Courage à la recherche de sa fille. À ce stade, tout repose sur ses dires, rien ne permet de les remettre en cause.

Malgré tous les moyens mis en œuvre, la petite fille reste donc introuvable. Les enquêteurs n'ont qu'une certitude, celle que Fiona n'est pas dans le parc de Montjuzet. La piste d'un enlèvement est désormais privilégiée. Mais les enquêteurs, qui ont déjà abattu un travail considérable en quelques jours, butent sur un point essentiel : la présence effective de Fiona dans le parc ce dimanche 12 mai. À ce stade de leurs investigations, ils ne trouvent personne qui l'aurait aperçue à l'endroit où Cécile Bourgeon déclare s'être assoupie ou dans un autre secteur. Plus inquiétant encore, un témoin affirme avoir vu Cécile Bourgeon arriver au parc à 17 h 50 avec une seule fillette. Autre détail incohérent pour les enquêteurs : le legging blanc que portait Cécile Bourgeon pendant sa sieste dans l'herbe ne présente aucune salissure…

Les témoignages sur l'attitude de la jeune femme intriguent aussi les policiers. Le sapeur-pompier qui l'a prise en charge dans le parc juste après le signalement de la disparition dit avoir été frappé par son calme « surréaliste » et le fait qu'elle n'affichait aucune émotion. Les enquêteurs commencent à se demander si Cécile Bourgeon ne les mènerait pas en bateau. Et plus l'enquête avance, plus ils en sont persuadés. Mais comment le prouver ? Il faut des éléments pour la confondre.

Dès le début de l'enquête, Cécile Bourgeon et Berkane Makhlouf sont placés sur écoute. Si leurs échanges laissent paraître qu'ils s'inquiètent de la disparition de la petite fille et espèrent qu'on la retrouvera, la mère affiche néanmoins un détachement étonnant. À peine quelques jours après la disparition de sa fille, Cécile Bourgeon parle de faire des emplettes dans la ville voisine de Vichy pour soigner son apparence. Cette femme éplorée devant les caméras ne semble pas très abattue en privé…

Un autre élément interroge les enquêteurs, c'est le profil de ce couple. À son domicile, les policiers ont découvert dans un placard une dizaine de plants de cannabis en pots et un sachet vide de Subutex, un médicament pour traiter les addictions aux opiacés et à l'héroïne. Cécile Bourgeon confirme qu'elle et son compagnon se droguent. En réalité, leur degré de toxicomanie est élevé, ils sont « multiproduits » : héroïne, marijuana, cocaïne, LSD… Selon certains témoignages, ils se rendent même dans des squats avec leurs filles, et il arrive à Cécile de les laisser sans surveillance.

Cécile reconnaît sans problème qu'elle a pu se droguer devant ses filles. Quant à son compagnon, s'il se présente comme un père de substitution, c'est aussi un homme sanguin, capable d'exploser à tout moment. Orphelin de père depuis l'âge de quatre ans, Berkane Makhlouf a connu une enfance chaotique marquée par la maltraitance d'un demi-frère. Placé en foyer, il a commencé très jeune à consommer des drogues dures. Ses proches et ses compagnes successives le décrivent comme dépendant aux stupéfiants et sujet à des crises de violence incontrôlables. Son addiction lui a valu de nombreuses condamnations. À trente et un ans, il a un casier judiciaire chargé, avec plusieurs condamnations pour vols et violences. Sans diplôme, sans emploi, il vit grâce au RSA. Présenté comme impulsif et nerveux, Berkane Makhlouf aurait-il pour autant pu se montrer violent à l'égard de Fiona ?

Nicolas Chafoulais, le père de Fiona, raconte un épisode troublant aux enquêteurs. Huit mois avant sa disparition, un week-end de septembre 2012, Fiona lui avait dit que Berkane lui avait fait mal. Le père avait vérifié chaque centimètre carré de la peau de sa fille, n'avait trouvé aucune marque, mais il avait tout de même décidé d'en toucher deux mots à son ex-compagne, en ramenant les petites. Lorsqu'il l'avait questionnée, la discussion s'était envenimée. Berkane s'en était mêlé, le ton avait monté un peu plus. Nicolas Chafoulais, hors de lui, avait donné un coup de pied dans un lampadaire et s'était fracturé le tibia... Il a dû être opéré, les mois ont défilé, il n'a jamais revu sa petite fille.

Hormis ces témoignages, il n'y a pas de preuve formelle de violences sur Fiona. Aucun signalement n'a jamais été fait par l'école auprès des services sociaux. Pourtant, les enquêteurs découvrent que la petite fille comptabilisait quarante-huit demi-journées d'absence. Des négligences éducatives qui ternissent l'image de mère attentionnée prêtée à Cécile Bourgeon.

Si tout porte à croire que les événements ne se sont pas réellement passés comme l'affirme la mère de famille, les enquêteurs n'ont aucun indice qui puisse les orienter sur la piste d'un scénario monté de toutes pièces ni sur d'éventuelles maltraitances commises sur Fiona. Pourtant, des témoignages tendent à prouver que, la semaine précédant sa disparition, l'enfant était bel et bien en souffrance. Le mercredi 8 mai, des images de vidéosurveillance montrent la famille dans un fast-food d'un centre commercial, où Cécile Bourgeon prétend s'être rendue le samedi 11 mai, veille de la disparition de l'enfant. Il était 15 h 20. Le même jour, à 16 h 04, la famille est filmée dans le hall d'un cinéma du centre commercial. L'une des ouvreuses se souvient avoir été tellement choquée par le visage de Fiona qu'elle avait spontanément contacté la police. Elle relève la tristesse et l'absence de vitalité de l'enfant, « cernée et pâle et qui avance comme un zombie ». Selon elle, la partie gauche du visage de l'enfant était tuméfiée, et la petite fille présentait un hématome à la tempe. Pour le cacher, Fiona portait un bandeau jaune autour de la tête. Le même que la fillette portait le mardi 7 mai 2013, maintenu par des barrettes, lors de sa dernière journée d'école. Son institutrice avait d'ailleurs été frappée par la largeur du bandeau. À l'école, l'une des membres de l'équipe pédagogique avait remarqué le teint cadavérique de Fiona mais n'avait pas détecté de signe de maltraitance.

Cette vidéo dans le hall du cinéma est la dernière trace de vie de l'enfant. Ensuite, tout repose sur les déclarations de sa mère et du compagnon de celle-ci. Or, s'ils ont menti sur leur emploi du temps, ils peuvent tout aussi bien mentir sur tout le reste… Que s'est-il passé dans le huis clos familial et que cachait le bandeau de Fiona ?

Les enquêteurs sont persuadés que le couple a mis en scène la disparition de l'enfant. Ils vont chercher des éléments concrets pour étayer leur conviction. En examinant le disque dur de l'ordinateur de Cécile Bourgeon, ils déterminent qu'elle a fait des recherches sur Internet le 6 mai avec les mots clés « déchirures ligamentaires au bras d'un enfant », qu'elle a fait des recherches concernant le comportement d'un enfant « insupportable, crise de nerfs ». La veille de la disparition de Fiona, elle consulte un article sur la disparition de deux enfants dans un parc à Marseille. Leur mère s'était endormie quinze minutes et s'était rendu compte de leur disparition à son réveil, la même histoire que celle servie par Cécile Bourgeon aux policiers. Enfin, parmi les images effacées, retrouvées sur le disque dur, il y a la photo de la mère de Typhaine, une enfant décédée à la suite d'une punition qui a mal tourné.

Les enquêteurs recueillent un autre témoignage important, celui du médecin traitant qui a reçu en consultation, deux jours avant le début de l'affaire, le couple venu pour faire renouveler le traitement de substitution de Berkane Makhlouf et établir un certificat médical au nom de Fiona afin de justifier une absence scolaire de trois semaines. La fillette n'était pas présente au rendez-vous. Le médecin avait délivré le certificat.

Forts de tous ces éléments, les enquêteurs voudraient interroger de nouveau Cécile Bourgeon, mais sa grossesse touche à son terme. Ils ne peuvent pas prendre le risque de l'entendre et qu'un incident survienne durant la garde à vue. Cécile Bourgeon, elle, ne se doute de rien. Elle continue à lancer des appels désespérés dans les médias. Le 11 juin 2016, elle déclare au journal télévisé de France 3 Auvergne : « Personne ne peut imaginer la souffrance et l'atrocité que c'est de se faire enlever un enfant, de vivre comme ça. Je culpabilise beaucoup, sentiment de honte, j'ai perdu ma fille, et on m'a enlevé ma fille, je ne sais pas. »

Pendant l'été, la famille déménage à Perpignan, à plus de 400 km de Clermont, dans la ville où vit la mère de Cécile Bourgeon. C'est dans cette ville que, le 19 août 2013, Cécile Bourgeon donne naissance à un petit garçon. Lors de la perquisition du logement, les enquêteurs se rendront compte qu'ils n'ont gardé aucune affaire de Fiona, comme s'ils savaient que l'enfant ne reviendrait pas. De quoi confirmer encore un peu plus les soupçons à leur égard.

Le 7 septembre, la mère de famille accorde une nouvelle interview à *La Montagne*. Cette fois-ci, le ton n'est plus le même. La jeune femme parle d'un ras-le-bol général. Elle a le sentiment d'être abandonnée par la police, d'être mise à l'écart de l'enquête, d'être menée en bateau. Elle a l'impression de déranger quand elle appelle, comme si la disparition de sa fille avait été mise de côté.

Le 24 septembre, Cécile Bourgeon et Berkane Makhlouf sont interpellés à leur domicile. Ils sont entendus séparément par les équipes de l'Office central pour la répression des violences aux personnes (OCRVP). Le visage de Cécile Bourgeon est couvert de bleus, que la jeune femme attribue aux violences de son compagnon. Berkane, lui, prétend qu'ils se sont battus…

Lors des auditions de la première journée, Cécile Bourgeon tient tête aux enquêteurs. Elle a réponse à tout et est catégorique : elle n'a rien à voir avec le décès de sa fille. Pourtant, le lendemain, lors de sa quatrième audition, la mère de famille finit par craquer… Son récit est glaçant. Elle relate que le samedi 11 mai, vers dix-huit heures, Berkane s'était emporté contre Fiona et l'avait giflée. Elle n'avait pas vu la scène, c'est Fiona qui la lui avait racontée, mais elle dit avoir néanmoins remarqué qu'un hématome s'était formé au niveau de la tempe gauche de l'enfant. Elle l'avait soignée en appliquant de la pommade à l'arnica. Puis elle avait couché les enfants vers 20 h 30. Vers 22 h 30, Fiona s'était levée pour aller aux toilettes où elle avait vomi. Berkane et elle avaient alors constaté que l'hématome avait grossi, partant du dessous de l'œil, l'englobant entièrement et recouvrant la tempe. Le dimanche matin, à 9 h 30, Berkane avait retrouvé l'enfant morte dans son lit, avec des vomissures un peu partout. Il avait alors transporté son corps dans la salle de bains et l'avait lavé. Cécile Bourgeon avait voulu appeler les pompiers, mais il l'en avait dissuadée, lui affirmant qu'ils iraient en prison et perdraient leurs enfants. Il lui avait proposé d'enterrer eux-mêmes la petite fille. Ils avaient déposé son corps nu dans un sac qu'ils avaient chargé dans la voiture, puis ils avaient pris la route en direction du lac d'Aydat. Elle au volant, lui sur le siège passager et Eva, la petite sœur de deux ans et demi, derrière dans son siège auto. Il devait être environ 11 h 15. En chemin, ils s'étaient arrêtés en bordure de forêt. Berkane était descendu, s'était emparé du sac et avait creusé un trou avec une pelle trouvée dans un jardin à proximité d'une vieille maison non habitée. Après des prières et un adieu à Fiona, ils avaient regagné leur véhicule et étaient rentrés chez eux. Sur la route du retour, Cécile avait jeté le sac sur le bas-côté. Lors de sa cinquième audition, elle précise que ce n'était pas la première fois que Fiona « se mangeait des coups par Berkane ». Il la giflait, la tapait, lui donnait des coups de pied aux fesses. Elle l'accuse d'être l'auteur du scénario de la disparition au parc.

Dès le début de sa garde à vue, Berkane Makhlouf se montre très virulent. Il signe même certains procès-verbaux en écrivant « C une honte », « Retrouver ma gamine », « Sa me dégoute » [sic]. Ce n'est que lors de sa cinquième audition que, confronté aux aveux de sa compagne, il confirme s'être énervé dans la soirée du samedi 11 mai. Sa version diffère un peu de celle de Cécile Bourgeon. Selon ses dires, il avait réagi au fait que Fiona se faisait vomir pour imiter sa mère enceinte, l'avait grondé, lui avait donné une fessée avant de lui ordonner de retourner se coucher. Il était 23 h 30. Fiona était malade et s'était plaint du ventre. Dans la nuit, le couple l'avait entendue bouger dans son lit mais ne s'était pas inquiété. Au matin, Berkane Makhlouf l'avait découverte inanimée dans son lit, la bouche envahie de rejets gastriques. Il avait alors tenté de la réanimer, mais elle était morte. Elle s'était étouffée. À l'inverse des déclarations de Cécile Bourgeon, il affirme que c'était elle qui ne souhaitait pas appeler les secours. Il nie avoir frappé Fiona, ce soir-là : sa bosse au front, que le bandeau dissimulait, était le résultat d'un choc contre une porte.

Le 26 septembre 2013, Cécile Bourgeon est mise en examen pour « non-assistance à personne en danger »... Elle évite l'accusation de violences sur Fiona mais risque cinq ans de prison. Berkane écope d'une mise en examen pour « violences aggravées sur mineur de quinze ans ayant entraîné la mort sans intention de la donner ». Il risque pour sa part une peine de trente ans d'emprisonnement.

La révélation de la mise en scène de la disparition provoque la colère des Clermontois qui s'étaient mobilisés pour retrouver Fiona et pour soutenir sa mère. « Elle a menti, a menti à la France entière, aux autorités et à ses avocats. Et l'opinion publique ne pardonne pas celle qui l'a trahie. Le mensonge est à l'origine de tout, et l'émotion suscitée fait de cette affaire une affaire hors norme. Elle a instrumentalisé l'opinion publique, elle est responsable de cette frénésie médiatique » observe son avocat. Un déferlement de haine s'abat sur Cécile Bourgeon. Le 6 octobre 2013, trois mille personnes défilent à Clermont-Ferrand et des marches blanches en mémoire de Fiona se tiennent un peu partout dans le pays. La colère à l'encontre des suspects est forte, et ne faiblira pas au fil de l'instruction et des déclarations de l'un et de l'autre.

Après les aveux de Cécile Bourgeon et de Berkane Makhlouf, les enquêteurs ont une priorité : retrouver le corps de l'enfant. L'autopsie permettrait de déterminer les causes de la mort. Pendant le temps de sa garde à vue, Cécile Bourgeon est donc conduite sous escorte policière, en avion, dans les environs du lac d'Aydat. Mais elle se montre confuse, confond les routes, et ne se souvient plus où le corps de sa fille a été enterré… Elle dit avoir des flashs – un panneau « lac d'Aydat », des vaches, une maison, un chemin qui monte dans les bois –, mais rien de plus. La panique a effacé les souvenirs plus précis. Et selon ses dires, la consommation de drogues ingérées ce jour-là aussi. Les enquêteurs réitèrent l'opération le lendemain avec Berkane Makhlouf, pour un résultat similaire. Ils ne trouveront rien non plus lors des autres campagnes de fouilles, le 10 octobre 2013 et le 13 mai 2014. Cette question cruciale du lieu où a été enterré la petite fille hante le dossier.

LE DÉPLACEMENT SUR UNE SCÈNE DE CRIME

La garde à vue commence et se termine par une information de l'officier de police judiciaire qui fixe les conditions de garde à vue et les droits du suspect. Elle ne prend fin que lors de l'établissement par le même officier de police judiciaire du procès-verbal.

Tout ce qui a lieu durant la garde à vue – consultation médicale, intervention de l'avocat, transports, perquisition en présence du suspect, ou même dégrisement en cas d'alcoolémie ou d'usage de stupéfiants – est intégré au temps de la garde à vue.

À noter que ce transport peut se faire sur une ligne aérienne régulière. En fonction de la dangerosité supposée du suspect ou de son implication dans les faits, des mesures particulières peuvent être prises pour le protéger ou empêcher sa fuite, y compris l'utilisation de véhicules, d'avions policiers ou militaires.

Si le suspect se met à parler, s'il avoue dans l'avion, ces éventuels aveux restent recevables. Quoi qu'il arrive, ils doivent être ensuite validés par la signature du procès-verbal final. C'est ce document, et non des aveux oraux, qui sera porté au dossier et présenté lors du procès.

Malgré les déplacements, le corps de Fiona n'est pas retrouvé. Un témoignage vient alors semer le doute. Un voisin affirme avoir vu Berkane Makhlouf, le dimanche de la disparition, jeter un énorme sac-poubelle noir dans une benne à ordures proche de la résidence. Il était 17 h 30, l'heure à laquelle Cécile Bourgeon était censée être partie au parc avec l'enfant. Les décharges autour de Clermont-Ferrand sont fouillées début juin avec des chiens, mais cela ne donne rien.

Plus l'instruction avance, plus Berkane Makhlouf et Cécile Bourgeon se déchirent sur les circonstances de la mort de Fiona. Au fil de ses auditions devant le juge d'instruction, Cécile Bourgeon confirme les violences de Berkane Makhlouf sur sa fille. Elle raconte que son compagnon se serait même effondré, en pleurs, disant en avoir « marre de ses mains qui frappaient presque contre son gré ». Elle confie que cette semaine-là rien n'allait bien avec Fiona et dans son couple. La petite était tellement terrorisée par Berkane qu'elle s'urinait dessus. Le samedi 11 mai, elle aurait entendu son compagnon porter plusieurs coups successifs et très violents à Fiona, notamment à la tête.

Face à ces accusations, Berkane nie en bloc. Selon lui, l'hématome de Fiona était présent dès le mardi à cause d'une chute à vélo ou à trottinette. Il accuse ensuite sa compagne d'avoir elle aussi frappé la petite fille le samedi après-midi, et de lui avoir donné des coups de pied aux fesses et des claques.

Avec ces accusations, Berkane Makhlouf fait basculer le dossier dans une autre dimension : Cécile Bourgeon était-elle violente envers sa fille ? Si personne dans le dossier n'a évoqué des violences de sa part sur l'enfant, selon certains témoignages elle aurait, peu de temps avant les faits, exprimé du dégoût pour la petite, lui reprochant de ressembler à son père.

Le 22 octobre 2013, à la suite des déclarations de son compagnon, Cécile Bourgeon est mise en examen pour « coups mortels aggravés ». Elle nie avoir frappé sa fille, mais son attitude ne cesse d'interroger. Malgré sa passivité, son impuissance à s'interposer, elle se qualifie de « bonne mère ». Si elle n'est pas intervenue pour porter secours à Fiona, c'est qu'elle était sous l'emprise de Berkane, et que sa toxicomanie ne l'aidait pas à prendre les choses en main. Elle n'a pu que constater que sa fille était devenue un punching-ball et soulignait qu'elle « n'était pas belle à voir». Elle aurait été «dépassée par les événements et les crises de son compagnon» et aurait agi «par amour» en orchestrant la disparition au parc. Pour son avocat, l'attitude de Cécile Bourgeon serait le résultat d'un traumatisme. Un viol qu'elle a subi un an avant les faits, de la part d'un de ses amis. L'homme sera condamné à quatorze ans de prison en septembre 2016.

Les experts psychiatres évoquent une femme d'«une immaturité majeure» dotée d'«un caractère fort et emporté». Tous sont unanimes sur l'aspect utilitaire de son amnésie. «Les allégations d'amnésie relèvent d'une sorte de stratégie défensive, lui permettant d'éviter la confrontation directe avec les événements» conclut une première expertise. La défense de Cécile Bourgeon demande une contre-expertise qui s'avère plus nuancée, indiquant que l'oubli de la suspecte ne vient pas cacher des choses horribles qu'elle a à se reprocher, mais que cet oubli est peut-être lié à un trouble psychique.

Finalement, les deux accusés ne sont d'accord que sur deux choses : la fillette aurait été trouvée morte dans son lit le dimanche 12 mai et enterrée le jour même. Pour le reste, tout ou presque les oppose. Enfermés pendant quatre mois dans le même mensonge effroyable, les témoignages de Cécile Bourgeon et Berkane Makhlouf divergent quant à ce qu'il s'est passé avant et après le décès de la fillette.

LA RECHERCHE DU CORPS

Comme souvent en criminalistique, retrouver le *corpus delicti*, le «corps du délit», est très important.

C'est d'abord un élément sur lequel peut s'appuyer l'enquête pour déterminer les circonstances de la mort, en fixer la date et les conditions, pour corroborer ou contredire des aveux, ou pour confondre un suspect.

Mais cela permet aussi aux familles et aux proches de commencer leur deuil.

C'est pour cela que la recherche d'un corps occupe souvent une part importante de l'enquête, et que les moyens déployés sont conséquents.

Pendant l'instruction, si un corps n'est pas retrouvé, il peut toujours y avoir un doute quant à la mort certaine de la victime. On peut citer la récente affaire Delphine Jubillar, dans laquelle l'absence de corps et d'aveux rend l'enquête encore plus difficile.

En revanche, l'absence de corps ne permet pas d'échapper à une condamnation. Au contraire, le fait de ne pas révéler le lieu où il serait caché peut entraîner une plus grande sévérité du jury. En effet, l'incapacité à retrouver un cadavre peut être perçue comme un élément de dissimulation qui devient une circonstance aggravante et alourdit les peines.

Le 14 novembre 2016, le procès de Berkane Makhlouf et Cécile Bourgeon s'ouvre devant la cour d'assises du Puy-de-Dôme, à Riom. Alors que le corps de la fillette n'a toujours pas été retrouvé, ils sont jugés pour « coups mortels ayant entraîné la mort sans intention de la donner ». La salle d'audience est pleine à craquer. L'ambiance est pesante.

Cécile Bourgeon, vingt-neuf ans, apparaît métamorphosée, elle a pris beaucoup de poids. Son ancien compagnon, trente-cinq ans, est amorphe, sédaté. D'emblée, le ton est donné. Ils contestent tous les deux avoir donné des coups mortels à Fiona. S'ils se rejettent la responsabilité de la mort de la fillette, ils ne s'accablent pas pour autant. Berkane Makhlouf réaffirme que Cécile Bourgeon est une bonne mère, une femme extraordinaire. Deux jours avant la fin de l'audience, Cécile revient même sur les accusations portées contre Berkane. Alors qu'elle l'accusait d'avoir porté des coups au thorax de Fiona – ce qui aurait pu provoquer un traumatisme abdominal fatal selon le légiste –, elle reconnaît avoir menti, car « Berkane a lui aussi dit des mensonges ». Elle conclut en disant qu'il n'y a pas eu de coups. S'ensuit un échange intense entre les deux accusés.

Si Cécile Bourgeon explique avoir honte de ce qu'elle a fait, elle ne montre aucune émotion et ne pleure pas sa fille. On découvre également qu'elle se projette sur une vie de famille future et souhaite avoir d'autres enfants : « J'ai quand même le droit d'avoir des enfants, personne ne peut m'en empêcher. » Elle parle de la violence de Berkane à son encontre, de ses crises quotidiennes. Lui, en pleurs, déclare : « Je sais que j'ai la violence en moi, mais les enfants, je n'y touche pas… On n'est pas des assassins. On ne s'est jamais dit "on va tuer Fiona et aller l'enterrer". Quand on l'a perdue, c'était terrible, on a pensé qu'à nous, on avait trop peur de perdre les autres enfants. » Cécile Bourgeon ajoute pour finir : « Je ne sais toujours pas de quoi Fiona est morte, je n'ai que des hypothèses. »

L'attitude des deux prévenus exaspère les parties civiles et renforce l'idée selon laquelle tous deux auraient conclu un pacte de « non-agression ». « Ils vont emporter leur secret dans leur tombe » s'agace Me Charles Fribourg, l'avocat de Nicolas Chafoulais, le père de Fiona. Leur solidarité et leur duplicité dans la manipulation et le mensonge renforcent la thèse qu'ils ont tous deux un intérêt à dissimuler le lieu où se trouve le corps de Fiona.

L'avocat général requiert trente ans de prison à leur encontre. La sanction prononcée par la cour d'assises tombe le 25 novembre 2016 : vingt ans pour Berkane Makhlouf, cinq ans et perte de son autorité parentale sur ses deux autres enfants pour Cécile Bourgeon. Sur le fond, elle n'est donc pas reconnue coupable du meurtre de sa fille ni d'en avoir été la complice. Seuls la non-assistance à personne en danger et le recel de cadavre lui sont reprochés. C'est la sidération. La décision suscite un tollé dans l'opinion publique. Le fait que Cécile Bourgeon, qui cristallise toutes les haines, semble bénéficier d'un traitement de faveur scandalise. Les gens ne comprennent pas cet acquittement et ceux présents à sa sortie du tribunal lui crient des menaces de mort.

Le couple sera rejugé en appel et condamné à vingt ans de prison au terme d'un procès chaotique, plusieurs fois ajourné. D'abord par les avocats de la défense qui demandent un report de son ouverture le 19 juin 2017, puis à cause d'un différend entre eux et l'avocate de l'association Innocence en danger. Le verdict rendu le 11 février 2018 est finalement annulé par la Cour de cassation le 20 février 2019. La défense qui ne souhaitait pas en rester là s'est appuyée sur plusieurs éléments pour demander le pourvoi en cassation : le fait que la probité du président soit remise en cause pour un apéritif qu'il aurait partagé avec les avocats de la partie civile ; le fait qu'en raison d'un incident d'audience les accusés n'aient pas eu la parole en dernier ; le fait encore qu'un expert n'ait pas prêté serment. Reconnue coupable de « violences volontaires » et de « non-assistance à personne en danger », Cécile Bourgeon voit sa peine diminuée à cinq ans, temps qu'elle a déjà purgé en préventive. Le soir même de la décision, elle est libérée, ce qui provoque un nouveau tollé.

Libre, Cécile Bourgeon reconstruit sa vie. Le 20 décembre 2019, enceinte de son quatrième enfant, elle se marie à Perpignan avec son nouveau compagnon.

Un an plus tard, le 1er décembre 2020, le quatrième procès de Cécile Bourgeon et Berkane Makhlouf se tient à Lyon pour « coups mortels aggravés ». La mère, qui comparaissait libre, écope de vingt ans de prison. Son ancien compagnon voit sa peine réduite à dix-huit années. Cécile Bourgeon a finalement été reconnue coupable de violences sur Fiona. Plus lourdement condamnée que son compagnon, elle continue de purger sa peine en prison. Ses avocats tentent des recours, mais elle est définitivement condamnée.

Dix ans après les faits et au terme de quatre procès, le mystère perdure. Le corps de la petite Fiona n'a toujours pas été retrouvé.

Affaire Henri-Jean Jacomet

Huos est un petit village tranquille perché sur les contreforts des Pyrénées. Pourtant, ce 13 juillet 1988, l'impensable s'y produit : trois personnes d'une même famille sont assassinées dans la plus belle maison. Le meurtrier est-il l'une des trois victimes ? Un autre membre de cette famille aux lourds secrets est-il impliqué ? Commence une enquête hors norme qui durera treize ans, et ruinera la vie d'un homme accusé à tort.

Il est 5 h 30 du matin, ce mercredi 13 juillet 1988, quand Henri-Jean Jacomet rentre chez lui à Huos. Âgé de vingt-cinq ans, cet ouvrier travaille aux trois-huit à l'usine papetière de Saint-Gaudens, à une quinzaine de kilomètres. Le deux-pièces est désert. Son épouse, Fabienne, vingt ans, n'est pas là. Le lit n'est pas défait. Le jeune marié a un pressentiment. Ce n'est pas dans les habitudes de la jeune femme de découcher sans prévenir. Il se rend chez ses beaux-parents, les Soubie, qui habitent la plus belle maison de Huos, à quelques rues de là. Fabienne est peut-être restée dormir chez eux pour ne pas être seule, comme elle le fait parfois quand Henri-Jean travaille de nuit.

Il fait encore sombre. Au 26, rue de la Grotte, un filet de lumière perce entre les volets du rez-de-chaussée. Henri-Jean Jacomet ouvre le portail, traverse le petit jardin à la française. La porte de la maison est fermée à clé, il frappe à la porte mais personne ne répond. Dans l'entrebâillement des volets, il s'aperçoit que la télévision est encore allumée. Il s'approche de la fenêtre de la cuisine, guidé par le son de la radio qui en provient… et là, il aperçoit l'indicible. Fabienne gît sur le sol de la cuisine, dans une mare de sang. Il passe par une fenêtre ouverte et, totalement paniqué, il prend Fabienne, inerte, dans ses bras et la sort de la maison dans l'idée de lui porter secours et de l'emmener à l'hôpital. Il la porte contre lui jusque dans le jardin. La jeune femme est couverte de sang, une plaie béante au cou. Il tente de la réanimer en lui faisant du bouche-à-bouche. Voyant qu'elle ne respire toujours pas, il se rue chez le voisin en hurlant et en le suppliant d'appeler les secours. Ce dernier, violemment tiré du lit par les cris de désespoir du jeune homme, s'empresse de téléphoner aux pompiers.

Les pompiers de Montréjeau pensent avoir affaire à une intervention de routine, mais ce qu'ils découvrent dépasse tout ce qu'ils auraient pu imaginer. Dans le jardin de la grande maison, entre deux massifs de fleurs, ils trouvent Henri-Jean comme possédé. Le jeune homme gémit et leur enjoint de sauver sa femme. Il semble avoir perdu la raison et se met à hurler. Les pompiers ont compris qu'il n'y avait plus rien à faire pour elle : sa tête est presque détachée de son cou… Un médecin administre un calmant au jeune homme pour le calmer. Groggy, Henri-Jean reste debout contre le mur de la maison, recouvert du sang de son épouse…

Les pompiers pénètrent alors dans la maison. Dans le salon, ils découvrent le corps martyrisé d'une deuxième femme. Elle est couverte de plaies béantes, et sa tête est enfoncée à plusieurs endroits. Nullement aguerris à ce genre de situation, les pompiers progressent à travers la maison avec une terrible appréhension, craignant de découvrir le corps d'un enfant, dont les jouets traînent dans le jardin. À leur grand soulagement, les chambres sont vides. Seul un petit caniche, totalement terrorisé et proche de l'apoplexie, est retrouvé sous un lit. Après avoir parcouru les trois étages de la grande bâtisse bourgeoise, les pompiers redescendent et entrent dans le cellier contigu à la cuisine. Là, ils découvrent un troisième corps. Le spectacle est terrible : le visage et le crâne de l'homme ont été emportés par une décharge de fusil de chasse. L'arme est posée à côté du corps, la pièce est éclaboussée de sang et de matière cérébrale jusqu'au plafond.

Les victimes sont toutes de la même famille : Fabienne, sa sœur aînée Joëlle et le mari de celle-ci Fernando Rodrigues.

Les gendarmes de la brigade de Saint-Gaudens et les experts du laboratoire de police scientifique (LIPS) de Toulouse sont appelés pour faire les constatations. La porte d'entrée est verrouillée de l'intérieur. Il n'y a aucune trace d'effraction, mais des marques de lutte sont visibles au rez-de-chaussée : des giclures de sang sont découvertes dans l'entrée, le salon, la cuisine… Quatre armes ont été utilisées : un sabre, une hache et deux fusils de chasse. Dans l'entrée, un seau rempli d'eau mélangée à du sang et un balai-serpillière gorgé de sang ont été laissés. Quelqu'un a donc tenté de faire disparaître grossièrement les traces avant de renoncer.

Joëlle Soubie, trente ans, a été frappée avec la crosse d'un fusil à la tête, elle a reçu seize coups de sabre et a été achevée à coups de hachette. C'est elle qui a reçu le plus de coups. Sa sœur cadette Fabienne a été tuée par une décharge de carabine dans la hanche, plusieurs coups de crosse sur la tête et quasi totalement décapitée à l'aide de la hachette. Fernando a succombé à une décharge de fusil de chasse tirée de bas en haut, à un angle de soixante-dix degrés sous la mâchoire.

Une fois que les gendarmes ont fait les prélèvements nécessaires et pris des clichés de la scène de crime, les pompiers nettoient minutieusement les lieux. Ils pensent bien faire, car ils veulent éviter un choc supplémentaire aux parents des victimes. Les Soubie, partis en vacances à Argelès-sur-Mer, ont été prévenus et sont sur le chemin du retour, avec leur benjamine Myriam et leur petite-fille Sabrina, la fille du couple Rodriguez.

En fin de journée, pour les gendarmes de Saint-Gaudens une évidence s'impose : ils ont affaire à un drame familial. Fernando a massacré les deux sœurs avant de se suicider. Cela semble tellement incontestable que le substitut du procureur ne demande même pas l'ouverture d'une information judiciaire. C'est la veille du pont du 14-juillet, tout le monde est pressé de partir en week-end.

Les autopsies du médecin légiste confirment la théorie des gendarmes : les deux sœurs Soubie sont mortes avant Fernando. Celui-ci a donc pu tuer son épouse et Fabienne en fin d'après-midi, tenter de faire disparaître les traces, puis se suicider dans le cellier vers vingt heures. Plusieurs auditions confortent d'ailleurs les gendarmes dans cette voie. D'après Jean Soubie, le père des filles, Fernando connaissait bien les fusils de la maison. Il savait où les trouver, et surtout comment assembler celui qui lui a servi à se suicider, car l'arme était conservée démontée dans une armoire.

La personnalité de Fernando expliquerait aussi le terrible drame. Cet homme d'origine portugaise, qui avait servi son pays en Angola pendant la guerre, avait déjà tenté de se suicider un an auparavant après une violente dispute avec sa femme Joëlle. Le couple battait de l'aile. Fernando allait mal et était capable d'accès de colère terribles, comme c'était arrivé quelques mois plus tôt lors d'une altercation avec des gitans… Le couple vivait chez les parents Soubie depuis plusieurs mois, en attendant la fin de la construction de leur maison. Fernando travaillait comme cantonnier à la mairie de Huos, un emploi qu'il devait aux relations de son beau-père, Jean Soubie, un artisan-ferronnier qui avait bien réussi et le faisait sentir à son gendre.

Le rapport de la brigade de gendarmerie de Saint-Gaudens ne traîne pas. Le 25 août 1988, les gendarmes concluent à un double meurtre suivi d'un suicide. Pourtant, ce scénario ne plaît pas à tout le monde, en particulier à la famille Rodriguez qui ne veut pas croire à un coup de folie et porte plainte contre X dès le 4 août 1988. Le 26 août, une information est donc ouverte, et une nouvelle enquête, confiée cette fois à la section de recherches de la gendarmerie de Toulouse, débute. Elle est dirigée par Kouider Lakhal qui se rend sur place avec son équipe pour discuter avec les parents des sœurs Soubie.

Les enquêteurs ont très rapidement la conviction que l'affaire a été bâclée. Ils sont persuadés qu'Henri-Jean Jacomet, jusque-là considéré comme victime, cache quelque chose. Son comportement le matin des faits a surpris les pompiers. Certains n'ont pas hésité à murmurer qu'il en faisait presque trop… Le médecin des pompiers a dû lui administrer un calmant, et le jeune homme n'avait pu être auditionné que le lendemain du drame. Pour les enquêteurs, il a joué la comédie pour éviter d'être entendu et avoir le temps de préparer sa défense. D'ailleurs, sa mère ne s'est-elle pas empressée de laver ses vêtements tachés de sang ? Et le père des victimes n'a-t-il pas précisé que Henri-Jean savait où se trouvaient les fusils et qu'il en connaissait le maniement ? Qui plus est, Jean Soubie, qui ne s'en cache pas aux gendarmes de Toulouse, n'a jamais aimé son gendre. Trop rustre et trop indépendant à son goût.

Les langues se délient peu à peu, et il apparaît au fil des dépositions que le couple Jacomet n'était pas aussi harmonieux que Henri-Jean le laissait croire. Sa belle-famille ne le dépeint plus comme un brave gars, mais comme un homme cruel, égoïste, volage, mesquin et brutal. Ils ne l'ont jamais apprécié et ont toujours pensé que leur fille avait fait un mauvais mariage. Selon eux, Henri-Jean avait obligé Fabienne à vivre dans un taudis infesté de rats. Il l'avait trompée et avait dépensé tout l'argent du ménage dans l'achat d'une jument et d'une voiture de sport. Toute la famille s'y met pour décrire le calvaire relationnel que vivait Fabienne. Et pour parfaire le tableau, Anne-Paule, la sœur de Fernando, donne aux enquêteurs un mobile : Fabienne n'était pas heureuse dans son couple et elle avait entretenu une relation secrète avec l'oncle de Fernando, le mari de sa sœur.

Dinis Rodriguez avait vingt ans de plus que Fabienne. La jeune femme s'était amourachée de lui dès l'enfance. Quand il était parti travailler aux États-Unis comme maître d'hôtel, Fabienne avait commencé à rêver d'Amérique. Dinis ne parlait pas français. D'après Anne-Paule, qui servait de traductrice aux deux amoureux et de confidente à Fabienne, ils avaient flirté plusieurs fois avant le mariage de Fabienne avec Henri-Jean. Surtout, ils s'étaient revus secrètement dix jours avant le drame. Dinis était de passage dans la région, la jeune femme l'avait alors supplié de l'emmener avec lui, dans le New Jersey aux États-Unis, pour échapper à son mari. L'oncle est entendu, il confirme le flirt et fournit aux enquêteurs des lettres d'amour que lui avait écrites Fabienne. Il explique que cette histoire était restée platonique et qu'il avait toujours refusé les avances de la jeune femme, ne voulant pas créer de problèmes entre les deux familles.

Interrogé sur ce rival d'outre-Atlantique, Jacomet tombe des nues. Il dit ignorer l'existence de cet oncle de Fernando. Pour lui, son mariage avait effectivement connu des débuts difficiles alors que le couple habitait dans la maison vétuste héritée de sa grand-mère, mais tout allait bien depuis qu'ils avaient emménagé dans un appartement de fonction, au-dessus de l'école où Fabienne travaillait comme aide maternelle.

Pour les gendarmes, il n'y a pas de doute possible : Fabienne voulait quitter son mari pour aller retrouver Dinis. Henri-Jean ne l'a pas supporté, il l'a tuée ainsi que sa sœur Joëlle qui a dû tenter de s'interposer. Ils ont un mobile, et les imprécisions du dossier parachèvent la construction de Jacomet en coupable idéal.

En effet, la principale faiblesse du dossier concerne les autopsies des trois victimes, qui ne permettent pas de fixer avec précision l'heure des décès. La fourchette donnée par les légistes est très large. Au vu de l'examen des bols alimentaires, expertise peu fiable, les deux femmes seraient décédées dans l'après-midi, quatre à cinq heures après le déjeuner. Pour déterminer l'heure à laquelle elles ont été tuées, les gendarmes se fondent sur des déductions : Fabienne et Joëlle sont mortes, à peu de chose près, à la même heure, comme en témoigne la rigidité cadavérique des deux corps. La casserole de lait et la coupe de fruits ont été renversées, ce qui laisse supposer qu'elles ont été surprises en prenant leur café dans la cuisine, comme le faisaient quotidiennement la mère et sa cadette, vers seize ou dix-sept heures.

La mort doit donc se situer entre 16 h 30 et 17 h 30. Or, à cette heure-là, Fernando Rodriguez dispose d'un alibi : il travaillait dans le village et a été vu par plusieurs témoins. Pour Jacomet, les choses sont plus délicates. Son emploi du temps pour la journée du 12 juillet est décortiqué par les enquêteurs, et des incohérences apparaissent. Tout d'abord, il raconte qu'il est rentré du travail à 5 h 30 du matin et a dormi jusqu'à treize heures. Il est ensuite allé soigner ses chevaux puis s'est rendu en voiture chez les Lacaze leur déposer une licence de foot. Il était 14 h 30 environ. Il a ensuite fait le plein d'essence avant de regagner son domicile. Seulement, les Lacaze, eux, ne se remémorent plus trop l'heure exacte à laquelle le jeune homme est passé les voir. Ils ont le souvenir que c'était bien plus tôt, vers 12 h 30, tout au plus. Jacomet raconte qu'il a ensuite trouvé Fabienne chez eux, qu'elle était en train de grignoter du pain et du saucisson en regardant *Côte Ouest,* une série qu'elle ne ratait sous aucun prétexte. Autre incohérence, dans l'estomac de Fabienne, les légistes n'ont retrouvé que du café au lait. Jacomet était ensuite retourné se coucher.

Lors de sa deuxième audition, Jacomet modifie sa version des faits : il dit se souvenir d'avoir roulé à vélo à travers le village à la recherche de Fernando, son beau-frère, à qui il voulait donner un instrument à aiguiser, en vain. Ses confusions sèment le doute. À l'heure estimée du meurtre des deux sœurs, entre 16 h 30 et 18 h 30, son alibi est particulièrement fragile : il prétend avoir fait une sieste avant la reprise de son travail, de nuit, à l'usine. Vers 17 h 30, il a été réveillé par une voisine qui sonnait, mais il a préféré ne pas répondre. Quand il a fini par se lever, à 18 h 30, il a trouvé un mot de sa femme lui disant de venir la retrouver chez ses parents. Il s'y est rendu, a sonné, mais personne ne lui a répondu. Pensant que les deux sœurs étaient sorties faire des courses, il est rentré chez lui.

En fin de journée, à l'heure probable du décès de Fernando, entre dix-neuf heures et 20 h 20, l'alibi de Henri-Jean Jacomet semble en revanche très solide : il prenait l'apéro chez lui avec son ami Thierry Burella, lequel en a d'ailleurs spontanément parlé aux gendarmes qui l'ont entendu le 17 juillet 1988. Alors, quand la section de recherches de Toulouse l'interroge à nouveau, Thierry maintient sa première version : entre 19 h 10 et 20 h 30, il était avec Henri-Jean chez lui. Avec son témoignage, Thierry Burella s'attire énormément d'ennuis. Pendant plusieurs mois, les gendarmes ne le lâchent pas. Il est placé en garde à vue ; sa maison et celle de ses parents, à Huos, sont perquisitionnées. La pression qui est mise sur lui est intense... Si bien qu'après avoir été interrogé plus de quinze fois, il finit par laisser entendre que, peut-être, il a des doutes sur son ami et qu'il se rappelle l'insistance avec laquelle Jacomet lui avait demandé ce qu'il avait dit aux gendarmes lors de sa première déposition en juillet 1988. Dans leur procès-verbal d'audition, les gendarmes écrivent noir sur blanc que Thierry Burella soupçonne son ami.

LA DATATION DE LA MORT

En France, un individu est considéré comme mort s'il ne présente pas de signes de vie apparents comme la respiration, la circulation sanguine, l'activité cérébrale, si ses fonctions vitales sont interrompues et s'il présente des signes de morbidité.

En criminologie, le médecin légiste dispose de différentes méthodes pour estimer l'heure, la date ou l'espace de temps où s'est produit le décès. Ces techniques dépendent du moment de la découverte du cadavre.

Le dispositif le plus utilisé est celui de l'analyse thermique du corps, dont la température s'abaisse progressivement, avec un début moins marqué durant les premières heures, la perte d'un degré par heure ensuite et un ralentissement jusqu'à s'aligner sur la température ambiante.

Le professeur de médecine légale Claus Henssge, de l'université de Essen en Allemagne, a inventé un outil, le nomogramme, qui permet de préciser la datation de la mort en fonction de la température du corps, de la température ambiante et de la masse de l'individu. Le calcul diffère suivant la température extérieure au corps, la ventilation, l'humidité, les habits ou l'absence d'habits du cadavre... et ne peut donner qu'une estimation dans une fourchette horaire.

On peut aussi dater la mort en analysant la rigidité cadavérique (*rigor mortis*) qui va toucher l'ensemble des muscles striés du corps. La rigidité débute entre trois et quatre heures après le décès. Elle atteint son intensité maximale à vingt-quatre heures post mortem, et se maintient ensuite entre douze et trente-six heures. Puis elle disparaît progressivement en deux ou trois jours, lorsque la putréfaction apparaît. Elle touche d'abord les muscles de la mâchoire et de la nuque, puis les membres supérieurs et inférieurs[1].

Un autre dispositif permet de constater les lividités cadavériques (*ou livor mortis*), du fait de l'apparition d'une coloration violacée de la peau liée à un déplacement de la masse sanguine qui débute dès la mort de l'individu et l'arrêt de l'écoulement du sang. Les lividités cadavériques se répartissent de manière caractéristique sur le cadavre. Elles apparaissent d'abord sur le cou et s'étendent ensuite à d'autres régions de l'organisme. La vitesse de formation des lividités est variable. Elles sont visibles à partir de la deuxième heure après la mort et deviennent de plus en plus marquées pour atteindre le maximum de leur intensité à la douzième heure.

Dans les affaires criminelles, les lividités peuvent indiquer un éventuel changement de position du cadavre, si leur emplacement constaté ne correspond pas à celui attendu. La teinte des lividités cadavériques donne des renseignements sur la cause de la mort. Des lividités rouge carmin sont typiques d'une intoxication au monoxyde de carbone,

1..https://www.police-scientifique.com/medecine-legale/constatation-de-la-mort#La_rigidite_cadaverique

bleu ardoise elles sont entre autres le signe d'un surdosage médicamenteux ; rouge très sombre, elles sont la marque d'une asphyxie mécanique, c'est-à-dire d'une strangulation.

On peut aussi choisir le dosage du potassium contenu dans l'humeur vitrée de l'œil. Lorsque l'organisme cesse son activité, les cellules libèrent progressivement du potassium. L'avantage de cette méthode est qu'elle est utilisable pendant quelques jours et jusqu'à une semaine après le décès.

L'analyse de la putréfaction – la décomposition des tissus organiques sous l'influence prépondérante des bactéries hébergées par l'individu – est également utilisée pour des cadavres découverts plus tardivement. La putréfaction débute par l'apparition de taches vertes au niveau du ventre, qui s'étendent ensuite à tout l'abdomen puis le corps du défunt, puis par l'apparition d'insectes nécrophages.

Toutes ces modifications post mortem et leur succession sont accélérées ou retardées par de nombreux facteurs : taille et poids du cadavre, environnement, météorologie, etc.

L'examen du cadavre seul ne permet que trop rarement une datation précise. C'est pourquoi l'étude des insectes nécrophages s'est avérée indispensable à la résolution de certaines affaires. C'est le vétérinaire Jean-Pierre Mégnin (1828-1905), qui, dans son ouvrage *La Faune des cadavres*, publié en 1894, a été le premier à décrire les huit vagues d'insectes qui se succèdent sur les cadavres en décomposition, et dont l'étude permet de dater précisément la mort.

Les confusions dans l'emploi du temps associées aux déclarations de l'ami suffisent à convaincre la juge que Jacomet est l'auteur de la tuerie de Huos. En décembre 1988, alors qu'il nie pourtant toute implication, Henri-Jean Jacomet est placé en garde à vue. Il racontera plus tard que les gendarmes l'ont passé à tabac. Malgré les coups, deux dents cassées et la pression que lui mettent les enquêteurs, le jeune homme maintient sa version. Il dormait à l'heure où les filles ont été tuées et il était avec son ami Thierry Burella à l'heure de la mort de Fernando. Le 6 mars 1989, il est malgré tout inculpé pour le double meurtre des sœurs Soubie et est écroué à la prison Saint-Michel de Toulouse. Du fond de sa cellule, Jacomet crie son innocence.

Pour boucler son dossier d'instruction, le juge a néanmoins besoin des rapports de la police scientifique. Faute d'un mandat du juge, les scellés conservés depuis onze mois par les experts du LIPSE n'ont toujours pas été analysés. Ils le sont finalement en juin 1989. Mais les experts sont soumis à la pression des gendarmes de la section de recherches de Toulouse pour que leurs conclusions aillent dans le sens de leur enquête.

Et c'est tout l'inverse qui se produit… Le 8 juillet 1989, le rapport tombe : pour les experts, Fernando Rodriguez a tué les deux sœurs avant de se suicider. Depuis sa cellule Henri-Jean Jacomet apprend l'existence du rapport et entame une grève de la faim. Elle durera un peu plus de trois semaines : il sera libéré le 27 octobre, pour absence de preuves, mais il est interdit de séjour dans quatre départements : la Haute-Garonne, l'Ariège, le Gers et les Hautes-Pyrénées.

Comme les conclusions rendues en juillet 1989 réfutent sa vision du dossier, le juge d'instruction demande de nouvelles expertises balistiques, qui se révèlent toutes contradictoires. Pour certains experts, le bras de Fernando était trop court pour qu'il ait pu actionner la détente du fusil posé sous sa mâchoire. Fernando n'a donc pas pu se suicider. On fait exhumer le corps afin que des mesures soient prises : et surprise, la longueur du bras est supérieure de cinq centimètres à celle relevée précédemment, ce qui rend possible le suicide. Cependant, aucun expert ne parvient à déterminer avec certitude si le coup a été tiré à bout touchant ou à bout portant, ce qui remet en question l'histoire de la longueur du bras...

En mai 1990, un nouveau juge est saisi de l'affaire. Il mandate un laboratoire privé bordelais spécialisé dans l'investigation criminelle, le CARME (Centre d'application et de recherche en microscopie électronique), considéré comme un centre de pointe à l'époque. Les techniciens y travaillent à partir de photos et rendent en novembre 1990 des conclusions catégoriques : Fernando ne s'est pas suicidé et n'a pas pu tuer les sœurs non plus.

Les conséquences sont immédiates : le 30 novembre 1990, le juge d'instruction inculpe Henri-Jean Jacomet pour le triple meurtre de Fernando Rodriguez, Joëlle et Fabienne Soubie, et le fait incarcérer. Il sera remis en liberté trois mois plus tard, le 19 février 1991, après une seconde grève de la faim.

Le juge ne désarme pourtant pas. Quelques jours plus tard, il décide de procéder à une nouvelle exhumation du corps de Fernando Rodriguez pour déterminer, une fois pour toutes, s'il s'est suicidé ou si Jacomet l'a abattu. Cette fois, il ne s'agit pas de son bras mais de sa tête. Le juge veut savoir si les légistes n'auraient pas omis d'autres traces de coups que la décharge du fusil. Deux ans et demi après le décès, l'examen est délicat... Le légiste confirme que la mort résulte d'une blessure par balle de bas en haut, mais exclut une autre blessure significative qui aurait pu entraîner la mort avant de la maquiller en suicide. Concrètement, le juge n'est pas plus avancé.

Depuis le début, l'affaire divise. Chez ceux qui travaillent sur l'affaire, il y a les pro- et les anti-Jacomet. Chez les experts, un clivage s'opère entre les équipes du LIPS de Toulouse et celles du CARME de Bordeaux. Chez les gendarmes, mêmes divisions. Ceux de Saint-Gaudens et de Barbazan n'ont pas apprécié les critiques de leurs confrères de la section de recherches de Toulouse, qui eux-mêmes n'arrivent pas à se mettre d'accord. Chez les magistrats, la chambre d'accusation retire le contrôle judiciaire au juge d'instruction lors de la seconde libération de Jacomet et infirme plusieurs décisions du juge. Enfin, chez les habitants d'Huos, qui vivent depuis quatre années divisés, un corbeau sévit en envoyant des menaces de mort et des cercueils aux Jacomet. Les tensions sont palpables partout dans le village, divisé en deux clans. La sœur d'Henri-Jean Jacomet et la mère de Fabienne Soubie en viennent ainsi aux mains sur le parking d'un supermarché, Caddie contre bombe lacrymogène. L'affaire se termine à la gendarmerie de Montréjeau qui, dans la nuit, sera visée par des tirs d'arbalète… L'affaire vire au western.

En 1993, après d'ultimes expertises, qui ne peuvent ni préciser l'heure du décès des sœurs ni confirmer si Fernand s'est suicidé, l'instruction est bouclée. Henri-Jean Jacomet est renvoyé devant les assises de la Haute-Garonne pour répondre du triple meurtre de Huos. Il encourt la perpétuité. À l'époque, l'appel n'existe pas en matière criminelle.

Le procès s'ouvre le mardi 6 juin 1995 à Toulouse. Sept ans après les faits, l'affaire fait toujours autant de bruit. Le président qui a longuement pris connaissance du dossier d'instruction avant l'audience s'attache à démonter une enquête totalement à charge. À la barre, toutes les faiblesses, les imprécisions et les hésitations des expertises sont mises en lumière. L'accusation s'effondre au fil des jours. Le rapport du CARME est discrédité. Un expert du LIPS, de même taille que Fernando, démontre en mimant le geste à l'aide du fusil que ce dernier a parfaitement pu se suicider. Thierry Burella vient confirmer l'alibi de Jacomet et raconte aux jurés toutes les pressions que les gendarmes lui ont infligées au point de le pousser à mentir.

Jacomet est finalement acquitté. À l'énoncé du verdict, des gendarmes de la section de recherches de Toulouse applaudissent pour marquer leur indignation face à l'acharnement dont ont fait preuve certains de leurs confrères… Mais le mystère d'Huos reste entier. Si ce n'est pas Jacomet, alors qui est le meurtrier ? Si Fernando s'est bien suicidé, est-ce lui qui a tué les sœurs Soubie ? Les questions restent en suspens.

Les parties civiles qui rongent leur frein ne peuvent se résigner à ne pas savoir ce qui s'est passé ce 12 juillet 1988. Dix ans après les faits, deux ans après l'acquittement de Jacomet, un avocat toulousain, Simon Cohen, parvient à faire rouvrir le dossier en déposant une plainte contre X.

LA PLAINTE CONTRE X

Plusieurs types de plaintes existent : contre une personne dénommée, contre X, quand on ne connaît pas l'identité de l'auteur, avec constitution de partie civile. Des associations sont également autorisées à déposer plainte dans certaines circonstances énumérées dans les premiers articles du Code de procédure pénale.

Selon le principe du *non bis in idem* qui s'applique dans le droit pénal, une personne ne peut pas être rejugée pour les mêmes faits. L'article 368 du Code de procédure pénale précise : « Aucune personne acquittée légalement ne peut plus être reprise ou accusée à raison des mêmes faits, même sous une qualification différente. »

En revanche, la justice peut reprendre une enquête sur des mêmes faits quand celle-ci concerne de nouvelles personnes. En déposant une plainte contre X, cela peut donc permettre de rebondir sur une décision d'acquittement en proposant un scénario alternatif, ou de reprendre les investigations sur d'autres pistes ignorées ou avec de nouveaux moyens technologiques.

Il ne s'agit donc pas d'une reprise de l'enquête précédente mais d'une toute nouvelle procédure.

Ainsi, il peut arriver que certaines personnes que l'on sait coupables ne puissent pas être rejugées malgré de nouveaux éléments, car elles ont été acquittées.

Henri-Jean Jacomet, malgré son acquittement, a fini par quitter la région pour ne plus être harcelé. Il a refait sa vie et travaille en Vendée.

Un nouveau juge d'instruction qui vient d'être muté dans la région est saisi de l'affaire. Il décide de faire procéder à de nouvelles expertises et charge la section de recherches de Toulouse de reprendre ce dossier dont personne ne veut plus…

En dix ans, la police scientifique a fait des progrès immenses, ce qui va permettre de pousser plus loin les analyses. Les experts de l'Institut de recherche criminelle de la Gendarmerie nationale, l'IRCGN, se rendent à Huos dans la maison du drame. Philippe Esperança est l'un d'eux. Pour cet ancien chercheur du Muséum national d'histoire naturelle reconverti dans la police scientifique, la scène de crime va marquer un tournant de sa carrière. Pour la première fois, il va utiliser une méthode qu'il s'applique à mettre au point depuis plusieurs années : la morphoanalyse des traces de sang.

Lorsqu'il pénètre dans la grande maison, le décor n'a pas bougé depuis treize ans. Les tapisseries n'ont en grande partie pas été changées, et des projections de sang sont encore présentes sur les parties hautes. Les lieux sont passés au Bluestar, et la moindre éclaboussure est relevée. Les experts utilisent aussi les scellés de l'affaire, dont certains sont encore exploitables. Pour la première fois dans ce dossier, des analyses ADN sont réalisées. Elles vont permettre de déterminer précisément à qui appartient le sang retrouvé sur la scène de crime. Ensuite, en croisant ces données, le scénario du massacre du 12 juillet 1988 se dessine la preuve irréfutable de la culpabilité de Fernando. Le blouson qu'il portait ce jour-là, retrouvé dans l'entrée de la maison, à côté du balai-serpillière est expertisé. Sur ce vêtement, à hauteur de l'omoplate droite et dans le bas du dos, sont isolées des traces de sang appartenant aux deux sœurs. Elles proviennent de la hache et du sabre utilisés pour tuer les deux femmes et ont été déposées à l'arrière du blouson par le mouvement de bras du meurtrier lorsqu'il portait les coups. Pour Philippe Esperança, ce sont des coulures typiques d'un mouvement de bas en haut… Et ce n'est pas tout : les enquêteurs avaient retrouvé un bouton cassé qui provenait du polo que portait Fernando le jour de sa mort. Le cadavre portait une trace carrée sur la poitrine, au niveau de ce boutonnage, faisant penser à des marques laissées par le côté plat de la hache lorsque Fernando avait porté des coups à ses victimes.

En 2001, le rapport de la gendarmerie de Toulouse est sans appel : Fernando a tué sa femme et sa belle-sœur qui s'interposait, il a tenté de nettoyer les lieux, a renoncé et s'est suicidé quelques heures après dans le cellier. Fernando est reconnu coupable. Un non-lieu est prononcé, l'action judiciaire étant éteinte du fait de la mort du suspect.

Henri-Jean Jacomet est retourné vivre dans la région d'Huos. Si la situation avec les habitants du village s'est apaisée, il restera à jamais la victime, vivante, d'un véritable acharnement judiciaire.

Affaire Élodie Kulik

C'est l'histoire d'un père qui s'est battu pendant vingt ans pour confondre les assassins de sa fille. En janvier 2002, Élodie Kulik, vingt-quatre ans, est retrouvée morte en Picardie. Les gendarmes ont un ADN mais pas de correspondance. Des dizaines de pistes sont explorées… À chaque fois, c'est l'impasse. Pourtant, Jacky, le père de la jeune femme violée et assassinée, ne perd pas espoir. L'enquête prendra des années avant que la vérité éclate enfin.

Il est minuit passé, ce 11 janvier 2002, quand le téléphone sonne au poste de commandement des pompiers de la Somme. Une opératrice décroche. Au bout du fil, une jeune femme hurle : «Au secours ! Ils m'assassinent ! » Dans le combiné résonnent ensuite des bruits de pas, une bousculade et des voix d'hommes qui se superposent : « Il faut la finir… » Les cris d'effroi de la femme sont coupés net. L'opératrice rappelle le numéro. Personne ne répond. La gendarmerie est prévenue.

Le lendemain matin, le téléphone sonne chez Jacky et Rose-Marie Kulik. Les époux pensent que c'est Élodie, leur fille, qui les appelle pour leurs trente-trois ans de mariage. Jacky décroche. C'est un gendarme qui lui apprend que la voiture d'Élodie a été retrouvée accidentée en bordure de la route à cinq kilomètres de chez elle, à Péronne. La jeune femme, elle, est introuvable. Jacky part tout de suite à l'endroit de l'accident.

En arrivant sur les lieux, Jacky constate que la Peugeot 106 grise de sa fille est posée sur ses quatre roues, dans un champ, à cinquante mètres de la route. Le train avant et le hayon sont cabossés, le clignotant droit et le plafonnier sont allumés. La radio est encore en marche, les clés sont sur le contact, et le sac d'Élodie est posé sur le siège passager. Les gendarmes expliquent à Jacky qu'ils privilégient la thèse de l'accident. Il n'y a pas de traces de sang dans l'habitacle. Ce qui leur semble inquiétant, c'est qu'Élodie a disparu. Ils ont vérifié, elle n'a été admise dans aucun hôpital de la région.

Les gendarmes vont alors retracer l'emploi du temps de la jeune femme et entendre les dernières personnes à l'avoir vue. Elle a quitté son travail vers 17 h 30 et a rejoint un ami à Saint-Quentin. Hervé Croisile confirme qu'ils ont passé la soirée du 10 janvier ensemble. Ils ont dîné dans un restaurant chinois, puis ont bu un thé chez lui. Élodie est partie un peu avant minuit. Hervé lui a fait un petit signe de la fenêtre quand elle est montée dans sa voiture, garée en bas de l'immeuble. Il n'a rien remarqué de suspect. Il savait qu'elle n'avait qu'une demi-heure de route pour arriver chez elle, à Péronne.

Le samedi 12 janvier, un appel à témoin avec la photo d'Élodie est diffusé à la une du *Courrier picard* et en accord avec les enquêteurs, son père a lancé un avis de recherche. Tout le monde parle de la disparition de « la banquière de Péronne ». À vingt-quatre ans, Élodie était déjà directrice de l'agence locale de la Banque de Picardie.

Vers dix heures, Éric Retourné, un agriculteur de Tertry, dans la Somme, à quelques kilomètres de Saint-Quentin, se rend avec son tracteur à la décharge en sortie du village. Il aperçoit une silhouette couchée dans un champ. Il s'approche et découvre le corps d'une femme, couché sur le dos, à moitié nu, en partie brûlé. Son visage et ses cheveux blonds sont intacts. Éric reconnaît la personne sur la photo diffusée dans le journal du matin.

Les parents, qui attendent chez eux, entourés de quelques amis venus les soutenir, sont prévenus par un appel de la gendarmerie. Jacky décroche. Il a reconnu le numéro entrant et active le haut-parleur. En entendant la voix grave du gendarme, Rose-Marie s'écrie : « C'est pas vrai ! C'est pas vrai ! », puis s'effondre. Jacky reste les yeux dans le vide, un silence lourd s'installe. Les époux filent à l'hôpital. Ils veulent voir le corps de leur fille. Les gendarmes essaient de les en dissuader, mais Jacky insiste : « C'est la seule chose qui peut me convaincre que ce qui est arrivé est vrai. » Il regarde le corps meurtri de sa fille sans dire un mot. Des larmes coulent sur ses joues. Il apprend qu'Élodie a été violée, puis étranglée à mains nues, et qu'elle était déjà morte quand ses agresseurs l'ont aspergée d'essence et mis le feu.

L'enquête débute. Le capitaine Thierry Fouache de la section de recherches de Péronne est confiant. Il pense que le meurtrier sera vite identifié, car le violeur a laissé son ADN sur le corps de la jeune femme, et dans un préservatif abandonné à côté. L'ADN retrouvé est comparé dans la base de données du Fichier national automatisé des empreintes génétiques (FNAEG). Sans succès.

Les gendarmes explorent alors la piste des appels passés par Élodie avant sa mort, et notamment ce fameux coup de téléphone aux pompiers. Un appel de vingt-six secondes qui paraissent interminables, pendant lesquelles on entend deux hommes à l'accent picard et les cris d'Élodie qui glacent le sang. Le père de la jeune femme demande à écouter la bande. Alors que les gendarmes le lui déconseillent, Jacky insiste. Il tiendra le coup, pour Élodie. Peut-être qu'il identifiera une voix... Jacky écoute mais ne reconnaît personne, à part sa fille.

Le lendemain matin, une piste inattendue se présente. Les policiers ont arrêté un homme qui a agressé une femme le soir du 10 janvier, devant Le Pavillon de Shanghai, un restaurant chinois de Saint-Quentin. Le restaurant dans lequel, au même moment, Élodie était en train de dîner avec son ami Hervé. C'est peut-être ce même homme qui l'a suivie plus tard dans la soirée. Les gendarmes placent l'agresseur en garde à vue. L'homme est un délinquant sexuel multirécidiviste. Il reconnaît l'agression de la femme devant le restaurant, mais il jure qu'il n'a rien à voir avec la mort d'Élodie. Son ADN est comparé à celui retrouvé sur la scène de crime. Le résultat est négatif.

Élodie est enterrée au cimetière de Lens, au milieu des puits de mine à l'arrêt, et à quelques centaines de mètres de l'école où Jacky a appris à lire et à écrire. Fils de mineur, ce dernier n'avait que douze ans quand il a perdu son père. Très tôt, il a dû affronter les épreuves de la vie. Devant la tombe de sa fille, il prend la parole et jure d'une voix cassée par l'émotion de ne jamais abandonner tant que les meurtriers n'auront pas été amenés devant la justice.

Mais le temps passe sans qu'aucun élément nouveau ne vienne faire avancer les recherches... jusqu'à ce que, cinq mois plus tard, le 8 juillet 2002, le cadavre à moitié dénudé d'une jeune femme de dix-neuf ans soit retrouvé à Ville-sur-Ancre, à trente kilomètres de Péronne. Patricia Leclercq a été violée et étranglée. Son vélo gît en bord de route. La découverte macabre fait l'effet d'une bombe et on commence à redouter qu'un « tueur de femmes » rôde dans la région.

À bout de nerfs face à une enquête qui n'avance pas, Rose-Marie Kulik, la mère d'Élodie, avale des somnifères pour tenter d'en finir. Jacky, qui la découvre inanimée le matin, appelle les secours. Rose-Marie est sauvée, mais son cerveau a subi des dommages irréversibles. Elle est plongée dans le coma. Jacky s'occupe de sa femme tous les jours, il continue à lui parler, persuadé qu'elle peut l'entendre.

Un mois plus tard, le 21 août 2002, un autre corps est retrouvé à Villers-Bretonneux, à quarante kilomètres de Péronne. Christelle Dubuisson, dix-huit ans, a été violée, poignardée, à moitié écrasée sous un fourgon utilitaire. La piste d'un tueur en série est prise au sérieux. L'inquiétude monte, les femmes ne sortent plus seules le soir.

En signe de soutien à la famille, Jacky Kulik est présent aux obsèques de Christelle le 29 août. Les médias commencent à s'intéresser à ce Père Courage. Devant les caméras, il explique : «Je suis là pour montrer au tueur que s'il continue, je continue aussi.»

Trois mois passent, le froid arrive. Jacky est dans sa voiture quand il entend à la radio que le tueur de Patricia Leclercq vient d'être arrêté. Il s'appelle Jean-Paul Leconte. Il a été identifié par son ADN retrouvé sur les vêtements de la jeune femme. Jacky se rend sur-le-champ chez Leconte, à Méaulte. «Il fallait que j'aille voir dans quel milieu il vivait» expliquera-t-il. Derrière les bandeaux de sécurité « Zone interdite », il observe les gendarmes qui perquisitionnent une petite maison en briques. Une vieille femme proteste : «Ce n'est pas possible, vous vous trompez, mon petit-fils ne peut pas être ce monstre que vous recherchez!» Les enquêteurs sont persuadés de détenir le triple meurtrier de la Somme. Quelques jours plus tard, la déception est grande : Leconte était en prison, en janvier, quand Élodie a été tuée. Il ne peut pas être son meurtrier. D'ailleurs, son ADN ne matche pas avec celui trouvé sur la scène de crime.

Une année s'est écoulée depuis la mort d'Élodie, et l'enquête n'a pas encore permis d'identifier un coupable. Ce que Jacky ne sait pas, c'est qu'à ce moment-là, à Saint-Simon, à une trentaine de kilomètres de Péronne, une jeune femme est venue à plusieurs reprises déposer plainte à la gendarmerie contre son mari qui la frappe. L'homme, un dénommé Grégory Wiart, l'aurait menacée en disant : «Je vais te brûler, comme les autres. Je vais te brûler et te violer ! » Les gendarmes ont enregistré les plaintes de Katy Dudebout, mais ne sont pas intervenus. Quand la jeune femme revient avec des lettres qu'elle a reçues et qui reprennent les mêmes menaces, ils décident de planquer devant la boîte aux lettres où les courriers ont été postés, à Jussy, un village voisin. Ils découvrent que c'est Katy elle-même qui postait ces lettres, pour que son affaire soit prise au sérieux expliquera-t-elle. Les gendarmes entament une procédure pour dénonciation mensongère, mais l'affaire ne va pas plus loin. Elle reviendra hanter Jacky et les gendarmes dix ans plus tard.

De son côté, Jacky continue son combat. Grâce à la prime d'indemnisation des victimes qu'il a reçue, il offre une récompense à quiconque lui apportera des éléments permettant de mener à l'arrestation des bourreaux de sa fille. Il reçoit des coups de fil d'anonymes qui prétendent détenir une information importante. Jacky les trie, et se rend sur place quand la piste lui semble intéressante. Aucune n'aboutira.

En juillet 2011, Rose-Marie meurt, après neuf années de coma. Jacky reste seul. Dans les moments de désespoir, il retourne au cimetière sur la tombe de sa fille et de sa femme. Il renouvelle à chaque fois sa promesse de ne pas abandonner avant d'avoir retrouvé ses meurtriers. Et pour cause, si l'affaire ne sera jamais enterrée, c'est grâce à sa détermination. Tous les ans, Jacky organise une messe et une marche blanche en mémoire de sa fille, comme des piqûres de rappel pour qu'on n'oublie pas sa fille.

Le 16 janvier 2012, alors que dix années sont passées depuis la mort de sa fille, le téléphone de Jacky Kulik sonne. De l'autre côté de la ligne, le juge d'instruction qui lui dit : « Monsieur Kulik, j'ai une bonne et une mauvaise nouvelle. Nous avons retrouvé l'assassin de votre fille. Il s'appelle Grégory Wiart. La mauvaise nouvelle est qu'il est mort dans un accident de voiture, le 1er novembre 2003, moins de deux ans après le meurtre d'Élodie. » Ni une ni deux, Jacky se rend sur la tombe de Wiart, à Montescourt-Lizerolles. La sépulture est recouverte de plaques avec des petits textes : « Toi qui étais la gentillesse même... toi qui étais amour... » Révolté, Jacky demande à la famille de retirer au moins une partie de ces plaques. Mais rien ne sera fait.

C'est une première en France. Grégory Wiart a été identifié par une nouvelle technique, la recherche d'ADN de parentèle, mise au point par Emmanuel Pham-Hoai, un jeune gendarme, biologiste de formation. Le gendarme de la section de recherches s'était interrogé sur la manière de faire parler l'ADN prélevé en 2002 et pour lequel on n'avait retrouvé aucune correspondance. Ses recherches avaient ainsi permis d'identifier un profil génétique similaire, celui d'un certain Patrick Wiart, condamné à trois ans de prison pour agression sexuelle sur mineur. Il s'agit du père de Grégory Wiart, plombier à Montescourt-Lizerolles, décédé dans un accident de voiture après avoir percuté, à contresens, un camion chargé de betteraves sur une des départementales qui traverse la plaine de la Somme. Une ligne droite comme celle sur laquelle Élodie a eu son accident. Les gendarmes font exhumer le cadavre de Grégory Wiart, pour comparer son ADN à celui du violeur d'Élodie. Et cela matche !

L'ADN DE PARENTÈLE

En 2012, l'expert de l'Institut de recherche criminelle de la Gendarmerie nationale, le biologiste Emmanuel Pham-Hoai a eu l'idée de s'inspirer d'une technique venue des États-Unis et d'Angleterre : la recherche en parentèle.

Le principe ? Chercher au sein du Fichier national automatisé des empreintes génétiques, le FNAEG, une concordance non pas parfaite mais partielle. Autrement dit, on cherche à identifier l'auteur des faits par le biais de l'un des membres de sa famille qui pourrait être fiché.

« Un profil génétique, c'est 50 % du père et 50 % de la mère pour chaque individu. J'ai donc demandé que l'on recherche dans le fichier tous les profils génétiques qui présentent 50 % de similitude avec celui retrouvé. »

Le niveau de précision décroît mais permet de réduire le champ des investigations en élargissant la base des proches pour ensuite se concentrer sur une ou plusieurs pistes plus sûres.

Jacky Kulik ne le sait pas, mais après cette découverte les gendarmes continuent l'enquête afin d'identifier les complices de Grégory Wiart, notamment la seconde voix présente sur l'enregistrement de l'appel de détresse d'Élodie. Ils ont placé sur écoute toute la famille et l'entourage de Wiart… et avec la diffusion du nom du violeur d'Élodie, l'un des amis de Wiart semble particulièrement inquiet.

Le 16 janvier 2013, sept hommes sont placés en garde à vue. Tous sont des proches de Grégory Wiart et sont membres d'un club de 4x4. Les gendarmes leur font écouter l'enregistrement. Cinq d'entre eux reconnaissent la voix de Willy Bardon, le meilleur ami de Grégory Wiart. L'homme fait partie des gardés à vue. Lui aussi écoute l'enregistrement. Surpris de reconnaître sa voix, il dit ne pas comprendre comment elle a pu se retrouver sur cet enregistrement. Puis il se rétracte. Cette voix n'est pas la sienne, il ne sait pas à qui elle appartient. Parmi les autres témoins invités à écouter l'enregistrement figurent son propre frère et Katy Dudebout, l'ex-compagne de Grégory Wiart. Tous deux sont formels : cette voix est celle de Willy Bardon. Celui-ci est mis en examen pour « enlèvement, séquestration, viol en réunion et meurtre » et incarcéré.

Deux mois plus tard, les gendarmes organisent une reconstitution sur le lieu où le corps d'Élodie a été retrouvé. Jacky Kulik est là. Bardon dit ne pas connaître l'endroit et ne rien savoir de ce qu'il s'est passé la nuit du 11 janvier 2002. Ses avocats font appel de chaque décision de la chambre d'instruction et déposent des demandes de libération. En mai 2014, Bardon est finalement libéré, avec port obligatoire d'un bracelet électronique. Jacky est révolté, mais il est certain qu'un procès d'assises aura lieu.

Le procès de Willy Bardon débute le 21 novembre 2019, dix-sept ans après le meurtre d'Élodie. Le public forme une longue file d'attente devant le palais de justice d'Amiens. Jacky monte les marches, entouré de sa famille, pendant que Willy Bardon entre par une porte dérobée pour échapper aux caméras. Pendant trois semaines, tous les détails du dossier sont évoqués, mais tout ne repose finalement que sur la bande-son et la voix des agresseurs, sur l'amitié qui liait Bardon à Wiart et sur le profil de Bardon, grand amateur de femmes et de fêtes de village. Ses avocats plaident l'acquittement.

La salle est tendue lorsque le verdict tombe après seulement deux heures de délibération : Willy Bardon est reconnu coupable et écope de trente ans de prison. Dans le silence pesant de la salle d'audience, l'accusé sort quelque chose de sa poche, le met dans sa bouche, puis boit la bouteille d'eau qui se trouve devant lui. Les policiers qui l'entourent le ceinturent et l'évacuent. Bardon a avalé des pesticides qu'il avait cachés dans des capsules de paracétamol. Il est emmené aux urgences où les médecins lui sauvent la vie.

Le procès en appel, en juillet 2021 à Douai, confirmera la condamnation.

LA COUR DE CASSATION

Après sa condamnation en appel, Willy Bardon s'est pourvu en cassation.

La Cour de cassation est la plus haute instance judiciaire française. Elle unifie et contrôle l'interprétation des lois par les tribunaux et permettant de garantir une égalité de traitement devant les juges. Ses attributions sont fixées par le livre IV du Code de l'organisation judiciaire.

Si la France ne dispose pas de cour suprême à l'américaine, la Cour de cassation constitue avec le Conseil constitutionnel et le Conseil d'État, l'une des trois juridictions essentielles du pays.

La Cour de cassation intervient sur la forme des jugements, par sur le fond. Elle est juge du droit mais pas des faits. Elle ne réexamine pas les jugements mais vérifie que les cours et les tribunaux ont correctement compris et respecté la loi.

Elle peut casser une décision de justice, ce qui l'annule et renvoie l'affaire devant une autre juridiction pour être rejugée (un dixième des cassations est immédiat et définitif).

La Cour est saisie de plus de sept mille pourvois au pénal et d'environ treize mille pourvois au civil, social ou commercial chaque année. En matière pénale seule, elle en traite environ trois mille et en casse un cinquième.

Au cours d'une procédure, il arrive que les tribunaux et les cours d'appel soient confrontés à une question de droit nouvelle qui pose une difficulté d'interprétation particulière.

Les juges ont alors la possibilité de demander à la Cour de cassation de leur apporter un éclairage. On dit que la Cour de cassation est saisie « pour avis ».

Lors d'un procès, les parties peuvent aussi soutenir que l'un des textes applicables à leur litige porte une atteinte aux droits et libertés qui sont garantis par la Constitution. Elles demandent alors que le Conseil constitutionnel soit saisi de ce qu'on appelle une « question prioritaire de constitutionnalité » (QPC). C'est à la Cour de cassation de vérifier que les conditions de transmission de cette question au Conseil constitutionnel sont bien réunies.

Pour Jacky, c'est la fin d'un combat qui a duré presque vingt ans. Après le verdict, il se rend sur la tombe de Rose-Marie, sa femme, pour tout lui raconter. Il aura tenu la promesse faite à Élodie : ne pas abandonner avant d'avoir retrouvé ses meurtriers.

La Cour de cassation a rejeté le pourvoi de Willy Bardon en novembre 2022. La Cour européenne des droits de l'homme (CEDH) a fait de même en septembre 2023. Il est donc définitivement condamné et n'a plus de recours possible.

Affaire Farid Ouzzane

Au cœur de l'été 2011, deux plaisanciers qui naviguent au large de Lorient font une découverte macabre. D'une grosse valise qui flotte devant eux sort un pied humain. Dans cette incroyable enquête, les gendarmes ne disposent au départ que d'un unique indice pour identifier le corps : une clé retrouvée dans une poche. Avec ce seul élément, ils vont remonter jusqu'à un meurtre commis à des centaines de kilomètres de là.

Le 13 juillet 2011, vers 11 h 15, deux plaisanciers repèrent un objet flottant au niveau de la citadelle de Port-Louis, près de la pointe de Gâvres, à l'entrée de la rade de Lorient, dans le Morbihan. Il s'agit d'une valise. Vient-elle d'un autre bateau de plaisance ? d'un cargo transatlantique ? A-t-elle été jetée à la mer à l'approche d'un contrôle des douanes ou des garde-côtes ? Renferme-t-elle de la drogue, de l'argent ou simplement des effets personnels ? Les questions se bousculent dans leur tête. À mesure qu'ils se rapprochent, les deux plaisanciers remarquent que le bagage à la dérive est entouré de la ralingue d'un filet de pêche… et que de la valise entrouverte dépasse un pied humain. Pris de peur et de panique, les deux amis alertent immédiatement par radio VHF le centre régional opérationnel de surveillance et de sauvetage d'Étel. Le bagage doit bien peser cent kilos, il est bien trop lourd pour être hissé à bord. Le voilier donne sa position, les plaisanciers vont le surveiller en attendant les secours.

Les hommes de la gendarmerie maritime arrivent à bord de leur Zodiac, quelques minutes plus tard, et parviennent difficilement à remonter la lourde valise. Ils prennent les précautions nécessaires pour sécuriser la valise sans compromettre d'éventuels indices, puis ils rentrent à terre pour la suite des opérations. Pour ces militaires spécialisés dans la police des pêches, la sécurité des loisirs nautiques et la lutte contre les trafics illicites, c'est le début d'une enquête qui va les mener bien au-delà de leurs habituelles missions en mer.

Le médecin légiste de l'hôpital de Lorient procède à l'ouverture de la valise. Tous ceux qui se trouvaient ce jour-là dans la salle d'examen de la morgue resteront à jamais hantés par la scène qui va suivre… Le contenu de la valise leur soulève le cœur : un corps masculin, enveloppé dans une bâche en plastique, recroquevillé en position fœtale ; il a les poignets, les genoux et les chevilles liés, le visage recouvert de ruban adhésif, du menton jusqu'au front. Si l'individu est habillé, il est en revanche pieds nus, et son pied droit dépasse de la bâche. Trois haltères lestent le bagage qui a passé au moins un mois dans l'eau.

En raison du séjour prolongé en mer, il est difficile d'identifier le corps : les empreintes digitales sont inexploitables, et il est complètement défiguré. Une expertise visant à déterminer l'âge de la victime établit que l'individu a entre quarante ans et cinquante ans. Le cadavre ne présente aucun signe distinctif ni tatouage. Hormis des résidus de café retrouvés sur sa veste et son tee-shirt, les habits n'ont rien de spécifique. La tenue évoque seulement un goût prononcé pour les vêtements de marque : jean bleu de marque Energie en taille 33, ceinture Dolce&Gabbana en cuir patchwork multicolore, blouson

Cerruti 1881, tee-shirt rouge sans manches en taille S et sous-vêtement Calvin Klein. Sans autre élément, le processus d'identification promet d'être très long et complexe. On retrouve cependant dans l'une des poches du pantalon une clé sécurisée de marque Vachette.

L'autopsie révèle néanmoins que l'homme de 1,79 m est d'origine méditerranéenne et qu'il est mort par asphyxie mécanique, à la suite de l'obstruction des voies respiratoires. L'examen fait état de nombreux hématomes avant la mort sur les bras, les épaules, le dos. Une ecchymose importante sur le front semble être le résultat d'un coup violent porté à la tête. Même si cela ne fait pas vraiment de mystère, pour les enquêteurs qui assistent à l'autopsie, le rapport du médecin conclut sans détour à « l'intervention d'un ou de plusieurs tiers ». La thèse du meurtre ne fait absolument aucun doute. Une instruction est ouverte par le parquet de Lorient pour « séquestration et assassinat ».

La priorité pour les enquêteurs est de donner un nom et une identité au corps retrouvé dans la valise. Une dizaine d'enquêteurs, regroupés au sein d'une cellule d'investigation spéciale créée dans les locaux de la gendarmerie maritime, explore toutes les pistes possibles : fichier des empreintes génétiques (aucune correspondance retrouvée), appel à témoin, liste des personnes disparues dans la région et en France. Les gendarmes visionnent les images enregistrées par les caméras de vidéosurveillance du port de pêche, du port de commerce, mais aucun indice ne permet à l'enquête de progresser. Les recherches sont élargies à l'international, avec l'appui d'Interpol : l'hypothèse que la valise ait pu être jetée bien plus au large, depuis un cargo, est sérieusement envisagée. Mais les semaines passent, et, malgré les efforts acharnés des enquêteurs, toutes les recherches s'avèrent infructueuses. Aucun élément ne permet de lever le voile sur l'identité de cet homme, comme s'il semblait ne manquer à personne.

Compte tenu de l'état de la victime après son séjour dans l'eau, il est impossible de diffuser son visage pour tenter de l'identifier. En dernier recours, l'Institut de recherche criminelle de la gendarmerie nationale (IRCGN) est sollicité pour un travail de reconstitution faciale. C'est le département anthropologie hémato-morphologique de l'Institut qui se charge de cette opération.

LA RECONSTITUTION FACIALE

La « reconstitution faciale » permet à partir d'un crâne de reconstruire un visage.

C'est l'Allemand Hermann Welcker qui fut le premier à proposer une méthode de reconstruction. Il réalisa ainsi les visages du peintre et sculpteur Raphaël en 1884 ou du philosophe allemand Emmanuel Kant en 1888.

En 1898, l'anthropologue allemand Julius Kollmann et le dessinateur suisse Werner Büchly élaborent la première méthode scientifique de reconstitution faciale.

C'est Mikhaïl M. Guerassimov, en Russie soviétique, qui publie l'essentiel de sa méthode en 1955 sous le titre *La Reconstitution du visage d'après le crâne*.

En 1986, le laboratoire d'anthropologie de Lyon crée sa propre méthodologie de reconstitution faciale, la méthode DMP, initiales des trois experts – Claire Desbois, Claude Mallet et Raoul Perrot – de l'équipe de reconstitution faciale.

Depuis la découverte de l'ADN, une nouvelle méthode est venue compléter ces recherches en fournissant des portraits-robots dont celui d'Henri IV ou de momies égyptiennes.

En espérant que quelqu'un finisse par reconnaître l'inconnu de la valise, un nouvel appel à témoin est lancé sur la base de cette reconstitution et en diffusant une photo des effets personnels de la victime. La personne retrouvée dans la valise est décrite comme un homme brun entre trente-six et cinquante-six ans, de type méditerranéen, mesurant 1,79 m, à la corpulence moyenne, et chaussant du 40. L'appel à témoin ne donne rien.

Les enquêteurs se concentrent ensuite sur le seul objet retrouvé sur la victime : la clé. Après avoir fait le tour des serruriers et des agences immobilières de Lorient, ils élargissent leurs recherches. Ils remontent jusqu'au fabricant, se rendent à l'usine, listent les fournisseurs qui ont acheté l'une des 399 serrures qui pourraient correspondre. Puis ils prennent directement contact avec chaque serrurier, chaque particulier à qui ces serrures ont été vendues.

En mai 2013, après plus de 140 tentatives infructueuses, c'est finalement un serrurier du Pré-Saint-Gervais qui va leur permettre d'identifier la victime. Laurent Legrand se souvient d'une intervention dans un immeuble situé au 41, rue Boissy d'Anglas dans le 8ᵉ arrondissement de Paris en octobre 2012 chez un homme qui n'a pas donné signe de vie depuis un an et demi. C'est le syndic de l'immeuble qui lui avait demandé d'intervenir pour ouvrir la porte de l'appartement à la suite d'un dégât des eaux. Par chance, le serrurier a conservé le barillet qu'il avait remplacé lors de son intervention, et il correspond bien à la clé retrouvée dans le pantalon de la victime.

Le mystère semble donc se dissiper. Le locataire s'appelle Farid Ouzzane. Les enquêteurs font réaliser des comparaisons ADN grâce à des prélèvements dans son appartement. Les résultats sont positifs, il s'agit bien de l'homme de la valise.

L'affaire connaît alors un tournant incroyable et inespéré que la presse va largement relayer.

Âgé de cinquante-six ans au moment de sa disparition, Farid Ouzzane est un Franco-Marocain né à Créteil en 1955. Personne dans l'immeuble ne l'a plus revu depuis le mois de juin 2011. Personne ne s'en était d'ailleurs vraiment inquiété. Non seulement parce que son loyer continuait d'être payé mais aussi parce que le quinquagénaire était discret, peu sympathique et qu'il était rarement chez lui. L'homme vivait entre Paris et Agadir au Maroc, où il passait beaucoup de temps, menait la grande vie et se faisait appeler « Mickael ».

L'homme était bien connu des services de police. Mêlé à des histoires louches de proxénétisme, il était également lié au milieu du jeu, du banditisme parisien et au monde de la nuit à Pigalle. Il était en réalité un « tonton », c'est-à-dire un informateur des policiers de la brigade de répression du proxénétisme (BRP), l'ancienne brigade mondaine. Avec lui, le marché était simple : il percevait une rémunération – entre 1 500 € et 3 000 € – en fournissant des informations. En échange de quoi son salon de « massage » passait sous les radars de la brigade. Les membres de la BRP confirment qu'ils étaient sans nouvelles de lui depuis le mois de juin 2011. Cela ne les avait pas alertés plus que cela, car les indicateurs sont rarement fiables sur la durée et finissent bien souvent par se volatiliser.

LES INDICATEURS DE POLICE

Pendant longtemps, il n'existait aucune règle qui encadrait les relations entre un indicateur et la police, et la gestion était très décentralisée.

Ces auxiliaires de police qu'on appelle « indics », « tontons » ou « balances » sont indispensables dans la résolution des enquêtes, notamment dans le grand banditisme et le trafic de stupéfiants.

En échange d'informations, et sous couvert d'anonymat, ils peuvent bénéficier d'une immunité ou de rétributions de nature diverse.

Après divers scandales, le rôle des indicateurs (« aviseurs » pour la douane) a été officialisé en mars 2004 avec la loi Perben II. Ils peuvent être officiellement rétribués par le ministère de l'Intérieur pour les policiers et par le ministère du Budget pour les douaniers. Le paiement, net d'impôt, se fait en espèces. En échange, ils doivent être immatriculés dans des fichiers qui recensent leur savoir-faire criminel, le service policier qui les gère, les affaires qu'ils ont amenées et leur rayon d'action. Ces fichiers sont regroupés dans le bureau central des sources qui dépend de la Direction centrale de la police judiciaire.

On recense près de deux mille informateurs, sources précieuses, parfois dangereuses à manier.

En 2019, dans une note, le patron de la police judiciaire a interdit le traitement de ces sources par la hiérarchie. Selon l'article 10 de cette note, « le cumul des fonctions traitant/superviseur et traitant/chef de service pour la gestion d'une source est prohibé ».

Vu le profil de la victime et ses relations, les hypothèses sur le ou les auteurs de son meurtre sont nombreuses. Les enquêteurs s'interrogent sur les personnes qui auraient eu un intérêt à le faire disparaître. L'homme, qui était connu pour être « un sale type qui faisait peur », avait en effet de nombreux ennemis. Farid Ouzzane a peut-être été tué dans le cadre d'un règlement de comptes, pour des histoires de dettes, ou par des envieux.

Les enquêteurs découvrent qu'il menait un train de vie dispendieux à Agadir, et que ses comptes bancaires en Suisse et au Luxembourg auraient pu faire des jaloux.

Autre hypothèse… En avril 2011, quelques mois avant sa disparition, plusieurs coups de filet avaient permis de démanteler des réseaux de prostitution à Paris et de faire tomber Henri Botey, « l'Empereur de Pigalle », plus connu sous le nom de « Monsieur Éric ». Apparemment, Farid Ouzzane avait donné aux policiers des informations essentielles qui avaient conduit à son arrestation. Si la piste semble prometteuse aux gendarmes, les policiers de la BRP, eux, n'y croient pas.

Les enquêteurs de la gendarmerie apprennent également que Farid Ouzzane était le gérant d'un salon de massage dans le quartier de Pigalle. Situé rue Moncey, l'établissement propose en réalité des relations sexuelles tarifées. Le salon est tenu par Laïla, vingt-neuf ans, recrutée quelques années plus tôt comme prostituée par Farid Ouzzane devenu son amant. Sur le site Internet du salon, la jeune femme se fait appeler Sabrina et prend des poses suggestives. Fille d'un ouvrier de chez Renault, originaire d'une cité des Mureaux, cette Franco-Marocaine a connu une adolescence tumultueuse, multipliant les fugues et les petits délits. À seize ans, elle est impliquée dans une affaire de vol avec violences. À peine majeure, elle coupe les ponts avec sa famille et se livre à la prostitution.

Au salon, elle est secondée par Élodie, vingt-six ans. La jeune femme est originaire de Lorient, ce qui met la puce à l'oreille des enquêteurs. Elle a quitté sa Bretagne natale, après le bac, à tout juste vingt ans, pour « monter à la capitale » et devenir comédienne. Pour cette passionnée de théâtre, les premiers mois à Paris sont marqués par une véritable désillusion. Sans argent, sans contacts, son rêve d'enfant se brise rapidement dans des petits boulots, des photos de charme, des films pornographiques sans envergure puis dans la prostitution. Deux ans après son arrivée à Paris, la jeune Lorientaise atterrit dans le « salon » de Farid Ouzzane, où elle se fait appeler Claudia et reçoit dix à quinze clients par jour. Détail surprenant, Élodie a passé le concours de gardien de la paix et elle a même été reçue.

Les enquêteurs bretons se rendent à Paris pour interroger les deux femmes placées sous surveillance physique et téléphonique. Ils épluchent leurs comptes bancaires et la comptabilité du salon. Très vite, ils acquièrent la conviction que c'est Laïla qui signe les chèques qui paient chaque mois le loyer de Farid Ouzzane depuis sa disparition. Comme si elle faisait tout pour que la disparition de son « protecteur » n'éveille aucun soupçon.

Le 27 mai 2013, juste après que la presse a annoncé que le cadavre de la valise a été identifié, Élodie reçoit l'appel d'un ami du lycée. Le jeune homme, prénommé Gauthier, semble être au courant de quelque chose. Au téléphone, Élodie semble paniquée. Son ami lui demande des explications, lui conseille de se barricader, de n'entrer en contact avec personne, pas même avec son père… La jeune femme se demande si elle doit partir à l'étranger ou contacter un avocat. La conversation alerte les gendarmes confortés dans leur intuition qu'Élodie et Laïla sont clairement à l'origine de la disparition de Farid Ouzzane. Le temps presse. Il faut rapidement passer à l'action avant que les deux suspectes prennent la fuite.

Le 1er juin 2013, quasiment deux ans après la disparition de Farid Ouzzane, une série d'arrestations est menée à Paris et dans le Morbihan. Le père d'Élodie est interpellé à Lorient ; Laïla, Élodie et son ami Gauthier, en région parisienne. Entendue en garde à vue, Élodie reconnaît immédiatement avoir participé au meurtre de Farid Ouzzane et donne sa version aux enquêteurs.

Elle explique qu'en juin 2011 Laïla lui avait confié être dans une situation financière très délicate, et dans l'incapacité de donner son enveloppe à Farid Ouzzane.

Elle avait alors décidé de se rendre à Agadir, de sorte que les deux femmes avaient toutes les deux pris l'avion le 19 juin 2011 pour le retrouver là-bas. À leur arrivée chez Farid, Laïla avait agressé verbalement son « protecteur » et lui avait raconté qu'elles avaient été menottées à des chaises et interrogées par la police. Farid avait alors appelé ses « amis » policiers et mis Laïla face à ses mensonges. Les deux jeunes femmes étaient ensuite rentrées à Paris, Ouzzane leur faisant savoir qu'il s'occupait de la situation.

Il était revenu au salon le 21 juin 2011 entre vingt-trois heures et minuit. Après avoir lui-même fermé le rideau métallique, il s'était assis dans le bureau, devant Laïla, et la conversation avait rapidement tourné autour de questions d'argent. Élodie précise que Farid l'avait prise à partie, lui indiquant qu'elle serait surprise de savoir combien gagnait Laïla. Il avait ensuite indiqué à Laïla qu'il valait mieux tout arrêter et l'avait invitée à prendre ses affaires pour quitter les lieux. Laïla avait alors jeté une tasse de café au visage de Farid, et les choses avaient dégénéré. Laïla avait ensuite demandé à Élodie d'aller chercher un chandelier dans l'une des chambres du salon. Laïla s'en était emparée et avait frappé Farid Ouzzane à l'arrière du crâne. Farid était parvenu à sortir dans la rue, en se glissant sous le rideau de fer, poursuivi par Laïla, toujours armée du chandelier. Sans qu'Élodie ne comprenne ni comment ni pourquoi, l'homme était revenu au salon, livide, saignant abondamment à l'arrière de la tête. À la demande de Laïla, Élodie lui avait servi un verre d'eau. Laïla en avait profité pour s'emparer d'un câble de l'imprimante. Elle avait fait signe à la jeune Bretonne d'approcher, lui avait tendu une extrémité du câble qu'elle avait enroulé rapidement autour du cou de la victime, en tirant brusquement sur l'autre extrémité. Incapable de poursuivre son geste après avoir aperçu le reflet du visage de Farid dans un miroir, Élodie avait prétendu être sortie du bureau en pleurs pour se réfugier dans le couloir. D'après son récit, à aucun moment la victime ne s'était débattue.

Après cet épisode, Élodie indique avoir perdu toute notion du temps. Elle raconte qu'après un long moment Laïla était sortie du bureau en lui disant : « Je crois qu'il est mort, crois-tu qu'il faut que je lui entaille les veines ? » Elle se souvient également être allée chez Farid, où Laïla avait récupéré la somme de cent soixante mille euros en espèces, et lui avait remis dix mille euros. Élodie évoque aussi l'arrivée de Rachida, la sœur de Laïla, puis l'achat d'une énorme valise en compagnie des deux femmes, dans une boutique proche des Champs-Élysées. Laïla avait chargé Rachida de demander à leurs frères de les aider à faire disparaître le corps, mais ils avaient refusé. Cette dernière avait alors suggéré à Élodie d'appeler son père à Lorient. Élodie prétend qu'elle ne se souvient pas de tout et qu'elle ne se revoit pas aider à placer le corps dans la valise ; elle dit qu'elle a seulement vu le cadavre dans le bureau, la tête recouverte d'un sac plastique blanc, avant que Laïla ne le déplace dans la salle d'attente du salon. Dans la nuit du 22 au 23 juin, les deux jeunes femmes ont appelé un taxi puis transporté le corps dans la valise jusqu'au véhicule. Pour justifier le poids du bagage, elles ont prétexté de la vaisselle qu'elles emportaient pour une exposition en Bretagne. À leur arrivée à Lorient, le père d'Élodie était venu les chercher. Rapidement, elle lui avait révélé le contenu de la valise.

En garde à vue, dans les locaux de la gendarmerie de Lorient, le père d'Élodie, cinquante et un ans, raconte sans détour sa version des faits du 23 juin 2011 : « J'ai reçu un appel de ma fille vers minuit. Elle m'a dit : on vient à Lorient. Et elle a raccroché. Vers 6 h 30, elle m'a rappelé pour signaler qu'elles étaient arrivées à la gare mais en taxi. J'ai chargé la valise avec Élodie dans le coffre de ma voiture de fonction et "Sabrina" s'est assise derrière. Durant le trajet, ma fille m'a confié qu'il y avait le cadavre dans la valise et précisé qu'il s'agissait d'un homme qui leur faisait du mal. J'ai vu la peur et la détresse de ma fille. Elle m'a indiqué qu'elle avait assisté au meurtre mais n'avait rien fait. […] Il fallait prendre une décision. Comme je devais aller à la pêche ce jour-là et poser des casiers, j'ai décidé de charger la valise dans le bateau au port de plaisance de Kernével. La mer était mauvaise. Pendant le trajet, j'ai mis des haltères sur la valise. Je craignais de tomber en panne si j'allais plus loin. Alors j'ai mis la valise à la mer. J'ai fait le signe de croix et demandé pardon. Mais la valise flottait. Alors, j'ai pris un couteau et j'ai fait deux entailles sur le côté. » De retour sur la terre ferme, le père d'Élodie avait reconduit les filles à la gare en leur indiquant que c'était fait. « J'ai ajouté que je ne voulais plus entendre parler de cette histoire et qu'il n'y aurait plus de questions de ma part. On s'est serré tous les trois dans les bras. De retour chez moi après leur départ, j'ai pris pleinement conscience de mon acte. Pour moi, c'était une évidence. Cette histoire referait surface. »

De son côté, la tenancière d'à peine trente ans semble très sûre d'elle et nie toute participation au meurtre dont elle prétend ne rien savoir. Avec son 1,50 m et ses quarante kilos, qui pourrait imaginer qu'elle ait maîtrisé, passé à tabac et tué son proxénète, réputé pour sa brutalité et sa violence ? Laïla ne comprend pas pourquoi Élodie l'accuse. Peut-être la jeune Bretonne a-t-elle tué Farid Ouzzane, mais elle n'y est pour rien.

Au cours de leurs investigations, les gendarmes pensent qu'ils ont découvert le mobile du meurtre : la volonté d'une jeune femme de s'émanciper d'un proxénète vieillissant, qui avait perdu de sa superbe, pour profiter pleinement d'un commerce très lucratif, de près de cent mille euros par mois. Et, de ce point de vue-là, c'est bien à Laïla que le crime a profité. Mais rien n'y fait, elle clame haut et fort son innocence et évoque un meurtre commis par le « milieu ». En tant qu'indicateur de la BRP, Farid Ouzzane s'est probablement fait tuer en représailles ou dans le cadre d'un règlement de comptes.

L'instruction et l'enquête vont vérifier point par point les déclarations d'Élodie et s'intéresser aux liens entre les deux jeunes femmes. Élodie apparaît comme une jeune fille sensible, fantasque, rêveuse, mais aussi influençable. Ses amis se souviennent de sa relation avec le professeur de théâtre du lycée, de trente ans son aîné, de ses rêves de célébrité, de sa tendance à faire facilement confiance. À la suite du meurtre de Farid Ouzzane, elle a d'ailleurs sombré dans la dépression et les crises d'angoisse. Elle a même été internée à deux reprises en hôpital psychiatrique, et ce n'est qu'alors qu'elle a révélé à son père et à quelques proches la véritable nature de son « travail ». « J'ai appris… sa vie, confie pudiquement ce dernier aux gendarmes. Je croyais qu'elle travaillait dans le secteur financier. » Certes, les tenues « trop sexy et vulgaires » portées par sa fille et Laïla l'avaient interpellé lors d'un week-end dans la capitale, mais les jeunes femmes lui avaient affirmé que c'était à la mode à Paris. Élodie était-elle sous l'emprise de Laïla ? L'expert psychologue qui rencontrera cette dernière pendant sa détention, dans le courant de l'année 2013, décrit une « personnalité de type narcissique », « une femme séductrice qui sait construire un discours vis-à-vis des autres ». Son expertise pointe aussi une « personne systématiquement dans le contrôle, sans émotionnel apparent ».

Le 8 décembre 2016, cinq ans après les faits, le procès des deux femmes s'ouvre, à Vannes, devant la cour d'assises du Morbihan. Laïla est poursuivie pour « meurtre », Élodie pour « complicité de meurtre », son père pour « recel de cadavre ». Ce dernier encourt deux ans de prison, mais l'enjeu est bien plus important pour les deux prévenues qui risquent trente ans de réclusion. Le père d'Élodie comparaît libre, mais prend place aux côtés de sa fille et de Laïla dans le box des accusés.

L'ambiance est tendue, les deux jeunes femmes ne s'adressent pas un regard. Lors de son réquisitoire, l'avocat général indique qu'« il doit y avoir une hiérarchie forte dans les peines pour distinguer l'implication de chacun dans l'homicide et leur attitude après les faits ». Pour lui, Élodie a aidé Laïla en lui tendant un chandelier, en tentant d'étrangler le souteneur avec le câble de l'imprimante, puis en le maintenant au sol. Pour lui, l'auteure principale du crime est Laïla : « Elle a l'état d'esprit d'un caïd. L'argent facile lui convenait. » Dans cette affaire, Élodie n'est présentée que comme la complice de celle qui la tenait sous son emprise. Pendant des mois, elle avait vécu un enfer dans le salon de Pigalle, et la mort d'Ouzzane n'était d'aucun profit pour cette jeune femme fragile. Après le meurtre, elle avait choisi d'arrêter la prostitution, et le sentiment de culpabilité qu'elle avait développé l'avait conduite jusqu'à la folie. Le magistrat requiert douze à quinze ans de réclusion criminelle contre Laïla, six ans d'emprisonnement à l'encontre d'Élodie et un an de prison avec sursis contre son père.

Le 16 décembre 2016, le verdict tombe. Laïla est reconnue coupable du meurtre de Farid Ouzzane et condamnée à douze ans de prison ; Élodie écope de six ans pour « complicité » et son père d'un an avec sursis pour « recel de cadavre ».

Laïla décide de faire appel. Deux ans après le verdict de Vannes, en novembre 2018, elle est rejugée devant la cour d'assises des

Côtes-d'Armor, à Saint-Brieuc. Cette fois, elle est seule dans le box des accusés puisque ni Élodie ni son père n'ont souhaité faire appel. Ils comparaîtront comme témoins quelques jours avant la fin du procès. Malgré ses nouvelles dénégations, et des débats d'experts psychologues sur la personnalité de la jeune femme, cette dernière est à nouveau condamnée à douze ans de prison.

Aujourd'hui, les deux femmes sont sorties de prison. Laïla n'a jamais accepté sa condamnation et a toujours nié son implication dans ce meurtre. Elle n'a plus fait parler d'elle. Élodie a repris des études et a complètement changé de vie. Elle a laissé derrière elle son passé tourmenté et n'a qu'un souhait : oublier ses années à Paris et le cauchemar qu'elle y a vécu.

Affaire Christian Ranucci

Le nom de Christian Ranucci est resté tristement célèbre dans les annales judiciaires... Celui qui fut l'un des derniers condamnés à mort français s'est retrouvé mêlé à une affaire aux conséquences multiples qui s'est étendue sur plus de quarante années. Inculpé et condamné pour le meurtre d'une petite fille de 8 ans en 1974, il a suscité un débat national sur la peine de mort et les erreurs judiciaires. Au point que l'affaire a fait l'objet de la publication d'un livre, Le Pull-over rouge, *adapté avec succès au cinéma.*

Il fait chaud, ce lundi 3 juin 1974, à Marseille. En ce lundi férié de Pentecôte, Marie-Dolorès Rambla, 8 ans, joue avec son frère Jean-Baptiste, six ans et demi, au pied du bâtiment C de la résidence Sainte-Agnès dans le quartier des Chartreux. Ils ne vont pas tarder à remonter, le repas est prêt, quand un homme les aborde. Il est grand, brun, bien habillé. Il porte des lunettes. Il prétend avoir perdu son « gros chien noir » et demande l'aide des deux petits pour le retrouver. L'homme propose à Jean-Baptiste d'aller le chercher en direction des garages. Lui part avec Marie-Dolorès d'un autre côté, en direction de sa voiture. Le garçonnet cherche en vain le chien plusieurs minutes. Quand il revient, sa sœur n'est plus là.

Son père Jean, tout juste arrivé sur sa mobylette, lui demande ce qu'il se passe. Il lui dit que Marie-Dolorès est partie avec un « monsieur qui avait une voiture grise ». Jean Rambla sent que quelque chose cloche. Il se met en quête de sa fille, et alors que les minutes s'égrènent, le sentiment que cet homme a probablement enlevé sa fille l'envahit. Il se rend à l'Évêché, le commissariat de police central de Marseille, où il signale la disparition de Marie-Dolorès.

À cette époque, les enlèvements d'enfants sont fréquents. Mais les Rambla, originaires d'Andalousie, ne sont pas riches. Le père est ouvrier-boulanger, la mère, María, élève les quatre enfants du couple : Marie-Dolorès, Jean-Baptiste et les jumeaux de 4 ans. Rapidement, la piste d'un détraqué se profile, peut-être même celle d'un prédateur sexuel.

La stupeur envahit cette cité ouvrière située à cinq kilomètres du centre-ville, en bordure de la rocade du Jarret, et où tout le monde se connaît. Les Rambla y ont emménagé quatre mois plus tôt. À l'école du Petit Bosquet, c'est l'incrédulité. La disparue était en cours préparatoire. Elle avait redoublé, mais cette année elle était en tête de classe.

Les effectifs de la sûreté urbaine de Marseille commencent leur enquête au sein de la cité Sainte-Agnès. Ils apprennent qu'un voisin garagiste a des choses intéressantes à dire. L'atelier d'Eugène Spinelli se situe au 4, impasse d'Albe, non loin du lieu de l'enlèvement. Il a aperçu la petite fille monter sans contrainte dans une voiture avec un inconnu. Il était à une bonne quarantaine de mètres. Dans sa déposition, il dit avoir reconnu une Simca 1100 gris clair.

Le 4 juin 1974, au lendemain de la disparition, le commissaire Gérard Alessandra, chargé de l'enquête, lance un « appel au civisme de la population », invitée à signaler le moindre incident. L'appel est relayé dans les journaux qui donnent la description de l'enfant et diffusent sa photographie : 1,30 m, corpulence mince, yeux marron, cheveux châtains longs non frisés, visage ovale et teint clair, une cicatrice très nette est visible sur l'aile droite du nez. La télévision régionale se rend à la cité Sainte-Agnès pour interviewer les Rambla. Le père de la fillette s'exprime devant les caméras et lance un appel désespéré à la télévision.

Des renseignements affluent au commissariat. Un témoin affirme avoir remarqué la présence d'un homme qui aurait commis des attouchements sur des petites filles de huit à dix ans dans la cité des Cerisiers, à quelques kilomètres de la cité Sainte-Agnès. L'individu aurait environ vingt-cinq ans, est décrit comme grand, mince, les cheveux noirs et serait vêtu d'un polo rouge et d'un pantalon noir en velours. Un autre témoin aurait remarqué ce même homme jouant avec de petites filles la semaine précédente, avec un pantalon de velours noir et cette fois un pull-over vert.

Vincent Martinez, la vingtaine, lit les gros titres des journaux. Il a alors le sentiment qu'il existe un lien entre l'enlèvement de l'enfant et l'accident de la circulation dont il a été victime le 3 juin 1974, vers 12 h 15, environ une heure après la disparition de Marie-Dolorès, sur la route nationale 96, à vingt kilomètres de Marseille. Ce jour-là, un homme au volant d'une Peugeot 304 gris métallisé l'a percuté après avoir grillé un stop. La voiture de l'homme a fait un tête-à-queue, puis est repartie à toute allure en direction de Marseille. Aline et Alain Aubert, qui circulaient derrière Vincent Martinez, ont assisté à toute la scène. Ils ont alors pris en chasse le conducteur et ont fini par le rattraper un kilomètre plus loin. Le chauffard s'est enfui à pied dans la colline, avec un enfant. Les époux Aubert ont pu noter l'immatriculation du véhicule – 1369 SG 06 – qu'ils transmettent à

Vincent Martinez. Ce dernier se rend ensuite à la gendarmerie de Gréasque pour porter plainte. Le procès-verbal établi ce 3 juin à 13 h 30 ne mentionne pas la présence d'un enfant. À ce moment-là, on ignore encore qu'une petite fille a été enlevée…

Après avoir entendu l'appel à témoin de la police, Vincent Martinez retourne à la gendarmerie le mardi 5 juin. Il précise que le chauffard qui a provoqué l'accident était accompagné d'un enfant. Les gendarmes relient son témoignage à un signalement porté à leur connaissance la veille par un certain Henri Guazzone, contremaître d'une champignonnière. Celui-ci était venu les informer de la présence d'une Peugeot 304 embourbée dans l'une de ses galeries. Le conducteur, décrit comme bon chic bon genre, n'avait pas pu fournir d'explications crédibles à sa présence sur les lieux. Contraint d'appeler à l'aide pour désembourber son véhicule, il avait expliqué à Henri Guazzone et à Mohamed Rahou, un habitant des environs, qu'il voulait pique-niquer. Le contremaître avait trouvé la situation curieuse et l'avait signalée à la gendarmerie. Cette Peugeot 304 était la même que celle de l'accident… mais le contremaître raconte que le conducteur était seul, qu'il n'y avait pas d'enfant.

Les gendarmes perçoivent l'importance de ces témoignages. Ils localisent les époux Aubert à Toulon et les mettent en contact avec le commissaire Alessandra de la police judiciaire de Marseille. Ils demandent aussi à Vincent Martinez de joindre l'enquêteur. Une opération de ratissage est lancée sur le terrain de la colline de Peypin, mobilisant tous les policiers et gendarmes de la région. Henri Guazzone les guide dans cette végétation sèche et épineuse. Il désigne l'emplacement où l'on distingue encore les traces de roue du véhicule. Derrière un amas de planches, les gendarmes ramassent un pull-over rouge fermé de trois boutons dorés, qui semble avoir été abandonné là récemment.

La battue se poursuit dans une ambiance sinistre. Un gendarme repère sur le sol un sabot d'enfant de couleur marron avec une bande verte. Un peu plus loin, dans un creux du terrain, il distingue sous un tas de branchages le corps recroquevillé d'une fillette. Elle est couverte de sang. D'après les premières constatations, l'enfant a été égorgée. Elle a reçu une quinzaine de coups de couteau. Son crâne a été enfoncé à coups de pierres.

C'est l'inspecteur Jules Porte qui est désigné pour aller chercher le père de la fillette afin d'identifier le corps. Le lendemain, la photo de Pierre Rambla, inconscient, porté sous les bras et les jambes par quatre gendarmes, fait la une du *Provençal*. L'autopsie confirme que la petite fille a été frappée trois fois à la tête avec des pierres, puis que son cou a été tranché à quinze reprises. Il n'y a aucune trace de violence au niveau génital. Marie-Dolorès a été massacrée. L'horreur vient de frapper la famille Rambla.

Le chien, parti de l'endroit où la voiture s'est embourbée, mène les policiers à trente mètres du lieu de la découverte du corps de Marie-Dolorès. Selon les enquêteurs, le tueur de l'enfant pourrait être le propriétaire de la Peugeot 304, modèle qui ressemble à une Simca 1100 décrite par le garagiste. Les policiers identifient rapidement le conducteur du véhicule suspect, il s'appelle Christian Ranucci, il vit à Nice. Il a vingt ans et travaille comme représentant de commerce dans une société spécialisée dans la vente de matériel de chauffage. Ranucci est interpellé le 5 juin à dix-huit heures à son domicile, où il vit avec sa mère. Les gendarmes l'interrogent d'abord au sujet du délit de fuite. Dans la nuit, il est transféré à l'Évêché, à Marseille.

Le commissaire Gérard Alessandra mène l'interrogatoire. Très calme, le jeune homme porte un pantalon blanc et une chemise rayée blanc et bleu. Il vient de finir son service militaire, répond « négatif » quand il veut dire « non ». Il reconnaît son implication dans l'accident du carrefour de la Pomme, et explique qu'il a pris la fuite par peur de perdre son permis de conduire. S'il s'est retrouvé dans la champignonnière, c'est qu'il voulait changer la roue de sa voiture, mais il s'est embourbé. Il nie toute implication dans le meurtre et l'enlèvement de Marie-Dolorès.

Le 6 juin, le petit Jean-Baptiste Rambla doit se présenter devant une rangée d'hommes parmi lesquels a pris place le suspect. L'enfant, terrorisé, ne reconnaît aucun de ces individus lors de ce tapissage. Il ne reconnaît pas non plus la Peugeot 304 stationnée dans la cour de l'hôtel de police. Eugène Spinelli, le garagiste, ne permet pas non plus de corroborer l'identification du suspect.

LA JUSTICE DES MINEURS

Les grands principes de la justice des mineurs, parmi lesquels celui de bénéficier de juridictions et de procédures spécialisées, sont posés et reconnus depuis 1912. Ce n'est qu'à partir de l'**ordonnance du 2 février 1945 relative à l'enfance délinquante** qu'une réponse pénale spécifique est instaurée. Les juges des enfants font leur apparition, et une administration de mise en œuvre de leurs décisions – le tribunal pour enfants – est créée par l'ordonnance du 1er septembre 1945. La Direction de l'éducation surveillée, qui deviendra, en 1992, la Direction de la protection judiciaire de la jeunesse, est née.

En 1998, une loi a rendu obligatoire l'enregistrement des déclarations d'enfants victimes, elle protège mieux l'enfant victime et prend en compte les effets terribles de l'affaire d'Outreau qui avait permis de réaliser que la parole de l'enfant pouvait dire la vérité mais aussi mentir, de son propre chef ou sur incitation des adultes ; ou se tromper.

Depuis, le nouveau Code de justice pénal des mineurs entré en vigueur en septembre 2021 prévoit et renforce toute une série de dispositions protectrices par l'obligation de la présence d'une autorité parentale, d'un avocat, et surtout l'enregistrement audiovisuel de toutes les auditions. Il est largement remis en cause par des initiatives parlementaires et gouvernementales depuis 2024.

Le 7 juin, le jour des obsèques de l'enfant, Aline Aubert, l'épouse du témoin ayant poursuivi Ranucci, est confrontée au suspect. Elle l'attrape par le bras et lui lance : «Je vous reconnais, vous êtes sorti rapidement de la voiture. Vous avez saisi une fillette avant de vous enfuir dans la colline. Je peux vous répéter les mots qu'a prononcés la petite fille : "Où va-t-on, qu'est-ce qu'on fait, qu'est-ce que vous faites de moi ?"» Après quinze heures d'interrogatoire, c'est à cet instant que Christian Ranucci craque. Devant cette femme qui l'interpelle, il est en pleurs. «Oui, c'est moi, c'est moi qui ai tué la petite, mais je ne voulais pas. Je ne suis pas un salaud, croyez-moi» souffle-t-il.

S'ensuivent des aveux complets. Le 3 juin, Ranucci a eu envie de faire une grande balade au volant du coupé Peugeot 304 que sa mère lui avait offert un mois plus tôt. Il souhaitait rendre visite à un camarade de régiment, qui réside rue Alphonse-Daudet à Marseille, non loin du domicile des Rambla. Sur le chemin, il a rencontré les deux enfants de la cité Sainte-Agnès… Lorsqu'il raconte le crime, il affirme que Marie-Dolorès a crié et qu'il a alors perdu la tête. Il lui a serré le cou, a saisi l'Opinel qu'il avait dans sa poche et l'a frappée plusieurs fois. «Tout s'est passé très vite, je ne me contrôlais plus, j'étais affolé, pire que ça, je n'étais plus moi.» Il aurait ensuite eu peur que le couple Aubert, revenu à sa hauteur, pense qu'il s'enfuyait dans la colline pour violer l'enfant. Ranucci montre alors aux policiers son avant-bras couvert de coupures et de griffures, puis dessine un croquis des lieux de l'enlèvement. Il explique s'être rendu dans la champignonnière pour réparer sa voiture, mais celle-ci s'est embourbée au moment de repartir. Vers dix-huit heures, il a pris la route pour Nice, a dîné chez lui avec sa mère et a regardé le film de la deuxième chaîne en sa compagnie.

Ranucci apprend aussi au commissaire qu'il s'est débarrassé du couteau en l'enfonçant d'un coup de pied dans un tas de tourbe à l'entrée de la galerie. À l'aide d'un appareil de détection électromagnétique, l'équipe envoyée sur place localise un couteau présentant des traces de sang. À l'époque, les analyses ADN n'existent pas. Seule une comparaison des groupes sanguins est possible. On sait que le sang prélevé sur un pantalon dans le coffre de la voiture de Ranucci est du groupe A, comme celui de la victime et du suspect. On ne peut rien tirer de cet élément. Quant au pull-over rouge retrouvé près de la scène de crime, il est mis de côté par les enquêteurs. Il est trop grand pour Ranucci, et ce dernier refuse de l'essayer. Dans le coffre de sa Peugeot 304, les gendarmes trouvent des lunettes de soleil, des jumelles, et quatre lanières de cuir d'une longueur d'un mètre, reliées à une extrémité par un élastique. Cela ressemble à un grand martinet.

Devant la juge d'instruction, lors de son interrogatoire de première comparution, Ranucci déclare : « Je ne peux toujours pas expliquer pourquoi j'ai agi comme je l'ai fait. Je pense que j'ai tué l'enfant parce qu'elle a crié et que j'ai eu peur. C'était probablement de l'affolement. »

Christian Ranucci est né le 6 avril 1954 à Avignon, enfant unique, il a trois ans et demi quand ses parents se séparent. Le divorce, demandé par sa mère, est houleux. Le père qui soupçonne sa femme de l'avoir trompé, et même de se prostituer, la menace de lui prendre son fils. Avant de la laisser partir, il a voulu la défigurer en lui tailladant le visage à coups de couteau. Depuis Héloïse Mathon n'a fait que fuir cet homme dangereux. Avec son fils Christian, elle change trente fois de domicile et finit par s'installer à Nice. Christian vit dans la peur que son père les retrouve et les tue. Héloïse Mathon travaille dans la restauration et Christian s'investit peu à l'école. Titulaire d'un BEPC, le jeune homme veut entrer dans la vie active. Il effectue son service militaire en Allemagne et en est libéré le 4 avril 1974. Deux jours plus tard, c'est son anniversaire et sa mère, devenue assistante maternelle, lui offre un coupé Peugeot 304. À l'époque des faits, il travaille depuis trois semaines comme commercial dans une société spécialisée dans la vente de matériel de chauffage. Pour le week-end de Pentecôte, il se voyait bien rouler jusqu'à Gênes avec sa mère, mais celle-ci refuse de partir. Il reste seul et se rabat sur Marseille.

Devant les psychiatres et psychologues qui l'expertisent quatre jours après les faits, Christian Ranucci réitère ses aveux. Il est un jeune homme *a priori* normal, sans aucun trouble psychiatrique qui pourrait expliquer un tel passage à l'acte. Tous s'accordent cependant à dire qu'il présente une personnalité fragile, à la sexualité incertaine, mal assurée, et que son émotivité est supérieure à la moyenne.

Le 27 décembre 1974, coup de tonnerre. Convoqué une dernière fois par la juge Di Marino pour un entretien récapitulatif, et alors qu'il se trouve seul sans avocat, Ranucci se rétracte. Il affirme : « Si j'ai reconnu les faits, c'est parce que j'y étais forcé. À Marseille, où l'on m'a transporté, on m'a dit qu'il y avait des témoins et des charges matérielles contre moi. Forcé par la logique et ne me souvenant de rien, j'ai tout reconnu. » Il n'assumera désormais plus que l'accident.

C'est l'avocat pénaliste Me Paul Lombard qui accepte de prendre la défense de Christian Ranucci. L'homme est un ténor du barreau. Les parties civiles font, elles, appel à un jeune avocat de vingt-huit ans, Me Gilbert Collard. Le procès s'ouvre le 9 mars 1976, à Aix-en-Provence, dans un contexte compliqué, très défavorable à l'accusé. Patrick Henry, l'assassin du petit Philippe Bertrand, 7 ans, retrouvé mort à Troyes le 30 janvier 1976, vient d'être arrêté. « La France a peur » s'exclame le journaliste Roger Gicquel en ouverture du journal télévisé. L'opinion publique réclame la peine de mort. Trois jours avant l'ouverture des débats, le journal *Le Parisien libéré* publie un sondage « Pour ou contre la peine de mort ? ». Une majorité écrasante se prononce pour.

Mené dans un climat de haine, le procès de Christian Ranucci sera expéditif. Il durera deux jours. Très tôt le matin du 9 mars, il y a déjà beaucoup de monde devant le palais de justice. « La mort, la mort » pour le meurtrier scande la foule. Un tag orne même un pan du mur réclamant la peine de mort. « La foule voulait la guillotine, elle était déjà au pied de l'échafaud » se souvient Gilbert Collard.

Dans le box des accusés, Christian Ranucci fait une entrée tonitruante. À 22 ans, il se présente dans un complet bleu pétrole, avec un col roulé blanc qui fait ressortir une énorme croix. Son allure choque l'assistance, d'autant que le jeune homme affiche un air arrogant, dur, voire haineux. Une image bien éloignée de celle du garçon timide qu'il était deux ans plus tôt. La mère de Christian arbore, elle aussi, une croix surdimensionnée. C'est son idée, pour signifier que son fils est un christ crucifié. La folie semble relier la mère et le fils, et crée un sentiment de malaise.

Pour Ranucci, l'heure de vérité a sonné. On lui doit des comptes. Il se montre arrogant. Il répond « négatif » aux questions du président. Méprisant, impulsif, il crie sur tout le monde et son attitude apparaît suicidaire. Il semble ne s'adresser qu'à sa mère présente dans la salle, toute de noir vêtue. Comme s'il cherchait à la convaincre de son innocence.

Les avocats de la défense tentent d'instiller le doute dans les esprits. Ils s'intéressent au pull-over rouge. Ils comptent pour cela sur le témoignage de Jeanine Mattei, que la mère de Christian Ranucci avait rencontrée à la prison des Baumettes. Cette femme habite dans la cité des Tilleuls, quartier Saint-Jérôme. Selon elle, un homme au pull-over rouge conduisant une Simca gris clair aurait essayé d'enlever sa fille, Agnès, le 31 mai, soit trois jours avant l'enlèvement de Marie-Dolorès Rambla. Ce ne peut pas être Ranucci, qui n'était pas à Marseille ce jour-là. L'homme aurait proposé à sa fille et à une amie de celle-ci de monter dans sa voiture pour chercher son chien noir. Jeanine Mattei aurait déposé plainte au commissariat, ce qui corroborerait son témoignage. Mais le témoignage de Jeanine Mattei fait pschitt. La « témoin clé » de la défense se montre hésitante, et son intervention donne l'impression d'avoir été dictée par la mère de Christian Ranucci.

Le second jour du procès, Ranucci se tait et prend des notes. Il semble ne pas avoir conscience qu'il joue sa tête. La partie civile ne demande cependant pas la peine de mort. Me Gilbert Collard y a renoncé à rebours des sentiments de son client, Pierre Rambla, qu'il a convaincu de se ranger à cette position. « Je veux que Ranucci se souvienne de son crime, de la mort de Marie-Dolorès, forme éternelle des innocents, et que son repentir, son chagrin ne finissent jamais » clame-t-il. Il souhaite que Ranucci soit le tombeau vivant de la mémoire de Marie-Dolorès.

Devant le box des accusés, c'est au tour de la star du barreau marseillais, Me Paul Lombard, de plaider. Mais Paul Lombard n'a plus de voix. Il est complètement aphone. On lui donne un médicament, et dans un filet de voix, il tente de déployer ses arguments. «Je n'ai rien à faire de l'opinion publique hurlante qui frappe à la porte de ces assises. [...] Vous n'allez pas grossir le tombereau sanglant des erreurs judiciaires. Si vous accordiez la peine capitale, vous feriez reculer la civilisation de cinquante ans. Vous ne ferez pas ça ! [...] Ne condamnez pas sur un dossier de plâtre ! » Sa plaidoirie est magistrale, mais peut-être trop « intellectuelle ». L'avocat général requiert la peine de mort. Durant son réquisitoire, il tonne : « Alors, que Dieu vous assiste, car vous êtes au-delà de la pitié des hommes. »

Les jurés se retirent pour délibérer. Sous les fenêtres de la pièce où ils se tiennent, la foule crie « À mort ! ». Il ne leur faudra pas plus de deux heures pour se mettre d'accord. À 20 h 30, la cour est prête à rendre son verdict. Seuls trois jurés accordent à Ranucci les circonstances atténuantes. Le 10 mars 1976, Christian Ranucci est condamné à la peine de mort.

Trois mois plus tard, la Cour de cassation rejette son pourvoi. Le condamné et sa mère n'ont plus qu'une seule option : le recours en grâce. Ils espèrent encore que le président de la République, Valéry Giscard d'Estaing, qui s'est proclamé contre la peine de mort au moment de son élection, le gracie. Or, depuis l'enlèvement du petit Philippe Bertrand, l'opinion publique est très remontée. D'autant qu'un nouvel enlèvement d'enfant s'est produit dans le sud de la France, au Pradet près de Toulon. Le petit Vincent, six ans, est enlevé le jour même où Paul Lombard plaide la cause de son client devant le président de la République. Deux jours plus tard, l'enfant est retrouvé mort. Le 26 juillet, une dépêche annonce que la grâce est acceptée, mais très vite les avocats de Christian Ranucci apprennent que c'est une erreur de l'AFP.

Le lendemain, la décision de Valéry Giscard d'Estaing tombe : Christian Ranucci ne sera pas gracié et son exécution aura lieu le 28 juillet vers quatre heures du matin. Les avocats de

Christian Ranucci, le juge d'instruction, le président de la cour d'assises, les gardiens, les greffiers et un médecin légiste ont rendez-vous aux Baumettes. La sentence doit être exécutée avant le lever du soleil.

Ce mercredi, tout est prêt. Le sol du couloir qui mène à la cour de la prison et longe des cellules de détenus a été recouvert de couvertures pour amortir les pas. Personne ne doit savoir qu'une exécution a lieu, pas même le condamné. C'est la règle. Il dort encore, on le surprend en plein sommeil. Les gardiens le saisissent. « Votre recours en grâce a été refusé. Ayez du courage » lui dit le procureur adjoint. Son avocat lui donne une lettre de sa mère. Il fume une dernière cigarette. Avec de la ficelle, on lui attache les pieds, les genoux et les bras derrière le dos jusqu'aux coudes. On le porte dans la cour où se trouve l'échafaud. Le couperet tombe.

Il est 4 h 13. Christian Ranucci est mort, guillotiné.

LA GUILLOTINE

Christian Ranucci est l'antépénultième condamné à mort français. Le dernier sera Hamida Djandoubi, guillotiné le 10 septembre 1977, à la prison des Baumettes à Marseille.

L'invention de la guillotine a été l'aboutissement provisoire de nombreuses années de réflexions sur le sort des condamnés à mort. Elle a été adoptée comme méthode d'exécution officielle en France en 1792. Jusque-là, ces derniers pouvaient être soumis à des méthodes variées allant, selon les profils et les crimes commis, de la pendaison à l'écartèlement, en passant par la décapitation à l'épée et le supplice de la roue.

Le but n'était alors pas tant de punir les criminels, mais de les faire souffrir et de les humilier pour dissuader quiconque de commettre des méfaits similaires. En pratique, cette exemplarité était illusoire. Les condamnations à mort perpétuaient les privilèges de classe, en ne soumettant pas les nobles aux mêmes supplices.

En décembre 1789, Joseph-Ignace Guillotin, docteur et député, proposa à l'Assemblée nationale constituante un projet de réforme du Code pénal afin que tous les délits de même nature soient désormais punis par les mêmes peines, « quels que soient le rang et l'état du coupable »et proposera que la décapitation devienne « le seul supplice adopté » et que l'on trouve une méthode pour remplacer « la main du bourreau ».

Le nouveau Code pénal prévoira que : « La peine de mort consistera dans la simple privation de la vie, sans qu'il puisse jamais être exercé aucune torture envers les condamnés. Tout condamné à mort aura la tête tranchée. »

C'est un confrère du docteur Guillotin, Antoine Louis, secrétaire perpétuel de l'Académie de chirurgie qui inventera le système capable de décapiter en un instant, avec le soutien de Charles-Henri Sanson, bourreau de Paris,.

La conception de la machine fut confiée à Tobias Schmidt, un mécanicien allemand et facteur de clavecins qui y ajouta ses propres modifications.

Le 25 avril 1792 le condamné Pelletier fut ainsi le premier exécuté. À la déception donc d'une partie du public parisien, déçu.

Après la mort de Christian Ranucci, l'affaire aurait pu être définitivement classée… Mais sa mère va se battre pour le réhabiliter et son combat va diviser.

Jean-Denis Bredin, l'avocat de Ranucci, engagé après la mort de ce dernier, pour plaider la révision de sa condamnation, suggère à l'écrivain Gilles Perrault d'aller enquêter à Marseille. Le 7 septembre 1978, son livre *Le Pull-over rouge* paraît. La thèse développée sur plus de quatre cents pages par l'auteur consiste à mettre en avant une piste non exploitée dans l'affaire Ranucci, celle d'un « homme au pull-over rouge » qui serait le meurtrier de la petite fille. La thèse de Gilles Perrault va s'imprimer dans l'imaginaire collectif et faire oublier la vérité judiciaire. Il pointe des témoignages à charge fluctuants, une enquête bâclée pour construire un coupable. Il fait fi des aveux de Ranucci et de la présence de son couteau dans la champignonnière.

Le livre devient un best-seller, s'érigeant en emblème de la lutte contre la peine de mort. Sans avancer de preuves formelles, l'auteur parvient à semer le doute sur la culpabilité de Ranucci. Pour lui, il existe bien un homme au pull-over rouge qui roule en Simca 1100, et c'est cet individu qui a agressé des enfants dans la cité des Cerisiers et a tué Marie-Dolorès. La thèse peut sembler fumeuse, mais elle existe, et toute la presse déroule le tapis rouge à Gilles Perrault. Pendant des années, elle infuse dans l'opinion faisant de Christian Ranucci la probable victime d'une erreur judiciaire. Malgré cela, toutes les demandes de révision du procès formulées par la mère du condamné seront refusées.

Ce livre aura des répercussions dramatiques sur la famille Rambla. En voulant faire interdire sa publication, Pierre Rambla s'attire les haines, et des menaces de mort sont proférées à l'encontre des siens. Les Rambla qui étaient les victimes d'un crime odieux se voient désormais désigner comme des coupables, coupables d'avoir fait exécuter un innocent. Quant à Jean-Baptiste, le frère cadet, témoin de l'enlèvement, il ne supporte pas que Gilles Perrault rappelle son témoignage en faisant croire qu'il a dit que sa sœur était montée dans une Simca 1100 – le procès-verbal du petit garçon atteste qu'il n'a jamais évoqué un modèle de voiture. Cela lui renvoie en pleine figure la culpabilité qui est déjà la sienne… et qui fera aussi de lui, plus tard, un meurtrier.

Affaire Kevin Rouxel

Un couple de quinquagénaires assassinés dans leur maison du Pays basque, en présence du reste de la famille qui fêtait un anniversaire… Deux fils et une belle-fille, témoins ou coupables… Que s'est-il réellement passé dans la cuisine de ces gens sans histoires ? Voici un drame familial hors du commun où se mêlent non-dits, jalousies et rancœurs.

Le samedi 20 février 2016, à 11 h 50, Kevin Rouxel, vingt-trois ans, se présente à la gendarmerie d'Hasparren, une petite commune du Pays basque, située à vingt kilomètres de Bayonne. Il est accompagné de sa femme, Sofiya, et de leur fille âgée de deux ans. Kevin Rouxel est blessé à la cuisse. Paniqué, il explique que c'est son père, Pascal, qui lui a tiré dessus : « Il a essayé de me tuer, il a tiré sur ma mère, je lui ai pris l'arme des mains et je lui ai tiré dessus. » Le drame s'est noué dans la maison familiale de La Bastide-Clairence, en pleine campagne. Le frère de Kevin, Yann Rouxel, était également présent. Sa déposition s'arrête là, le plaignant est conduit par les pompiers à l'hôpital de Bayonne.

À 12 h 13, les secours arrivent sur place. Ils découvrent dans la cuisine le corps de Pascal Rouxel, cinquante-quatre ans, allongé sur le dos. Dans le salon gît la mère de famille, Ewa, 55 ans. À 12 h 40, un médecin du SAMU prononce le décès d'Ewa Rouxel et cinq minutes plus tard celui de Pascal Rouxel.

À l'extérieur de la maison, Yann, le fils aîné du couple, vingt-sept ans, est en état de choc. Selon lui, Kevin et son père se sont disputés, et des coups de feu ont été tirés. Ses propos restent vagues. À 13 h 20, les pompiers l'évacuent vers les urgences psychiatriques du centre hospitalier de Bayonne.

C'est le début d'une affaire qui va connaître de nombreux rebondissements entre accusations réciproques, versions multiples et secrets bien gardés.

Les gendarmes vont d'abord s'attacher à retracer les derniers instants de Pascal et Ewa Rouxel. Ce jour-là, le couple avait réuni ses deux fils, sa belle-fille et sa petite-fille de deux ans pour fêter les vingt-trois ans de Kevin. Selon celui-ci, ce qu'il s'est déroulé relève du drame familial : son père s'était mis en colère, avait tiré sur sa femme avec son revolver de collection en lui reprochant de l'avoir trompé. Kevin était parvenu à le désarmer. Il lui avait tiré dessus, accidentellement. Tout s'était passé en à peine quelques minutes.

Pascal Rouxel était inspecteur en assurances. Né à Paris le 26 mars 1961, il a deux ans lorsque ses parents, Josette et Jean, s'installent à Biarritz. Garçon discret, il fait des études de sciences économiques à Bayonne où il a fait la connaissance d'Ewa dans les années 1980. Polonaise, née le 27 décembre 1960, Ewa a obtenu une bourse afin de poursuivre ses études en France. Pascal et Ewa ont une passion commune : le karaté, qu'ils pratiquent dans le même club, à Biarritz. Ils se marient un an à peine après leur rencontre, à 22 ans et 23 ans. La cérémonie est célébrée à la mairie de Biarritz puis, trois ans plus tard, un mariage religieux est organisé en Pologne.

Le 16 septembre 1988, Ewa donne naissance à Yann. Cinq ans plus tard naît Kevin. Le travail de Pascal les conduit dans l'Yonne et en Vendée. Mais le couple, très attaché au Sud-Ouest, finit par revenir dans la région, à Dax puis à La Bastide-Clairence où il achète une maison en 2002. Les époux Rouxel la rénovent et s'y installent avec leurs deux garçons. La famille mène une vie tranquille et pieuse, rythmée par les messes à l'abbaye Notre-Dame de Belloc, tous les dimanches. Ewa est mère au foyer et s'occupe de ses deux enfants.

Ewa et Pascal sont passionnés d'objets et de livres anciens. Ils chinent des meubles, des bijoux dans les boutiques Emmaüs. Sportifs, ils pratiquent le krav-maga, une méthode d'autodéfense, trois soirs par semaine. Leur passion du moment, c'est surtout la recherche d'objets précieux sur les plages, qu'ils parcourent équipés d'un détecteur de métaux. Christian, un ami, se souvient très bien de son dernier échange avec Ewa, le 19 février, la veille des meurtres. Elle lui avait parlé d'une pièce espagnole qu'elle avait trouvée quelques jours plus tôt et s'était dit « heureuse et contente aussi que son fils, sa belle-fille et sa petite-fille viennent déjeuner chez eux le lendemain ».

Ewa gérait le foyer et les problèmes qui en découlaient. Pascal, qui travaillait beaucoup, la laissait faire et lui faisait entièrement confiance. Ils s'aimaient et aimaient leurs fils. Ils formaient un couple uni. Les proches du couple sont unanimes : Pascal et Ewa étaient très amoureux, et il n'y avait aucune tension au sein de leur couple. Ils n'imaginent pas que l'un ou l'autre ait pu avoir une aventure extraconjugale. Les gendarmes s'interrogent. Pourquoi Pascal Rouxel aurait-il voulu supprimer sa femme ? Et pourquoi Kevin aurait-il menti ?

D'ailleurs, les éléments recueillis sur la scène de crime viennent mettre à mal la version du fils. En l'absence du médecin légiste, les gendarmes effectuent les premières constatations sur le corps de Pascal Rouxel par un simple examen visuel. Le père de famille présente une blessure par balle dans le bas du cou, dans le dos et sur le front. Les gendarmes notent qu'il a reçu deux, voire trois projectiles d'une arme à feu, de type arme de poing (pistolet ou revolver), ce qui n'accrédite pas la thèse du tir accidentel donnée par Kevin Rouxel. À côté du cadavre, ils constatent la présence d'un grand carton blanc taché de sang, un fusil de chasse de calibre 16 à broche de type Lefaucheux, un revolver à poudre, et des munitions dans une boîte.

Ils s'intéressent ensuite à la seconde victime. Dans la salle à manger, Ewa est allongée sur le dos, les bras en croix. Elle présente un orifice pouvant provenir d'un projectile d'une arme à feu au niveau du poumon droit. Il n'y a pas de sang autour de son corps. Ewa Rouxel est morte sur le coup. Le couple a, semble-t-il, été abattu. Kevin Rouxel ment sur ce qui s'est véritablement déroulé dans la maison…

Pour comprendre, les enquêteurs vont dès lors s'intéresser aux trois témoins capitaux de ce drame – Kevin, Yann et Sofiya – et les placent en garde à vue. Les deux frères étant hospitalisés, c'est la belle-fille qui est entendue la première. La jeune femme d'origine kazakhe est assistée d'une interprète. Elle raconte qu'elle était assise dans la salle à manger, pour le repas, lorsqu'une détonation se fait entendre. Elle dit avoir seulement vu Pascal Rouxel sauter sur Kevin, puis avoir entendu un grand bruit, comme un coup de feu. « J'ai eu l'impression que le temps s'arrêtait. J'ai alors entendu Kevin crier "il voulait me tuer". Cela étant, j'ai vu de la fumée blanche et je n'arrivais pas à comprendre ce qui se passait, ça résonnait dans mes oreilles. »

La témoin se souvient avoir vu sa belle-mère, Ewa, se lever pour aller voir ce qui se passait dans la cuisine. Puis elle était « ressortie avec de grands yeux » en la regardant, avait fait quelques pas avant de s'écrouler à côté d'elle dans la salle à manger.

Yann, son beau-frère, se serait ensuite rué sur elle en hurlant «Je vais te tuer» et aurait essayé de «lui arracher les yeux». Dans l'ensemble, l'audition de Sofiya est floue et ne permet pas de comprendre ce qui s'est vraiment passé lors du déjeuner. Sa déclaration interroge sur l'attitude de Yann, le fils aîné du couple, dépeint comme un jeune homme violent. Sofiya confie aux gendarmes en avoir peur. Selon elle, il aurait des problèmes psychiatriques. Les gendarmes ne trouvant aucun élément incriminant la jeune femme, celle-ci est libérée et rentre chez elle.

Le 20 février à 21 h 10, Yann Rouxel est donc entendu à sa sortie de l'hôpital. Lors de cette garde à vue, il n'affiche aucune émotion. Il semble complètement étranger au drame qu'il vient de vivre et raconte les événements froidement. Il dit avoir offert un pot en forme de noisette à son frère et un billet de vingt euros pour son anniversaire, avant d'aller se mettre à table. Alors qu'il était assis dans la salle à manger, il avait entendu un ou deux coups de feu. Sa mère s'était alors dirigée vers la cuisine et avait lancé affolée «On a tiré sur ton père!» Yann s'était levé d'un bond pour aller voir ce qui se passait dans la cuisine. Il témoigne avoir alors vu son frère avec une arme à canon court pointée dans sa direction et son père couché au sol qui râlait avec du sang. «J'ai le souvenir d'avoir vu un tir qui heureusement ne m'a pas touché» ajoute-t-il. Et pour cause, le coup a vraisemblablement atteint sa mère qui était derrière lui et gît maintenant au sol. Et de poursuivre à propos de Kevin et Sofiya : «Il a fallu que je leur dise de partir. Je leur ai crié dessus. Mon frère a dit que c'était un accident et qu'il fallait dire que c'était lui et pas sa femme.» Yann avait ensuite téléphoné aux secours.

Les gendarmes sont intrigués par le comportement et les déclarations du jeune homme qui font de lui le suspect : «D'un côté, je sais que je suis innocent mais vous n'êtes pas dans ma tête et vous ne le savez pas pour l'instant [...]. Après le début du repas, j'ai entendu un premier coup de feu. Je ne sais pas ce qu'il s'est passé. Pour moi, il n'y a rien de concret qu'il pouvait y avoir une fusillade à la maison. Pour moi, c'était un repas de famille. Je ne veux surtout pas dénoncer à tort mon frère ou sa femme. Mais deux accidents dans deux pièces, c'est peu probable. »

Les gendarmes vont ensuite recueillir la version de Kevin, le troisième témoin du drame, placé en garde à vue le dimanche 21 février, au lendemain des faits. Après avoir expliqué qu'il s'agissait d'un accident, après avoir accusé son père, il change encore sa version des faits et implique maintenant son frère aîné Yann : « Mon frère et moi, nous avions un accord oral sur ce qui s'est passé chez mes parents. Mon grand frère, il y a quelques mois, m'a proposé de l'aider [...] et d'aller en prison à sa place pour une partie plus grande de l'héritage. » Les deux frères auraient donc prémédité ce crime ; Yann serait le cerveau de ce double assassinat et il aurait abattu de sang-froid ses propres parents...

À l'issue de leur garde à vue, les deux frères sont déférés devant un juge d'instruction et mis en examen pour « assassinats ». Ils sont placés en détention. Kevin, à la maison d'arrêt de Bayonne. Yann, au centre pénitentiaire de Mont-de-Marsan.

Les gendarmes ne sont pas au bout de leurs surprises. Leurs investigations les poussent à présent à en savoir davantage sur les suspects. Ils s'intéressent donc au profil de Yann, l'aîné de la famille. Le jeune homme de vingt-huit ans, qui vit toujours chez ses parents, a connu une scolarité normale jusqu'au lycée où il a redoublé sa seconde et sa terminale. En 2009, il décroche un bac S puis passe les concours de la gendarmerie et des douanes. Chaque fois, il échoue à l'oral. En 2013, il suit une formation d'agent de sécurité et effectue quelques missions qui se passent bien. Puis il décide de passer un bac pro agricole.

Interrogés, les proches de Yann s'accordent à dire qu'il est un gentil garçon, absolument pas colérique, comme le prétendent Kevin et Sofiya, ni dangereux. Plusieurs personnes de son entourage ne croient absolument pas à son implication dans l'affaire. Selon sa grand-mère, Yann avait une relation fusionnelle avec ses parents, il était « différent ». Sa mère le couvait et cherchait à cacher son handicap. Pour les membres de sa famille, il ne faisait aucun doute que Yann était autiste, mais le sujet était tabou.

Au centre pénitentiaire de Mont-de-Marsan, Yann est examiné par un psychiatre, le Dr Thierry Della, qui lui diagnostique un trouble du spectre autistique, de type syndrome d'Asperger. Ce diagnostic va bouleverser le cours de l'enquête, car non seulement il permet de mettre un nom sur le handicap du fils aîné des époux Rouxel, mais surtout il permet d'expliquer son comportement. S'il a pu paraître étrange aux yeux des enquêteurs, c'est que ce trouble neurologique l'empêche d'exprimer normalement ses émotions. De plus, il est admis que les personnes avec un profil Asperger ont une grande difficulté à l'affabulation. Ce qu'il raconte, c'est ce qu'il a vu. Yann n'invente pas et il semble donc impossible qu'il ait organisé le double meurtre de ses parents, comme l'affirme son frère cadet, Kevin. Le 1er avril 2016, un mois et demi après les faits, Yann recouvre la liberté sous contrôle judiciaire. C'est maintenant sur son frère cadet que reposent tous les soupçons.

L'AUTISME ET LE SYNDROME D'ASPERGER

La psychologie et la psychiatrie ont une place importante dans les sciences criminalistiques afin d'expliquer la nature, le comportement de l'auteur d'un crime.

Dans le cas de Yann Rouxel, on parle de syndrome d'Asperger qui relève de l'autisme – appelé officiellement TSA, trouble du spectre de l'autisme. Il doit son nom au pédiatre autrichien Hans Asperger qui l'a décrit en 1944, alors qu'il traitait quatre jeunes patients avec des difficultés sociales similaires. Longtemps restés méconnus, ses travaux ont été popularisés par Lorna Wing, une Anglaise qui a mené des études sur ce syndrome dans les années 1980.

En France, les troubles du spectre autistique toucheraient, selon l'Inserm, près de sept cent mille personnes, dont plus de la moitié présentent un syndrome d'Asperger. Toutes ne sont pas diagnostiquées.

Ce syndrome d'Asperger se manifeste dès l'enfance, et se distingue par des troubles de la communication et des difficultés dans les relations sociales. En revanche, l'intelligence de la personne atteinte demeure intacte. Selon les études qui ont été menées, aucun effet de violence systémique ou systématique n'est retrouvé chez les personnes Asperger.

Contrairement à une idée reçue, on peut mentir quand on est Asperger mais souvent avec un profond sentiment de malaise. À l'inverse, il est difficile pour les malades de reconnaître les mensonges des autres personnes.

Alors que son frère est libéré, Kevin reste le seul mis en examen pour l'assassinat de ses parents. Le cadet des époux Rouxel est un individu torturé qui estime avoir été privé d'une vie normale, avec des amis et des loisirs propres. Les parents Rouxel leur imposaient des règles de vie quasi sectaires. Enfant, il s'est donc senti délaissé, car l'attention de ses parents se concentrait sur son frère Yann. Kevin dit aussi avoir souffert de harcèlement au collège. Un peu rond, habillé chez Emmaüs – son père était très économe –, il suscitait des moqueries chez ses camarades. Au lycée, à Bayonne, l'adolescent n'a pas non plus brillé par ses résultats. Il est décrit comme un élève énigmatique, très froid, renfermé sur lui-même, avec « un visage comme une carapace ». « Il faisait un peu peur ». Il a arrêté ses études après le baccalauréat.

En grandissant, son mal-être s'accroît. Pour se sortir de cet « enfer », il n'a plus qu'une idée en tête : se marier. Il s'inscrit alors sur des sites de rencontres. Il cherche à trouver l'amour auprès d'une fille de l'Est. Sa mère, qui est polonaise, l'encourage dans cette voie. En septembre 2011, il fait la connaissance virtuelle de Sofiya, une Kazakhe de dix-huit ans comme lui. Sofiya est une jolie blonde qui a grandi dans le petit village de Topar, dans le Kazakhstan central. Elle est l'aînée d'une fratrie de trois filles. Issue d'une bonne famille, elle a reçu un enseignement artistique dans des écoles privées : danse, piano, chant, dessin. Elle suit des études dans une école supérieure d'arts plastiques. Les deux jeunes gens discutent en anglais par Skype.

Après quatre mois d'échanges virtuels, la décision est prise : Sofiya va venir en France. Le 15 décembre 2011, elle fait le voyage avec sa mère, Svetlana, jusqu'à La Bastide-Clairence. Entre eux, c'est le coup de foudre. Kevin découvre la sexualité, il s'émancipe du cocon familial et trouve enfin son indépendance. Il est fou amoureux et veut l'épouser. « Ewa et Pascal n'ont pas trop eu le choix, ça ne les enchantait pas qu'il se marie, mais il était braqué. Il leur avait dit, si vous m'empêchez de me marier, je pars au Kazakhstan avec elle ! Ewa ne voulait pas qu'il parte, alors ils ont cédé » raconte un proche. À la surprise générale, le couple se marie quinze jours à peine après l'arrivée de Sofiya en France. La cérémonie se déroule le 30 décembre 2011 à la mairie de La Bastide-Clairence. « Kevin était collé à elle, il ne la lâchait pas du regard et il était même difficile de s'approcher d'elle pour lui parler ! » se souvient un invité.

Sans aucune ressource, le jeune couple s'installe chez Pascal et Ewa. Kevin et Sofiya, qui ne travaillent pas, sont totalement dépendants financièrement des époux Rouxel. C'est Pascal, avec les trois mille cinq cents euros de son salaire d'assureur, qui fait vivre toute la famille. En novembre 2013, Sofiya donne naissance à Alice, et le couple s'installe dans un F2 à Hasparren. Mais, là encore, c'est Pascal qui paie le loyer.

Si Sofiya dit bien s'entendre avec ses beaux-parents et qualifie Ewa d'amie et de confidente, les époux Rouxel, eux, ne supportent plus de devoir entretenir leur fils et leur belle-fille. Ils trouvent que Sofiya et Kevin ne sont intéressés que par une seule chose : leur argent. Ils s'en ouvrent à leurs proches. Selon Josette Rouxel, la mère de Pascal, Kevin exerçait un chantage affectif sur ses parents, les menaçant de les couper de leur petite-fille s'ils ne lui donnaient pas ce qu'il voulait. Pascal et Ewa cédaient pour éviter les conflits, mais ils souffraient l'un et l'autre de cette situation. Pire encore, ils commençaient à avoir peur du couple.

Le 13 octobre 2014, un cambriolage a lieu dans la maison de La Bastide-Clairence. Plusieurs amies d'Ewa Rouxel vont relater cet événement aux enquêteurs. Le coffre-fort près de la cheminée a été ouvert et des bijoux ont été volés. Or, il n'y a aucune trace d'effraction. Pascal et Ewa ont tout de suite soupçonné leur fils et leur bru. En effet, quelque temps avant le vol, celle-ci avait insisté pour avoir accès au coffre. Et l'après-midi du vol, Sofiya et Kevin se trouvaient au domicile du couple. Une amie d'Ewa déclare aux enquêteurs : «Ewa et Pascal avaient des doutes. Ils pensaient que c'était leur fils Kevin qui était l'auteur du cambriolage. C'est à partir de là qu'Ewa m'a dit qu'elle avait peur pour leur vie à tous. Elle, Pascal et Yann. » Des voisins témoignent avoir vu le couple rôder autour de la maison ce jour-là.

La tension est forte entre les parents Rouxel et leur fils. D'autant que, dans un mail de quarante pages, posté quelques jours après le cambriolage, le 19 octobre 2014, ce dernier leur écrit tout ce qu'il leur reproche. Il les blâme pour leur manque d'affection, leurs lacunes éducatives. Leur réclame une maison en guise de pardon…

Les relations étaient de plus en plus tendues entre Pascal, Ewa, Kevin et Sofiya… et l'argent était au cœur de tout. Ewa avait d'ailleurs confié à Josette, sa belle-mère, avoir surpris une conversation entre Sofiya et sa mère dans laquelle il était question de l'héritage de la famille Rouxel. À des amis, elle avait rapporté que son fils lui réclamait sans cesse de l'argent. Sous la pression, Ewa et Pascal lui avaient acheté un terrain pour qu'il cultive des légumes bio. Mais Kevin n'en faisait rien. Les parents avaient peur que leur fils, en cas de problème, dilapide leur patrimoine, estimé à un million et demi d'euros par les gendarmes. Le 30 juillet 2015, ils avaient donc fait modifier leur testament pour protéger leurs biens et leur fils aîné Yann. Celui-ci disposerait des biens en France ; Kevin, de ceux en Pologne. Ewa voulait se protéger aussi de sa belle-fille qu'elle jugeait cupide.

En étudiant le contenu de l'ordinateur de Kevin Rouxel, les gendarmes découvrent que peu de temps avant le double assassinat, entre le 5 et le 17 février 2016, ce dernier avait acheté des fusils et des munitions en ligne, qu'il avait récupérés dans un Relais Colis près de chez lui. Kevin s'était aussi procuré tout le nécessaire pour commettre un incendie. Lors de la perquisition de la voiture du couple, les gendarmes découvrent dans le coffre un bidon de cinq litres d'alcool à brûler, des gants, une bouteille d'acide chlorhydrique, des allume-feu, des mèches lentes, des allumettes, etc. Il y a aussi le carton d'emballage d'un revolver Colt, un bidon de poudre noire, des amorces et des balles.

Tous ces achats intriguent les gendarmes et leur laissent penser que le jeune homme avait mis en place un plan machiavélique pour éliminer ses parents. D'autant qu'ils mettent aussi la main sur une feuille où est détaillé, noir sur blanc, tout son mode opératoire. Le projet de Kevin était non seulement d'assassiner son père, sa mère mais aussi son frère : «Finir 3 par pouf pouf» est-il écrit dans les premières lignes de cette note. Le cadet des Rouxel comptait faire croire à un drame familial et mettre le feu à la maison pour effacer toute trace, avant de prendre la fuite par une fenêtre de l'étage.

Avec ces éléments, les enquêteurs acquièrent la conviction que, en arrivant chez ses parents le samedi 20 février 2016, Kevin Rouxel comptait les assassiner. C'est d'ailleurs lui qui avait été à l'origine de ce déjeuner pour son anniversaire, un repas qui devait être celui de la réconciliation.

Grâce au témoignage de Yann, les gendarmes parviennent à établir un scénario. À onze heures, Kevin, Sofiya et leur petite fille arrivent en voiture chez Pascal, Ewa et Yann. Dans leur coffre, il y a le matériel pour incendier la maison. Kevin tient un cabas Leclerc dans lequel il a placé un revolver. Toute la famille se met à table. Puis Pascal se lève et se rend dans la cuisine. C'est à ce moment-là que Kevin le rejoint, avec son cabas. Il tire une première fois dans le dos de son père. Seulement blessé, Pascal cherche à se défendre. Les deux hommes se battent, et Kevin est blessé à la jambe. Finalement, il reprend le dessus et tire deux autres coups. La dernière à bout portant, au front. Dans le salon, Ewa et Yann qui ont entendu les coups de feu se précipitent vers la cuisine. Yann constate que son père est allongé au sol et que son frère tient une arme de poing. Il s'approche de Kevin, dit voir une «fleur» au bout du canon du revolver. Derrière lui, sa mère s'écroule, victime d'une balle dans la poitrine. Kevin arme le chien de son pistolet, mais il n'a plus de balles. En colère, Yann se jette sur lui, mais Kevin prend la fuite avec sa femme et sa fille. Il se rend à la gendarmerie où il se fait passer pour une victime du drame.

Aux gendarmes, Kevin racontera plusieurs versions des événements, toutes mensongères. Dans la dernière, il nie toujours avoir prémédité le meurtre de ses parents et explique avoir sorti une arme devant son père pour l'intimider alors qu'il lui réclamait de l'argent. Une dispute avait éclaté, et il l'avait tué. Sa mère avait été touchée par un tir accidentel alors qu'il se bagarrait l'arme avec son frère Yann. Mais pour les enquêteurs Kevin ment, il a tout planifié. Il voulait commettre non pas un double mais un triple assassinat, et son mobile était clair : éliminer tout le monde pour hériter de la fortune familiale.

Quel rôle a joué Sofiya, l'épouse de Kevin ? C'est la question à laquelle vont devoir répondre les enquêteurs. Si le jeune homme a plusieurs fois varié dans ses déclarations, concernant le rôle de sa femme il s'est en revanche toujours montré constant : elle ne savait rien, elle n'y est pour rien. Placée en garde à vue au début de l'affaire, la jeune femme a été rapidement relâchée, aucune charge n'ayant été retenue contre elle. Cependant, plus les investigations avancent, et plus la juge d'instruction s'interroge à son sujet. D'autant que, d'après les déclarations de certains proches des victimes, Ewa et Pascal avaient parlé des craintes qu'ils avaient vis-à-vis de leur belle-fille et surtout de l'influence qu'elle exerçait sur Kevin. Ewa Rouxel leur avait en effet confié que Kevin était sous son emprise. Josette, la grand-mère, explique également que son petit-fils avait beaucoup changé depuis son mariage et qu'elle était persuadée que Sofiya lui avait monté la tête. « Elle le manipulait pour pouvoir récupérer l'héritage » déclare-t-elle aux enquêteurs. Ewa lui avait d'ailleurs rapporté une conversation téléphonique au cours de laquelle Sofiya avait dit à sa propre mère : « On va bientôt récupérer le magot. »

Cependant, hormis des témoignages, les gendarmes n'ont pas d'éléments concrets, de preuves matérielles contre la jeune femme. Quant à Kevin, il ne cesse de répéter qu'elle n'était au courant de rien. Depuis sa cellule, il lui écrit qu'il l'aime, qu'elle est sa « princesse ». Pourtant, l'accusation a du mal à croire que Sofiya n'était pas au courant des projets de son mari, en raison de sa présence permanente à ses côtés. Elle avait été là à la réception des armes au Relais Colis, elle l'avait aidé à transporter les cartons dans la maison et elle n'avait rien fait pour l'en empêcher.

Le 1er avril 2016, un mois et demi après le drame, Sofiya est convoquée par la juge d'instruction et mise en examen pour « complicité d'assassinat ». Elle maintient n'avoir rien à voir avec le double crime : « Moi, je n'ai fait de mal à personne, je n'ai jamais tiré sur quelqu'un, je n'ai jamais battu quelqu'un. » Elle affirme même que c'est Pascal qui a tiré sur Ewa, et elle accuse son beau-frère de manipuler tout le monde. Apprenant la mise en examen de sa femme, Kevin Rouxel écrit à la juge d'instruction pour prendre sa défense : « Vous n'avez aucune preuve matérielle suffisante pour impliquer mon épouse Sofiya. Normal, elle n'a rien fait ! »

LE PARRICIDE

Considéré dans la Rome antique comme le crime le plus abject, le meurtre des parents et sa force symbolique (« tuer le père ») ont fortement influencé le Code pénal français. Ainsi, la peine de mort était-elle accompagnée jusqu'en 1830 d'une mise en scène complémentaire (voile noir, poings tranchés) quand il s'agissait d'un parricide.

Ce terme « parricide » existait d'ailleurs dans l'ancien Code pénal (article 299) jusqu'à la réforme de 199. Depuis, il est intégré dans la catégorie « meurtre sur ascendant légitime, naturel ou adoptif » (article 221-4).

Le parricide est jugé plus sévèrement que les autres crimes, en cela que c'est une circonstance aggravante et qu'il entre dans la catégorie des meurtres punis de la réclusion criminelle à perpétuité. Dans cette catégorie figurent aussi le meurtre sur un mineur de 15 ans, et ceux sur personne vulnérable, sur magistrat, avocat, enseignant, ou encore le meurtre sur conjoint.

À l'ouverture du procès le 10 décembre 2018 devant la cour d'assises des Pyrénées-Atlantiques, les époux Rouxel-Bodnarchuk ont vingt-cinq ans. Kevin Rouxel va-t-il continuer à dédouaner son épouse ? Et Sofiya Bodnarchuk qui clame son innocence depuis le début va-t-elle être entendue ? L'issue des débats est très incertaine… et contre toute attente leur amour va se fissurer complètement. Chacun joue sa peau…

Près de trois ans après les faits, donc, le couple comparaît à Pau et encourt la perpétuité. Tous les protagonistes du dossier s'interrogent sur l'attitude que le jeune homme va adopter. Dès le premier jour de l'audience, Kevin Rouxel surprend tout le monde. Il reconnaît avoir menti jusqu'à présent et avoir prémédité le double assassinat de ses parents, mais alors qu'il a toujours couvert son épouse, il se met à l'impliquer. Il affirme que Sofiya savait tout de ses intentions. S'il l'a innocentée durant l'instruction, c'était pour protéger leur fille. Sofiya aurait même voulu tuer Yann mais il l'en aurait dissuadée…

Dans le box, la jeune femme est effondrée. Elle clame son innocence et réaffirme son amour pour son mari. Les journées d'audience sont longues, tendues. Au cinquième jour du procès, Sofiya fait un malaise. L'audience est suspendue. Elle reprend le lendemain, mais cette fois-ci, dans le box, Kevin manque à l'appel. La cour apprend qu'il a tenté de se pendre. Il a été hospitalisé et ne peut plus comparaître. Le procès est renvoyé. Il va falloir tout recommencer.

Cinq mois plus tard, le vendredi 17 mai 2019, le procès doit s'ouvrir à nouveau devant la cour d'assises de Pau. La donne a changé. Sofiya, qui a bénéficié d'une remise en liberté sous contrôle judiciaire dans l'attente de cette nouvelle audience, comparaît libre. La jeune femme a aussi entamé une procédure de divorce. Kevin, qui a tenté une seconde fois de mettre fin à ses jours, une semaine avant le début de l'audience, a été jugé inapte à comparaître : le procès est reporté une deuxième fois.

La nouvelle audience programmée en mars 2020 est reportée à cause de l'épidémie de Covid-19. Il faut attendre le 20 novembre pour que le procès aille jusqu'à son terme. Dans le box, Kevin est agité. À tel point qu'il est expulsé à plusieurs reprises par la présidente. Le couple est désormais divorcé et Kevin accable son ex-femme. Pâle et amaigri mais toujours disert et arrogant, Kevin déclare : « Sofiya voulait le beurre, l'argent du beurre et la crémière. J'étais prêt à tout pour elle. Je me suis opposé à ma famille, aux gendarmes, j'ai menti à deux juges d'instruction, baratiné je ne sais combien de magistrats, j'ai tué mes parents pour elle. Voilà. Vous pouvez me poser des questions. » Kevin soutient que Sofiya savait et qu'elle était présente à chaque étape de l'élaboration du plan. Ils étaient fusionnels. Il affirme avoir été dans un tunnel et être allé jusqu'au bout par amour pour Sofiya.

Appelés à la barre, les experts relèvent que la famille Rouxel était « dysfonctionnelle » et que le mal-être de Kevin était profond. Selon la psychologue Isabelle Laurent-Labadie, « le crime a une forte charge symbolique commis le jour de l'anniversaire de l'accusé comme beaucoup de parricides avec anéantissement total du contexte familial. On sauvegarde sa vie en donnant la mort, on renaît de ses cendres ».

Le 28 novembre, la cour d'assises condamne Kevin Rouxel à trente ans de prison et Sofiya Bodnarchuk à vingt ans. Leurs avocats font appel de la décision.

Un nouveau procès se tient le 25 janvier 2022 devant la cour d'appel de Mont-de-Marsan. À l'ouverture des débats, Kevin prétend être son frère jumeau, Mickael-Alpha, et demande des analyses ADN. Il explique que Kevin s'est pendu dans sa cellule de prison. Une histoire à dormir debout mais qui oblige le président de la cour à renvoyer le procès. Pendant ce temps, une nouvelle expertise psychiatrique est réalisée. Elle conclut que le jeune homme n'est pas fou mais manipulateur. L'audience est reportée au lundi 3 octobre 2022. Après dix-neuf jours de débats – le procès a dû être interrompu, car les deux accusés ont contracté le Covid –, Kevin Rouxel est condamné à trente ans de prison et Sofiya Bodnarchuk est acquittée.

C'est la fin d'un long feuilleton judiciaire. Pourtant, une autre bagarre s'engage : celle de la garde de la fille de Kevin et Sofiya. L'enfant vit avec la sœur de Pascal Rouxel. Libre et innocentée, Sofiya a entamé une procédure pour la récupérer. Fin 2023, elle a obtenu un dédommagement de cent soixante-six mille huit cents euros pour son temps passé en détention. Elle demandait trois millions d'euros.

Affaire Roberto Succo

En janvier 1988, à Toulon, une banale descente de police tourne au carnage. Un officier est tué, son meurtrier prend la fuite. Les policiers ne le savent pas encore, mais ils viennent de faire face à l'un des pires criminels sévissant sur le sol français. Il faudra le travail acharné de plusieurs enquêteurs pour l'identifier, l'arrêter et découvrir que l'homme sème depuis des mois la mort sur son passage.

Le 27 janvier 1988, Jacky Volpé, un restaurateur de trente-cinq ans, vient finir la soirée à L'Or bleu. Après un dîner en compagnie de quelques copains, il a suivi son ami Pierre, le patron de cette boîte de nuit du quartier des Sablettes à La Seyne-sur-Mer. Des clients traînent encore sur la piste de danse, l'un d'eux attire l'œil par son comportement de jeune chien fou. Avec ses grands gestes saccadés, ses éclats de rire intempestifs… On ne remarque que lui. Il est entouré de deux filles d'une vingtaine d'années tandis qu'une troisième les observe, assise à une table. Vers quatre heures du matin, les jeunes gens s'apprêtent à partir.

En longeant le comptoir vers la sortie, deux des filles reconnaissent José Alberti, le patron de L'Enfer, un bar de nuit toulonnais où elles viennent de se faire embaucher. C'est un copain de Jacky Volpé. Les deux hommes, qui sont déjà bien éméchés, insistent pour payer un verre aux filles. Le jeune homme qui les accompagne, un dénommé André Colin, refuse. Il veut s'en aller, il est tard. Jacky Volpé, qui est loin d'être un enfant de chœur, lui dit de se tirer et lui écrase sa Gitanes incandescente sur le menton. André est furieux. « Je te tue ! Je vous tue tous ! » hurle-t-il d'abord. Se calmant, il ajoute : « Je veux pas la merde. » Puis il dévale l'escalier en courant suivi par les trois filles.

Jacky et José se lancent à sa poursuite. Ils lui tombent dessus sur le parking alors qu'André est en train d'ouvrir la portière de son Alfa Romeo. Le jeune homme envoie valser José Alberti d'un coup de poing qui lui fracture le nez en trois endroits. Quand il voit Jacky s'approcher avec un couteau, André plonge à l'avant de son véhicule, saisit une arme et se relève pour tirer. Deux fois. L'Alfa Romeo démarre en trombe. Jacky Volpé n'a rien vu venir. Il s'effondre sur le pavé. Blessé sur le côté et dans le dos, il ne souffre pas vraiment. Il ne le sait pas encore, mais il a été touché à la moelle épinière, et il ne se relèvera plus.

L'enquête est confiée à la police judiciaire de Toulon. Les enquêteurs sont persuadés qu'ils ont affaire à un règlement de comptes entre voyous. Jacky Volpé et José Alberti ont tous les deux un passé judiciaire chargé, ils ont déjà fait de la prison et restent proches du Milieu. Grâce à José, les deux jeunes employées de L'Enfer qui accompagnaient André sont vite localisées. Il s'agit de deux sœurs, Béatrice et Carole. Elles viennent d'arriver à Toulon et logent à l'Hôtel Prémar dans le Petit Chicago, un quartier populaire, alors assez mal famé, de la vieille ville.

Deux officiers du service régional de police judiciaire, les inspecteurs Michel Morandin et Claude Aiazzi, sont envoyés sur place. Quand ils se présentent au deuxième étage, devant la chambre numéro 7 où séjournent les jeunes femmes, Béatrice est en train de faire ses valises. La jeune fille dit ne pas savoir où se trouve André, qu'elle connaît à peine. Elle et sa sœur sont rentrées en stop après la bagarre. Les deux policiers sont persuadés qu'elle en sait plus que ce qu'elle veut bien dire… Ils veulent donc la ramener à la Villa, le siège de la police judiciaire de Toulon, pour l'interroger.

Il est midi et demi. Alors que les deux policiers sont prêts à quitter les lieux, Aiazzi entend des pas dans l'escalier, derrière son dos. Il se retourne et fait face à un jeune homme souriant. Quand il lui demande ses papiers, l'individu plonge sa main dans son blouson. Aiazzi comprend immédiatement qu'il s'agit du tireur de L'Or Bleu. Faute de temps pour dégainer son arme de service, il se jette sur lui pour le ceinturer. Après une courte lutte, le policier trébuche sur une valise et tombe. André lui tire dessus, la balle traverse le corps d'Aiazzi et vient se ficher dans la jambe de Morandin. André tire une deuxième fois sur Aiazzi, au thorax, et pointe son arme sur Béatrice qui a juste le temps de se baisser pour éviter la balle. Profitant de la diversion, Morandin se relève et tente de poursuivre le tireur dans l'escalier. André se sachant pourchassé se retourne et tire sur le policier. Touché à la jambe et maintenant au bras gauche, Michel Morandin s'écroule. Le malfaiteur revient sur ses pas et s'empare de son .38 Smith & Wesson. Un témoin entend Morandin supplier « Ne me tue pas, ne me tue pas ! » puis une détonation. André a posé le canon derrière l'oreille droite de Morandin et a tiré à bout touchant. Aiazzi, qui a réussi à se hisser à la fenêtre, tire sur André qui s'enfuit en courant de l'hôtel. Mais il le loupe, et le tueur fou échappe aux policiers.

L'inspecteur Michel Morandin avait 38 ans, il était père de deux jeunes enfants. Sa mort est un drame pour toute la police judiciaire. Claude Aiazzi, qui était à un an de la retraite, est grièvement blessé et portera toute sa vie des séquelles de cette agression.

Tous les moyens sont alors mis en œuvre pour repérer et attraper le fuyard. Un mandat d'arrêt international est lancé, mais dans la précipitation la police de l'air et des frontières est oubliée. Le Petit Chicago est quadrillé. On recherche l'Alfa Romeo du suspect, immatriculée en Savoie. Le blouson d'André, taché de sang, est retrouvé. Un jeune homme du quartier s'est fait braquer par le fugitif qui lui a pris son blouson en cuir noir. Les policiers toulonnais sont tellement choqués que nombre d'entre eux sillonnent d'eux-mêmes la ville à la recherche du meurtrier de leur collègue. Ils veulent l'avoir vivant.

Le procureur de la République, qui craint des dérapages, confie alors l'enquête au SRPJ de Marseille.

Carole et Béatrice racontent aux enquêteurs ce qu'elles savent de ce dénommé André. Il avait un petit accent, et serait hollandais. Carole était sa petite amie. Elle décrit un garçon possessif et jaloux, avec des accès de violence et qui faisait parfois semblant de l'étrangler. Il avait les poches pleines d'argent liquide et payait tout généreusement. Elle l'a accompagné plusieurs fois au 42, rue Nicolas-Laugier, sa planque.

Une équipe de policiers se rend à l'adresse indiquée. L'appartement d'une cinquantaine de mètres carrés est rempli du sol au plafond d'objets et de vêtements. Une véritable caverne d'Ali Baba, ou le repaire d'un voleur compulsif. La police scientifique a tout ce qu'il lui faut pour relever des empreintes. Des valises, des raquettes de tennis, une douzaine de paires de lunettes de soleil de marque, du matériel de montagne, des sacs de sport, deux dizaines de montres, des chaînes HI-FI, des trousseaux de clés de voitures et de maisons en quantité… Les policiers trouvent également des chéquiers, des traveller's checks, et surtout des Photomaton en noir et blanc ainsi que plusieurs fausses cartes d'identité portant des noms différents. Carole reconnaît André. Sur certaines photos, il semble calme et a le regard clair, sur d'autres, il paraît brutal et a l'œil sombre.

Dans un placard de la chambre, les policiers découvrent un véritable arsenal. Pas moins de cinq armes de quatrième catégorie nécessitant un permis et des centaines de cartouches.

Annie, la propriétaire du logement, est interrogée. Elle connaissait son locataire sous le nom de Kurt, et elle confirme aux policiers qu'il s'agit bien de l'homme sur les photos. Elle lui loue l'appartement depuis octobre 1986. Il lui a dit qu'il était peintre. C'est un locataire sans histoires. D'ailleurs, dans le quartier, personne ne peut donner d'indices sur le fugitif. André, le fou dangereux, passait inaperçu.

Les policiers pensent néanmoins détenir une piste. Leur homme pourrait être un déserteur de la Légion étrangère, car il est très musclé, connaît bien le maniement des armes, tue de façon professionnelle, fait preuve d'un sang-froid à toute épreuve et semble habitué à la clandestinité. Ils trouvent la trace d'un Bruno Kurt, ancien légionnaire connu des services de police. La deuxième identité de cet homme est Andreas Kolb. Coïncidence troublante, les empreintes du légionnaire et celles découvertes dans la planque ne correspondent pas.

Dans l'appartement est aussi retrouvée une carte d'identité falsifiée au nom d'André Colin. Le véritable propriétaire est convoqué. Il explique avoir rencontré l'autre « André » en mai 1986. L'homme l'avait pris en stop dans la Drôme et ils avaient passé quelques heures ensemble et avaient sympathisé. Après être descendu de voiture, André Colin s'était aperçu que le conducteur lui avait volé ses papiers. Il n'avait porté plainte qu'après avoir constaté des retraits et des impayés à son nom, en janvier 1987. Il reconnaît bien l'individu sur les photos, mais il ne l'a jamais revu.

Les Photomaton retrouvés rue Nicolas-Laugier sont publiés à la une des journaux et par Interpol. Chaque cliché semble présenter un homme différent : blond, brun, cheveux courts, cheveux longs, etc. Le 1er février, un avis de recherche est diffusé dans la France entière, placardé dans tous les commissariats et toutes les gendarmeries. Sous la photo, on peut lire : « Type européen, la vingtaine, 1,70 m, corpulence athlétique, cheveux châtain clair, très courts, yeux très clairs, teint pâle, cicatrice droite entre base du nez et lèvre supérieure, accent germanique. »

LE DÉPAYSEMENT

Le meurtre du policier Michel Morandin a eu lieu à Toulon, pourtant l'enquête n'est pas confiée à ses collègues territorialement compétents, mais à ceux de la police judiciaire de Marseille. C'est ce que l'on appelle « dépayser une affaire ».

Il existe deux types de dépaysement : le dépaysement de l'enquête et le dépaysement judiciaire.

Dans le premier cas, le parquet ou les juges d'instruction disposent de la liberté de saisine des services d'enquête, de police ou de gendarmerie ou de services locaux, SRPJ ou offices centraux. Il s'agit d'une décision prise soit pour des raisons de moyens, en raison de l'importance de l'enquête et de ses ramifications nationales ou internationales, soit parce que les liens entre les services enquêteurs et la victime empêchent l'objectivité ou le recul nécessaire.

Le dépaysement judiciaire (ou délocalisation) est décidé par le premier président de la cour d'appel. Il consiste à renvoyer le dossier vers un autre tribunal que celui territorialement compétent, car, en matière pénale, les dossiers sont traités là où l'infraction a été commise. Cela intervient notamment en cas d'implication ou de doute sur l'impartialité d'un magistrat dans une affaire, s'il exerce auprès du tribunal censé juger l'affaire. Les parties impliquées peuvent demander une délocalisation auprès d'une juridiction différente.

La décision d'un dépaysement judiciaire revient à la cour d'appel ou à la Cour de cassation. Pour ce faire, cette dernière dessaisit le tribunal naturellement compétent et transfère le dossier vers une autre juridiction. La demande de délocalisation peut être établie par le procureur général ou bien les parties prenantes de l'affaire. La cour d'appel évaluera les motifs de la demande et donnera sa réponse dans un délai de huit jours.

La police française diffuse l'avis de recherche d'André, avec sa photo, à toutes les polices européennes. Les enquêteurs ne sont pas au bout de leurs surprises, car ils vont découvrir que cet homme a un parcours criminel hors normes et a déjà fait plusieurs victimes.

Tout commence le 3 avril 1987, date à laquelle le corps d'un policier de 38 ans, André Castillo, est retrouvé mort sur la place de la mairie de Tresserve, non loin d'Aix-les-Bains, en Savoie. Un voisin a entendu une détonation vers six heures du matin. Le policier, qui sortait de chez lui pour aller travailler au commissariat de Chambéry, a été tué d'une balle de .22 Long Rifle dans la gorge. Son arme, un Manurhin Spécial Police, a disparu. Rien dans l'enquête ne permet alors d'expliquer la mort du policier. Il semble s'agir d'un acte gratuit.

Les faits s'enchaînent. Dans la nuit qui suit le meurtre du policier, cinq cambriolages sont constatés dans la banlieue d'Annecy. Vers quatre heures du matin, un curieux accrochage a lieu sur la rocade d'Aix-en-Provence, à plus de 350 km d'Annecy. Une Renault 20 provoque un carambolage monstre. Après le choc, l'automobiliste est aperçu s'éloignant de son véhicule en boitant, un sac plastique à la main. Il enjambe la glissière, se retrouve dans le sens opposé de la rocade et se poste sur la bande d'arrêt d'urgence avant l'embranchement pour Nice.

Lionel Monti, qui rentre cette nuit-là de boîte de nuit avec sa fiancée, arrête sa Renault Supercinq à hauteur de l'homme blessé, persuadé qu'il a besoin d'aide. À peine lui a-t-il adressé la parole que celui-ci sort de son sac une arme et lui intime de céder son véhicule. La Supercinq démarre en trombe en direction de Nice laissant sur le bas-côté Lionel Monti et sa compagne, éberlués. Le couple décrira aux policiers un homme d'une vingtaine d'années, les cheveux châtains courts, avec un accent espagnol ou portugais.

La Renault abandonnée par le fuyard est passée au crible. Il s'agit d'un véhicule volé à Manosque six mois plus tôt sur le parking d'un hôtel où avait été retrouvée une Renault 18. Celle-ci contient des objets volés dans les villas cambriolées quelques heures plus tôt, une boîte contenant quarante-huit cartouches de .22 Long Rifle – deux sont donc manquantes –, et d'autres emballages de cartouches de divers calibres, pour certaines destinées à des armes de guerre. Pour les enquêteurs, le fuyard de la rocade est potentiellement le meurtrier d'André Castillo, même s'il leur est impossible de l'affirmer tant que l'arme qui a tiré n'a pas été retrouvée.

Quelque temps plus tard, un petit délinquant est arrêté par hasard près de Grenoble. On trouve dans ses affaires un chéquier des propriétaires de la R20 et les papiers des propriétaires de la R18. Il explique qu'il a cassé la vitre de la première voiture et a tout raflé, y compris un fusil de chasse qui était dans le coffre. Le petit voleur a volé le grand. La carte d'identité a été falsifiée, la photo de son propriétaire remplacée par celle d'un jeune homme brun aux yeux clairs. Trois photos en tout sont retrouvées et placées sous scellés.

Le 27 avril 1987, vers vingt-deux heures, Jean-Marie Ribère, chauffeur de taxi à Gap, dans les Hautes-Alpes, roule à bord de sa Mercedes-Benz sur la route nationale 75. Fatigué, il s'arrête sur l'aire de repos de Malemort et s'assoupit quelques minutes. À son réveil, il sort prendre l'air quand un jeune homme sympathique descend d'une voiture qui vient de se garer et lui demande, avec un accent italien, s'il a de l'huile. Jean-Marie Ribère n'en a pas. Il va pour remonter dans sa voiture quand, soudain, le jeune homme pointe une arme sur lui et lui intime l'ordre d'ouvrir son coffre et de se mettre dedans. Jean-Marie Ribère s'exécute. Il a le temps de remarquer le regard terrifié d'une jeune femme sur le siège passager de la voiture de son agresseur, peut-être une Opel Corsa, immatriculée en Haute-Savoie. Une dizaine de minutes plus tard, le coffre s'ouvre. Le jeune homme lui demande les clés de l'auto et lui ordonne de sortir pour lui expliquer comment elle fonctionne. Jean-Marie Ribère obtempère, se met au volant. Alors que d'autres véhicules circulent sur la route nationale, la jeune passagère fait des appels de phare. Le jeune homme se tourne vers elle pour lui demander d'arrêter. Jean-Marie Ribère profite de cette diversion pour s'échapper, pied au plancher sous les tirs du voyou, qui heureusement n'atteignent que la carrosserie. Le chauffeur de taxi fonce dans la nuit et ne s'arrête qu'une fois parvenu à la gendarmerie de Lus-la-Croix-Haute, dans la Drôme. Aux gendarmes il dresse un portrait-robot de son agresseur : un jeune homme brun aux yeux clairs.

À l'écoute de son récit, les gendarmes font tout de suite le lien avec la disparition d'une trentenaire, le matin même. Domiciliée à Sevrier, un quartier résidentiel dans la banlieue d'Annecy, France Vu Dihn était attendue par son compagnon pour déjeuner à Annecy. Elle n'est jamais arrivée au lieu de rendez-vous et n'a donné aucune nouvelle. Elle possède une Austin Metro grise que Jean-Marie Ribère pourrait avoir confondue avec une

Opel. Elle est immatriculée 74, ce qui est rare dans la région. Le véhicule est retrouvé deux heures après le braquage de Jean-Marie Ribère, sur un chemin proche de Sisteron, qui débouche sur la route nationale 85. Le moteur est encore chaud. La clé de contact a disparu. Le braqueur n'a laissé aucune empreinte.

Ce même 27 avril 1987, une autre personne disparaît : Michel Astoul, vingt-six ans, quitte l'hôpital de Sisteron où il travaille pour rentrer chez lui. Il est 23 h 25. Le médecin n'est jamais arrivé à son domicile, et son Opel Kadett a disparu avec lui. Elle sera localisée le 1er mai à Sevrier, près d'Annecy. Sans empreintes là aussi. Son cadavre ne sera retrouvé que le 18 octobre 1987, en décomposition, dans une grange près d'Aix-les-Bains. Il a été tué d'une balle dans la tête, un calibre .38 Spécial ou .357 Magnum, compatibles avec un revolver comme celui qui a été volé au policier André Castillo.

Les enquêteurs ont une intuition : celui qui a kidnappé France Vu Dihn est le même que celui qui a agressé Jean-Marie Ribère et a enlevé Michel Astoul. Il s'agit du même homme qui, depuis septembre 1986, est à l'origine d'une série d'agressions et de vols dans la région. Les gendarmes de Chambéry, de Dignes, de Grenoble et d'Annecy ont le sentiment d'avoir affaire à un fou dangereux qui circule lourdement armé, souvent vêtu d'un treillis, sur l'axe Savoie-Méditerranée. L'homme opère le week-end, au plus tôt le vendredi et au plus tard le lundi. Il peut être espagnol, portugais, italien, hollandais ou yougoslave.

En 1988, les gendarmes qui ont décidé d'unir leurs forces en sont là de leurs réflexions quand ils reconnaissent la photo publiée sur l'avis de recherche. C'est le même homme que celui qui s'est enfui sur la rocade d'Aix-en-Provence. Ils se mordent les doigts de n'avoir pas diffusé les photos plus tôt. Jean-Marie Ribère est immédiatement convoqué, sa réaction est sans équivoque : « C'est bien lui ! Sûr à 80 %. »

Pendant que les policiers de Marseille et les gendarmes unissent leurs forces, « André » poursuit sa cavale. Dès le lendemain du meurtre de Michel Morandin, il braque une station-service suisse à Rolle, dans le canton de Vaud, sur les bords du lac Léman. Il tombe sur la police suisse et réussit à prendre la fuite en abandonnant son Alfa Romeo. Les policiers retrouvent dans sa voiture des outils, des cagoules, des vêtements militaires, un .357 Magnum, un .22 Long Rifle, un fusil à pompe et un Manurhin.

Dès lors, « André » devient l'ennemi public numéro 1. Il a toutes les polices d'Europe à ses trousses. Le 30 janvier, à Lutry, en Suisse, le fugitif braque Françoise Wannaz pour qu'elle le conduise jusqu'à Berne. L'institutrice n'a d'autre choix que d'obtempérer. Elle va faire preuve d'un sang-froid remarquable, aidée par le fait qu'elle ne sait pas à qui elle a affaire. « Il avait l'air d'un adolescent perturbé mais pas méchant » dira-t-elle. Françoise Wannaz lui trouve un accent italien. L'enseignante, qui arrive à instaurer un dialogue avec l'homme, roule pendant des kilomètres quand elle voit soudain dans son rétroviseur une cohorte de voitures de police qui la suivent. Elle comprend qu'elle risque sa peau. Elle a une vision, elle se voit ouvrir la porte de la voiture et sauter. C'est comme un ordre qui jaillit dans sa tête, elle obéit. Elle se précipite hors du véhicule qui termine sa course près d'une gare de marchandises. Son passager arrive à s'échapper. La police perd sa trace.

La cavale rocambolesque continue. « André » prend le bus puis monte dans un train jusqu'à Lyss où il se réfugie dans un immeuble. Il sonne aux interphones. Béatrice, une jeune fille de seize ans qui attend des amis, lui ouvre. « André » a de la chance ; la jeune fille, beaucoup moins. Il pénètre chez elle, l'oblige à se déshabiller et l'attache. C'est lui qui ira ouvrir aux amis de l'adolescente, qui subiront le même sort. L'une des jeunes filles sera agressée sexuellement par le braqueur. Puis « André » se douche, mange, regarde la télé et finalement quitte les lieux. Il est alors pris en stop par un groupe de jeunes gens qui le trouvent très sympathique et cool. Il leur parle un français sans accent. À Lucerne, il saute dans un train pour Brigue. De là, il va passer à pied, en trois jours, la frontière italienne. Un exploit.

Arrivé en Italie, le fuyard prend le train pour Milan, puis pour Venise. Il continue sa route dans les Préalpes italiennes, jusqu'à Santa Croce sull'Arno où il force la porte d'un chalet inhabité. Le fils du propriétaire, qui vient skier un week-end avec des amis, tombe sur lui. « André » explique qu'il a fugué de chez lui, qu'il s'est réfugié ici et qu'il va repartir. Il n'a rien abîmé. Les jeunes gens le trouvent tellement sympathique qu'ils lui proposent de les accompagner skier le lendemain et lui laissent les clés du chalet quand ils repartent à la fin du week-end. Peu de temps après, le propriétaire agira de même. Le jeune homme lui inspire parfaitement confiance.

« André » s'organise. Il vole une moto Honda, avec laquelle il rend régulièrement visite à Francesca, une jeune fille de seize ans qu'il a rencontrée et qui habite chez ses parents à Conegliano, entre Venise et Santa Croce sull'Arno. Celui qui a réussi à échapper à toutes les polices d'Europe leur semble poli, timide et romantique. Ils l'accueillent avec plaisir.

Le 6 février 1988, sur les conseils de son psy, une autre jeune fille de 16 ans pousse la porte du commissariat d'Aix-les-Bains. Sabrina vient dénoncer son petit ami, Kurt, qu'elle a reconnu sur l'avis de recherche. Elle raconte l'avoir rencontré lors de vacances à Toulon, à la fin du mois d'août 1986. Elle habite Annecy, et Kurt venait la voir tous les week-ends. Il lui disait être agent secret. Il l'emmenait dormir dans des chalets désertés par leurs propriétaires, lui donnait des cours de tir dans la campagne. Un jour, ils ont même dormi dans une grange. Sans le savoir, elle désigne celle où a été retrouvé le corps de Michel Astoul. L'adolescente n'a assisté à aucun vol, à aucun meurtre, à aucune agression. Pour elle, André était un aventurier qui l'entraînait dans une vie excitante. Pourtant, dès le mois d'avril 1987, il a commencé à lui faire peur. Il portait une arme en permanence et était parfois menaçant. Il jouait à l'étrangler. Une fois, il l'avait même ligotée, puis l'avait libérée quand elle s'était mise à pleurer. Ils avaient rompu en novembre 1987, deux mois avant qu'il ne tire sur les policiers de Toulon.

Sabrina donne un indice capital aux policiers : « Kurt » était italien. Il le lui avait dit un jour où il s'était énervé en italien contre un automobiliste. Il s'était alors effondré devant elle et lui avait confié avoir tué ses parents pour une histoire de voiture. Il lui avait dit s'appeler en réalité Juce.

Les enquêteurs français contactent immédiatement leurs collègues italiens. Ces derniers ressortent le dossier d'un jeune parricide, un dénommé Roberto Succo. *Succo* veut dire « jus » en italien. *Juice* en anglais. Les empreintes du jeune homme correspondent à celles retrouvées dans la planque de Toulon et sur les lieux de plusieurs de ses agressions. Le tueur est identifié. Reste à l'arrêter. Le 10 février, un mandat d'arrêt international est lancé contre lui. Les télévisions diffusent sa photo et son histoire en boucle.

En Italie, Roberto Succo avait déjà défrayé la chronique en 1981 quand, à dix-neuf ans, il avait tué sa mère et son père, un policier. Reconnu schizophrène et donc jugé irresponsable de ses actes par les psychiatres, il avait été condamné à purger une peine de dix ans de prison dans un hôpital psychiatrique. Il s'en était évadé à mi-peine. En mai 1986, sous une fausse identité, il était arrivé à Toulon où il s'était installé rue Nicolas-Laugier et avait rencontré Sabrina trois mois plus tard.

Le propriétaire du chalet de Santa Croce sull'Arno, où Succo s'était réfugié, manque de s'évanouir quand il reconnaît son locataire dans le portrait du tueur fou. Il prévient aussitôt la police de l'endroit où il se cache. Mais le 13 février, en se baladant en ville, Roberto Succo a reconnu lui aussi son visage placardé sur les kiosques à journaux, et il a déjà pris la fuite.

Les parents de Francesca ont également pris contact avec les enquêteurs. Et le 28 février 1988, Succo le sentimental ne peut s'empêcher de venir voir Francesca. Les policiers italiens lui sautent dessus alors qu'il s'approche, à pied, de la maison de la jeune fille. « Je ne suis pas Roberto Succo ! » crie-t-il d'abord en français. Puis « Vous avez eu de la chance, si j'avais eu mon arme, je vous aurais tous tués », et enfin « Ne me faites pas de mal. Pour moi, c'est fini ». Dans sa voiture volée, on retrouve le Smith & Wesson de Michel Morandin.

Succo est aussitôt transféré à l'hôtel de police de Trévise. Il est interrogé par Filippo Silvestri qui se souviendra toute sa vie de cet interrogatoire. Il a l'impression d'avoir deux Roberto Succo devant lui. L'un qui lui avoue fièrement avoir tué six personnes en France – il croit que Claude Aiazzi est mort – et violé plusieurs femmes ; et un autre qui surgit soudainement et semble terrorisé par le premier. « Une bête sauvage, féroce et blessée. »

Quand le policier lui demande sa profession, Roberto Succo répond fièrement « *Killer* ! », « Je suis un tueur ». Roberto Succo regarde le policier fixement d'un œil à la fois vitreux et pénétrant comme une mitraillette. Il parle de lui comme d'un héros, avec exaltation. Il se vante, il ne se rend pas compte de la gravité des faits. Succo raconte avoir enlevé une jeune femme très belle et avoir vécu avec elle pendant des semaines. Quand elle a tenté de s'enfuir, il l'a poignardée et a jeté son corps dans la mer près de Nice. Les enquêteurs français seront convaincus qu'il s'agit de France Vu Dihn. Il explique avoir tué André Castillo, car le policier était venu lui demander ses papiers alors qu'il dormait dans sa voiture. Filippo Silvestri a l'impression d'avoir affaire à un volcan en éruption, à un homme qui a de courts moments de lucidité où il semble effrayé de lui-même.

Silvestri a réussi à faire parler Succo en s'attirant sa sympathie. Il n'a pas pris sa machine à écrire, de peur de l'intimider. Rien ne devait laisser croire à interrogatoire. Ces aveux informels, retranscrits par le policier, seront les seuls. Le lendemain, devant le substitut du procureur, Roberto Succo se rétracte. Il se présente comme André, un Français qui n'a rien à voir dans tout cela. Il sort de l'hôtel de police devant une haie de journalistes qui le filment souriant, sûr de lui, moqueur. Sa beauté, son charme et sa folie lui vaudront le surnom de « chérubin noir ».

Roberto Succo est écroué à la prison de Trévise, placé en isolement. Le lendemain de son incarcération, le 1er mars 1988, lors de sa promenade dans la cour, il grimpe sur le mur de la prison et bondit sur le toit. Un acte prodigieux. Les journalistes arrivent. Succo se balade en équilibre sur le toit. Il s'arrête pour insulter les carabiniers. Il défie ceux qui le tiennent en joue avec leurs armes : « Vas-y ! tire-moi dessus ! » Il injurie les journalistes : « Je vous tue tous. » Il invective un journaliste français : « Dites à Sabrina qu'elle m'a trahi ! Que c'est une pute, une salope ! » Puis, comme s'il parlait directement à la jeune fille : « Tu m'as trahi, rappelle-toi que tu es une grande putain ! C'est ta faute si les Italiens m'ont poursuivi. Ta faute. Parce que sinon ils ne m'auraient pas attrapé. » Il cite la maxime en épitaphe du *Rouge et le Noir* de Stendhal : « Souvent femme varie, bien fol qui s'y fie. »

Il parle ainsi pendant une heure avec un panache incroyable puis, d'un coup, se déshabille. « Si j'avais su, je ne serais pas revenu en Italie, je ne peux pas rester en prison, les oiseaux meurent en cage et je suis un oiseau. » Roberto Succo, entièrement nu, prend des poses de culturiste. Il semble d'une force prodigieuse, il saisit des tuiles et les lance sur les voitures qui circulent le long de la prison. Finalement, il redescend jusqu'à un fil électrique qui relie deux bâtiments et entreprend de jouer les funambules. Il tombe, s'agrippe avec ses mains puis avec ses jambes. Soudain, au moment où il va rejoindre l'autre édifice et être récupéré par des policiers, il lâche le câble et tombe de cinq mètres de hauteur. Transporté à l'hôpital, il s'en tire avec plusieurs côtes cassées et une luxation de l'épaule. Il est rapidement transféré à la prison de Livourne, jugée plus sûre.

Les juges d'instruction français chargés des différentes affaires demandent à auditionner Roberto Succo. En tout, une vingtaine de dossiers sont en suspens. La justice italienne demande à la France d'entamer une procédure d'extradition, qui sera refusée le 20 avril 1988.

L'EXTRADITION

L'extradition vise à récupérer un criminel, français ou non, recherché sur le territoire français et ayant fui à l'étranger ou à permettre à un État étranger de récupérer un criminel présent en France, mais recherché pour des faits commis à l'étranger.

Les articles 696 et suivants du Code de procédure pénale fixent les conditions des extraditions, en fonction des conventions internationales bilatérales ou multilatérales existantes.

Des conventions internationales permettent de vérifier la réalité du crime ou du délit pour lequel un individu est recherché afin d'éviter des abus de procédures, notamment pour raisons politiques.

Évidemment, les lois nationales disposent de règles qui leur sont propres et le juge italien est dans son droit, même s'il semble d'un pointillisme extrême. Depuis 2004, le mandat d'arrêt européen a fortement allégé les procédures dans l'Union européenne.

Le 23 avril 1988, le juge d'instruction français Jean-Pierre Bernard obtient toutefois l'autorisation d'aller interroger Roberto Succo en Italie. Il le rencontre dans une salle de la prison de Livourne en présence de gardiens, d'un juge italien et de son greffier et de l'avocat commis d'office du prisonnier. L'avocat historique de Roberto Succo, Eugenio Vassalo, n'a pas été convoqué. Dans ces conditions, Roberto Succo refuse de répondre aux questions du juge français. Celui-ci tente une conversation informelle et lui montre une photo de France Vu Dihn. Succo ne regarde pas et ne répond pas. En partant, il lance : « De toute façon, je serai déclaré irresponsable, je ne serai jamais jugé en France. »

Le 9 mai 1988, les psychiatres italiens le déclarent « incapable d'entendre et de voir », la formule italienne pour considérer un criminel comme irresponsable. Succo est atteint d'une forme grave de schizophrénie. Il est transféré à la prison de Vicenza. Les Français sont furieux et veulent demander une nouvelle expertise. Ils n'en auront pas le temps : le 23 mai 1988, Roberto Succo se suicide dans sa cellule. Il s'est asphyxié en mettant un sac en plastique sur sa tête dans lequel il avait glissé le tuyau du bec de gaz de son réchaud.

Roberto Succo est enterré le 28 mai 1988 dans le cimetière de Mestre. La famille n'a pas voulu qu'il soit inhumé à côté de ses parents. Une pièce de théâtre de Bernard-Marie Koltès et un film de Cédric Khan en ont fait un personnage mythique, mais Roberto Succo reste un criminel réel, qui a fait beaucoup de victimes toutes aussi réelles. Il a définitivement échappé à la justice, et les familles des victimes françaises n'auront jamais de réponses à leurs questions. Un mystère subsiste : celui du sort de France Vu Dihn.

Affaire Jean-Louis Turquin

Le 21 mars 1991, à Nice, le petit Charles-Édouard Turquin, huit ans, disparaît en pleine nuit de chez lui. L'enfant était au cœur d'un âpre conflit entre ses parents, un couple particulièrement déséquilibré et toxique. Cette affaire complexe et aux multiples rebondissements donnera lieu à un ultime coup de théâtre bien des années plus tard.

Le 21 mars 1991, à 7 h 15, Jean-Louis Turquin, un vétérinaire de quarante-deux ans, appelle le commissariat central de Nice pour signaler la disparition inquiétante de son fils de huit ans. Aussitôt, les enquêteurs de la brigade des mineurs se rendent au domicile parental, dans le quartier chic de Gairaut. La famille Turquin demeure à la Bastide-Haute, une immense bâtisse de vingt-deux pièces aux allures de manoir anglais, agrémentée d'un parc et d'une piscine. Le vétérinaire explique aux policiers que la veille Charles-Édouard s'est couché normalement vers 21 heures après avoir joué aux échecs avec lui. Il l'a rejoint une heure plus tard. Le père et le fils partagent la même chambre, depuis le départ de Michèle, la mère du garçon, un mois plus tôt. Ils dorment côte à côte dans deux lits jumeaux, ce qui rassure le garçonnet. D'ordinaire, Charles-Édouard se réveille vers 6 h 30 pour aller retrouver ses grands-parents maternels qui logent dans une dépendance de la maison. Il y nourrit au biberon un petit chiot et avale le chocolat chaud préparé par sa grand-mère. C'est ensuite son père qui le conduit à l'école.

Mais ce matin, le petit garçon est introuvable. Le père ne s'était rendu compte de rien pendant la nuit. La piste d'une fugue pour rejoindre sa mère est la première envisagée. Les policiers engagent des recherches dans la demeure pour vérifier si des indices peuvent la confirmer. Cependant, ils constatent que les chaussons de Charles-Édouard sont encore là, tout comme ses vêtements et ses jouets. Il est donc peu probable que l'enfant ait voulu quitter, en pyjama et sans chaussures, cette maison isolée et située loin du centre-ville en pleine nuit. Ce scénario ne colle pas non plus avec sa personnalité. Charles-Édouard est un petit garçon timide et craintif qui n'aurait jamais osé se hasarder seul dans l'obscurité de cette grande maison.

Les fouilles de la propriété de 5 000 m² ainsi que celles du bois voisin mobilisent de nombreux policiers et sapeurs-pompiers mais ne donnent aucun résultat. Détail important, le chien policier flaire la piste de l'enfant depuis la chambre à coucher jusqu'au portail de la maison. Conclusion, Charles-Édouard ne s'est pas aventuré à l'extérieur de la propriété, sur la route qui passe devant la Bastide-Haute. II a pu être amené au portail et être monté dans une voiture avant de disparaître. La maison était fermée à clé, et aucune trace d'effraction n'a été constatée. Personne n'a entendu de bruit suspect durant la nuit, et aucune demande de rançon n'a été formulée depuis la disparition de l'enfant. Après quelques heures d'enquête, les policiers ne disposent finalement d'aucun indice ni d'aucun témoignage leur ouvrant une piste précise.

S'il ne s'agit ni d'une fugue ni d'un enlèvement, la piste familiale semble la plus évidente. La mère, Michèle, est interrogée la première, au lendemain de la disparition. Les policiers vérifient son emploi du temps. Durant la nuit où Charles-Édouard a disparu, elle dormait à vingt kilomètres de la Bastide-Haute chez des amis qui confirment son alibi. Aucun indice ne permet de la mettre en cause. En revanche, elle fournit des informations précieuses sur la situation de son couple. Depuis quelque temps, rien n'allait plus chez les Turquin. Michèle ne supportait plus d'être sous l'emprise de ce mari tyrannique, psychorigide et autoritaire. Ce dernier avait lu son journal intime et découvert ses infidélités, Jean-Louis Turquin l'avait battue et aspergée de gaz lacrymogène lors d'une terrible scène de ménage. Elle s'était alors enfuie de la Bastide-Haute le 17 février 1991 laissant Charles-Édouard à la garde de son père. Huit jours plus tard, elle avait porté plainte pour « coups et blessures » et déposé une requête en divorce pour faute. Une audience de conciliation devait avoir lieu le 14 avril 1991 pour statuer sur la garde de l'enfant.

Pour Jean-Louis Turquin, cette demande de divorce est vécue comme un véritable coup de poignard. Avec le départ de sa femme, son monde s'écroule. Il ne peut pas l'accepter. Il la harcèle au téléphone, lui écrit des lettres rageuses. Comme elle reste sourde à ses appels, la veille de la disparition du petit garçon, il lui envoie un télégramme en forme d'ultimatum lui ordonnant « de réintégrer le domicile conjugal le 20 mars avant minuit, sinon… ». Michèle ne rentre pas, et Charles-Édouard disparaît…

Le 23 mars 1991, deux jours après la disparition du garçonnet, Jean-Louis Turquin est placé en garde à vue. C'est un coup de poker de la part des policiers qui ne disposent d'aucune preuve contre lui. Sans se départir de son calme, le vétérinaire se défend bec et ongles, et soutient qu'il n'a rien à voir avec la disparition de son fils. Il essaie d'orienter les enquêteurs sur une autre piste, celle du dernier amant en date de sa femme,

Jean-Marc Courraey. Sans domicile fixe et vivant de petits boulots, ce dernier est lui aussi placé en garde à vue. Pour la nuit de la disparition, Jean-Marc Courraey a un alibi : il a dormi dans un appartement de Nice qu'il rénovait. En plus, il n'a pas de voiture.

Les enquêteurs craignent que l'enfant ait été instrumentalisé par ses parents dans la guerre qu'ils se mènent, comme un moyen de faire souffrir l'autre. Jean-Louis Turquin fait office de suspect numéro un. En l'absence d'aveux et de preuves, il est remis en liberté à l'issue de quelques heures de garde à vue. Devant les policiers, les époux Turquin s'accusent mutuellement de la disparition de Charles-Édouard. Les enquêteurs se trouvent face à deux personnes qui semblent se détester. En creusant un peu plus le passé des époux Turquin, ils vont découvrir une relation depuis longtemps toxique et violente.

Jean-Louis Turquin et Michèle Balanger se sont rencontrés en 1972 à l'école nationale vétérinaire de Maisons-Alfort, dans le Val-de-Marne, lors d'une soirée de bizutage. Le jeune homme est un étudiant brillant, major de sa promotion. Il impressionne ses camarades. Toujours tiré à quatre épingles, fasciné par les voitures de luxe, il parade au volant d'une Jaguar achetée d'occasion. Dans une vidéo tournée en mars 1997 par son ami Louis Cimetère, membre de son comité de soutien, Jean-Louis Turquin se souvient : « Michèle m'a semblé d'une timidité effroyable, [...], elle ne savait pas s'exprimer, elle était paralysée. Alors, ça m'a touché. » Jean-Louis Turquin prend Michèle sous son aile et l'aide dans ses études. Au bout de quelques mois, elle finit par céder aux avances de son « protecteur » qui est fou amoureux d'elle. Trois ans plus tard, le 23 décembre 1975, leur mariage est célébré dans l'intimité à la mairie de Maisons-Alfort.

En 1981, le couple s'installe à Nice à la Bastide-Haute, propriété achetée avec le soutien des parents de Michèle. Jean-Louis

Turquin voit grand et veut s'établir socialement. Il ouvre son cabinet de vétérinaire et oblige sa femme à ouvrir le sien pour gagner encore plus d'argent. Il travaille du matin au soir, six jours sur sept et parfois même le dimanche. Les affaires marchent bien, et le vétérinaire aime afficher sa réussite. Il voyage, achète une Rolls-Royce, et investit dans un tableau de Bernard Buffet. Michèle Turquin, elle, n'a pas les mêmes ambitions que son mari. La réussite sociale l'indiffère. C'est une femme solitaire et rêveuse, insensible au luxe et aux signes extérieurs de richesse.

Fidèle à ses objectifs, Jean-Louis Turquin veut fonder une famille. Il n'espère qu'une chose : avoir un enfant de Michèle. En 1982, elle lui avoue du bout des lèvres qu'elle est enceinte. Jean-Louis Turquin racontera à ce propos : « J'ai sauté de joie, [...], un enfant c'était énorme, c'était un bonheur inouï ! Et là, elle me sort : "je veux me faire avorter..." Elle me sort tout un tas d'arguments aussi débiles les uns que les autres, "parce que je vais souffrir à l'accouchement, parce que je vais grossir", et puis je ne comprends pas. [...] Et puis, c'est vrai que j'ai dû lui dire : "Si tu te fais avorter, je te tue !" J'aurais pas dû dire ça. C'est un truc que je regrette, elle a eu peur et, à partir de là, elle ne m'a plus aimé. [...] Elle m'avait dit pendant sa grossesse "D'accord, j'avorte pas, mais quand j'aurai accouché, je m'en vais". Je lui avais dit "D'accord", parce que je pensais qu'en ayant l'enfant elle reviendrait. Le lendemain de l'accouchement, elle avait quitté le domicile conjugal, et elle s'était installée près de son cabinet dans un appartement. »

Dans ce contexte délicat, l'accouchement de Michèle est laborieux. Il va durer près de vingt-sept heures. À sa naissance, Charles-Édouard attrape une méningite et reste hospitalisé pendant plusieurs semaines. Obstiné, Jean-Louis Turquin tente de reconquérir sa femme. Il l'emmène en voyage et parvient à la faire revenir à la Bastide-Haute. Mais pour Michèle, le cœur n'y est plus. Elle rentre tard, s'isole dans le pigeonnier situé à l'autre bout du jardin, fait chambre à part et disparaît plusieurs jours sans donner de nouvelles.

Délaissé par une mère peu affectueuse et par un père obsédé par la réussite, Charles-Édouard est élevé par ses grands-parents. Cet enfant rêveur se réfugie dans son jardin, son « domaine enchanté » peuplé d'animaux (chien, chat, renarde, etc.). Il aime jouer aux échecs et collectionne les insectes, les papillons. Il espère devenir entomologiste. Le petit garçon a parfaitement compris que ses parents ne s'entendent plus. À huit ans, il est dyslexique et souffre de problèmes de propreté. Jean-Louis Turquin trouve son fils trop efféminé, trop sensible. Le vétérinaire, ouvertement d'extrême droite, décide de le reprendre en main pour l'endurcir. Un jour, il n'hésite pas à décapiter la poule que l'enfant avait apprivoisée, sous les yeux du petit garçon pétrifié…

Après sa garde à vue, Jean-Louis Turquin est surveillé de près par la police. Sa ligne téléphonique est placée sur écoute. Mais l'enquête piétine.

Un mois plus tard, Michèle contacte les policiers et leur fait une révélation incroyable. Son mari, qu'elle a continué à voir ces dernières semaines pour tenter de retrouver leur fils, vient de lui avouer qu'il l'a tué. Les enquêteurs doutent. Dit-elle la vérité ? Il leur faudrait une preuve tangible. Michèle propose alors à son époux de le revoir. Le rendez-vous est pris au cabinet du vétérinaire, le 6 mai 1991. Cette fois, sur les conseils des enquêteurs, elle a caché un petit enregistreur dans son sac. Elle compte user de son charme pour le piéger. Elle s'habille de manière sexy, enfile des porte-jarretelles, se comporte de manière enjôleuse et compte ainsi lui arracher des confidences. Ni une ni deux, Jean-Louis Turquin se laisse séduire, et reconnaît avoir drogué son fils avec des somnifères avant de l'étrangler avec une cravate. Il aurait ensuite abandonné le corps dans l'arrière-pays niçois. Après ces « aveux », dans le cabinet du vétérinaire, le couple fait l'amour…

Le vétérinaire est de nouveau entendu par les enquêteurs. Dans un premier temps, Jean-Louis Turquin nie avoir fait des aveux à sa femme. Mais quand les policiers le confrontent à l'enregistrement, il change de version. Il aurait avoué le meurtre de Charles-Édouard pour lui faire plaisir, car elle lui avait promis de revenir à la maison. Il s'agissait d'un sordide « jeu de rôle »… L'explication est un peu courte.

Deux mois après la disparition de Charles-Édouard, Jean-Louis Turquin est mis en examen pour l'assassinat de son fils et placé en détention provisoire le 13 mai 1991.

LA PREUVE LIBRE

En droit pénal, le principe fondateur est celui de la preuve libre (article 427 du Code de procédure pénale).

Les victimes peuvent rapporter des preuves, même si elles ont été obtenues par des procédés déloyaux, voire illicites, comme des enregistrements audio clandestins réalisés à l'insu d'une partie par une « personne privée ».

Cependant, les preuves produites contraires au principe de loyauté ne sont recevables que si elles sont soumises à la discussion contradictoire.

Grâce à une jurisprudence de sa chambre criminelle, la Cour de cassation pose le principe qu'aucune disposition légale ne permet au juge pénal d'écarter les moyens de preuve produits par les parties au motif qu'ils auraient été obtenus de façon illicite ou déloyale.

Cette position a été réaffirmée dans une affaire très médiatisée, dite de l'affaire Bettencourt. La chambre criminelle de la Cour de cassation a jugé que « les enregistrements audio obtenus à l'insu d'une personne sont recevables en justice en tant que preuve afin de porter plainte contre cette personne au titre d'infractions pénales dont elle se serait rendue coupable et sans que le droit au respect de la vie privée ni même la violation du secret professionnel puisse valablement constituer une limite ».

Avec ces aveux, les espoirs de retrouver Charles-Édouard Turquin vivant s'amenuisent. L'affaire fait la une de la presse. Le public se passionne pour cette énigme criminelle, dont un enfant est la victime, mais aussi pour les frasques et la personnalité des époux Turquin décrite comme pathologique, et auxquels tout réussissait en apparence.

Devant les journalistes de France 3, Michèle Turquin avoue ne plus avoir d'espoir : « Aujourd'hui, je crois qu'il est mort, [...] il est peut-être n'importe où, [...], je voudrais bien lui offrir une dernière sépulture décente. » D'autant que Jean-Louis avait avoué à sa femme, lors de l'enregistrement, avoir enterré l'enfant dans l'arrière-pays niçois, près d'une croix, du côté de Lucéram et du col Saint-Roch. Des fouilles importantes sont alors organisées dans cette région durant quatre jours. Mais la zone est immense et difficile d'accès. Autant chercher une aiguille dans une botte de foin. D'ailleurs, les policiers ne sont pas convaincus par les indications du vétérinaire. Ils pensent qu'il a pu faire disparaître son fils dans un incinérateur pour animaux, auquel il avait accès. Peu après la disparition de l'enfant, il aurait fait incinérer un sac censé contenir un berger allemand...

Emprisonné à Nice, Jean-Louis Turquin se dit victime d'une machination ourdie par sa femme et clame son innocence. Pour protester contre son incarcération, il se lance dans une longue grève de la faim. Il dépérit et perd vingt kilos. Le 14 février 1992, après neuf mois derrière les barreaux, et après une troisième demande de remise en liberté, la justice décide de le relâcher. Il est placé sous contrôle judiciaire contre une caution équivalant à quatre-vingt-cinq mille euros.

L'enquête continue pendant l'instruction. Les juges tentent d'accumuler le plus de preuves possible contre le vétérinaire en vue de son procès, et d'établir le mobile d'un éventuel meurtre. En mai 1992, trois mois après sa remise en liberté, Jean-Louis Turquin se soumet à un test de paternité voulu par le juge : il n'est pas le père de Charles-Édouard. Mais ça, il ne le découvre pas vraiment… En janvier 1991, Michèle lui avait avoué qu'elle avait fréquenté, quelques années plus tôt, un marginal de vingt ans son aîné. Cet ancien danseur américain, écrivain à ses heures perdues, menait une vie de bohème sur la Côte d'Azur. Moïse Ber Edelstein était le père biologique de l'enfant. Deux mois avant sa disparition, Jean-Louis avait donc une raison d'en vouloir à Charles-Édouard.

À la fin de l'année 1992, le juge d'instruction décide de renvoyer Jean-Louis Turquin devant la cour d'assises. Pour le vétérinaire, le temps presse. Il lui faut à tout prix faire diversion et montrer que sa femme est impliquée dans la disparition de leur fils. Il embauche un détective privé qui découvre que Michèle fréquente la synagogue de Nice, envisage une conversion et s'est rendue en cachette en Israël pendant l'été 1993. Il est persuadé qu'elle a emmené l'enfant à Ashdod, une petite ville balnéaire. Dans ses affaires, il a trouvé un carnet en hébreu où il est question d'un enfant qui apprend cette langue. En septembre 1993, le détective et Jean-Louis Turquin font le voyage en Israël. Ils montrent des photos de Michèle et de l'enfant dans les rues et les commerces de la ville. Des témoins leur indiquent que la femme et le petit garçon auraient été servis dans un restaurant de la ville. Ils auraient aussi été reconnus dans un salon de coiffure. D'autres habitants d'Ashdod assurent avoir aperçu Michèle et son fils dans une résidence près de la plage.

Là encore, ce nouveau rebondissement dans l'affaire fait couler beaucoup d'encre et retarde la tenue des assises. Une commission rogatoire est faite auprès des autorités israéliennes pour vérifier ces informations. La justice décide de convoquer ces témoins israéliens au procès du vétérinaire qui s'ouvre le 17 mars 1997, au tribunal de Nice. Une foule nombreuse se presse pour l'apercevoir. Le vétérinaire est flanqué de deux avocats de renom, Me Jean-Marc Varaut, un ténor du Barreau parisien et Me Jacques Peyrat, qui est aussi maire de Nice.

Le procès risque de se jouer à quitte ou double, car l'accusation ne dispose pas de cadavre, pas d'aveux ni d'aucun indice matériel. Cette affaire d'assassinat reste bien abstraite. Selon ses proches, Jean-Louis Turquin est confiant. Il compte bien clamer de nouveau son innocence et pense sincèrement être acquitté à l'issue de la semaine d'audiences. Pourtant, dès le début des débats, il reste froid, silencieux face aux arguments de l'accusation. Vêtue de noir, Michèle Turquin reste elle aussi impassible sur les bancs de la partie civile. Elle ne montre aucune émotion.

Le clou du procès est l'audition, pour la première fois en public, de la fameuse cassette des « aveux » de Jean-Louis Turquin. La qualité est mauvaise. Les cris d'un mainate présent dans le cabinet vétérinaire lors de la rencontre des Turquin perturbent l'écoute. Mais les magistrats, les jurés et le public entendent bien Jean-Louis Turquin avouer le meurtre de son fils. Le vétérinaire a bien du mal à se justifier. La salle découvre aussi la perversion de ce couple et la façon dont ces aveux ont été obtenus. Michèle

Turquin sort en pleurant, tandis que son avocat tente d'expliquer le « sacrifice » de cette mère prête à tout pour connaître la terrible vérité.

Au troisième jour du procès, l'enregistrement a mis à mal la défense de Jean-Louis Turquin. Ce dernier compte beaucoup sur la venue d'un couple de coiffeurs d'Ashdod, qui affirme avoir vu Michèle Turquin et son fils en Israël. Leur témoignage imprécis tourne à la farce. Ils décrivent un enfant de 8 ans alors que Charles-Édouard aurait eu 13 ans. Les dates ne correspondent pas à celles du séjour de Michèle Turquin inscrites sur son passeport. Le détective de Jean-Louis Turquin reconnaît qu'il a dû rentrer en France à la demande de son client alors qu'il pensait toucher au but... Bref, personne n'est capable de donner le moindre élément tangible sur cette « piste ». Pire, la cour d'assises a le sentiment qu'on a voulu la manipuler. La fameuse « piste israélienne » se retourne maintenant contre l'accusé.

Après quatre jours d'audience, le 20 mars 1997, la cour d'assises se transporte à la Bastide-Haute. Le président veut plonger les jurés dans l'ambiance de cette demeure qui ressemble à un labyrinthe de pièces et d'escaliers. La visite se fait sous l'œil des caméras.

À l'issue du procès, l'avocat général réclame la réclusion criminelle à perpétuité contre Jean-Louis Turquin. Ses avocats, eux, plaident l'acquittement et soulignent qu'il n'y a ni cadavre ni mobile dans cette affaire. Le doute doit donc profiter à l'accusé. Les jurés, eux, n'en ont pas beaucoup lorsqu'ils rendent leur verdict après seulement deux heures et demie de délibéré. Jean-Louis Turquin est condamné à vingt ans de prison, le 21 mars 1997, six ans jour pour jour après la disparition de son fils. Une clameur retentit dans la salle. L'accusé s'effondre.

LA DESCENTE SUR LES LIEUX

La descente sur les lieux est une procédure prévue à l'article 456 du Code de procédure pénale, permettant à un juge d'aller vérifier *de visu* et *in situ* des faits matériels sur les lieux mêmes où ils se sont produits ou de constater d'éventuelles incohérences.

Elle est également appelée «transport sur les lieux» ou «visite des lieux». Elle peut être demandée par toutes les parties, mais c'est le juge qui la décide. Parfois, la presse est autorisée à y assister.

«Le tribunal, soit d'office, soit à la demande du ministère public, de la partie civile ou du prévenu peut ordonner tous transports utiles en vue de la manifestation de la vérité. Les parties et leurs avocats sont appelés à y assister. Il est dressé un procès-verbal de ces opérations.»

Cette procédure est cependant assez rare, car en général l'enquête, les expertises, les reconstitutions suffisent à éclairer le tribunal. Mais il arrive que des faits nouveaux ou des désaccords techniques imposent un «transport» de justice. Une des dernières décisions de ce type dans un grand procès a eu lieu en 2011 durant le jugement de l'assassinat du préfet de Corse, Claude Érignac.

Après sa condamnation, le vétérinaire organise depuis sa cellule une contre-offensive. Il n'est pas homme à se laisser abattre. À sa demande, des amis créent un comité de soutien pour le faire libérer. Se disant toujours persuadé que son fils est en Israël, il demande à un nouveau détective et à un journaliste d'aller y enquêter. Les deux hommes dénichent un religieux orthodoxe qui affirme qu'un élève d'une école rabbinique de Tibériade, un dénommé Benjamin Madar, est Charles-Édouard Turquin. Un film est même réalisé sur cet enfant.

Le 5 juillet 1999, une requête en révision est déposée par les avocats de Jean-Louis Turquin. La justice française envoie un enquêteur de la police judiciaire de Nice en Israël. Les vérifications menées avec l'aide des policiers locaux démontrent que cette piste est une fois de plus fantaisiste. L'enfant en question est bien un petit Israélien qui a toujours vécu loin de Nice et qui n'a aucun rapport avec Charles-Édouard Turquin. En 2001, la requête en révision du vétérinaire est repoussée par la Cour de cassation.

Le vétérinaire niçois ne sera pas rejugé, mais il peut se consoler dans les bras de Nadine Chabert, une professeure de danse qui a été émue en voyant des reportages sur l'affaire. Persuadée de son innocence, elle lui écrit pour le rencontrer à l'été 1997 et demande un droit de visite. Au fil des visites au parloir naît une histoire d'amour. En juin 2000, le couple se marie à la prison de Fresnes.

Six ans plus tard, en juillet 2006, Nadine est là pour accueillir Jean-Louis Turquin lorsqu'il est libéré pour bonne conduite après dix années passées derrière les barreaux. Une nuée de journalistes attend les époux, bras dessus bras dessous, à la sortie de la prison corse de Casabianda-Aléria. Jean-Louis Turquin répète qu'il est innocent et qu'il continuera à se battre pour retrouver son fils. En 2010, le couple s'envole pour Saint-Martin, dans les Caraïbes, afin d'y ouvrir un cabinet vétérinaire. Une nouvelle vie commence…

Le 7 janvier 2017, le téléphone sonne à la gendarmerie de Saint-Martin. Nadine Turquin, affolée, raconte que son mari vient d'être assassiné à leur domicile. Sur place, les enquêteurs découvrent le cadavre de Jean-Louis Turquin, allongé sur le dos, dans la chambre du couple. Il a été tué d'une balle dans le dos. Selon son récit, Nadine Turquin est rentrée vers minuit et demi après avoir fêté son anniversaire avec trois copines dans un restaurant voisin. Quand elle est arrivée, les chambres de la maison avaient été fouillées, et son mari gisait par terre, mort, un morceau de verre dans la main. Elle raconte aux enquêteurs que l'ancien poste de radio des années 1940 avait été ouvert. Jean-Louis l'utilisait pour y cacher des bijoux de famille et quelques milliers d'euros en espèces. Un couteau ayant servi à l'ouvrir est saisi par les gendarmes. L'analyse de l'arme révèle la présence d'un ADN masculin inconnu.

À première vue, Jean-Louis Turquin aurait été victime d'un cambriolage qui a mal tourné. L'île connaît un fort taux de vols à main armée, et, quelques jours plus tôt, un autre vétérinaire de la zone avait lui aussi été attaqué. Le procureur de Pointe-à-Pitre ouvre une information judiciaire pour « assassinat ou guet-apens » mais il préfère rester prudent : « Tout est possible, nous allons tout explorer » déclare-t-il devant les caméras.

Jean-Louis Turquin aurait-il été rattrapé par l'affaire de la disparition de son fils ? Son ex-femme Michèle Balanger est décédée en 2015, et rien, dans les premiers éléments de l'enquête, ne permet de faire un lien entre Charles-Édouard et le meurtre de son père.

Le 28 avril 2017, coup de théâtre. Nadine Turquin est mise en examen pour l'assassinat de son mari et incarcérée au centre pénitentiaire de Baie-Mahault, en Guadeloupe. Lors des premières constatations, les gendarmes ont relevé dix-neuf traces de résidus de tirs sur ses mains. Soit elle a tenu et manipulé l'arme du crime ou bien elle se trouvait à côté de la personne qui a tiré à deux reprises sur son mari. De surcroît, son sang a été retrouvé sur des bris de verre près du cadavre du vétérinaire. Ils proviennent d'une carafe d'eau qui se trouvait dans la chambre.

Pour les gendarmes et la juge d'instruction, Nadine Turquin avait toutes les raisons d'en vouloir à son mari. Depuis quelques mois, leur relation battait de l'aile. Jean-Louis Turquin trompait sa femme lors de ses voyages en métropole. Paranoïaque et autoritaire, le vétérinaire la tyrannisait et l'humiliait. Nadine se trouvait sous son emprise. Il contrôlait sa boîte mail et ses comptes bancaires, ne lui donnant de l'argent qu'au compte-gouttes. Il ne supportait pas ses longues absences en France lorsqu'elle allait voir ses enfants et petits-enfants. Nadine, qui n'en pouvait plus d'être ainsi étouffée, avait demandé le divorce au mois de mars 2016 et déposé une main courante dans un commissariat de la métropole, expliquant craindre pour sa sécurité. En représailles, Jean-Louis Turquin avait institué sa sœur comme légataire universelle de sa maison à Saint-Martin à la place de son épouse. La guerre entre les Turquin faisait donc rage au moment de l'assassinat du vétérinaire de Saint-Martin. Lors de sa garde à vue, Nadine Turquin a pourtant répété qu'elle n'avait rien à voir avec l'assassinat de son mari. Et qu'elle n'avait aucun mobile, puisque la mort de son mari ne lui rapporterait rien. Mais les juges n'en ont pas tenu compte.

Placée sous contrôle judiciaire après quatre mois de prison, Nadine Turquin fait appel à Me Olivier Morice, l'un des anciens avocats de son mari. Deux ans plus tard, l'affaire connaît un nouveau rebondissement. À la surprise générale, Nadine Turquin bénéficie d'un non-lieu, car les experts en balistique ne se sont pas mis d'accord concernant les fameuses traces de poudre retrouvées sur ses mains. Certains ont estimé que cela démontrait que Nadine Turquin avait touché l'arme du crime. D'autres ont affirmé le contraire. Et comme, au moment du crime, Nadine se trouvait dans un restaurant et qu'elle ne s'était pas absentée de ce dîner, les juges de la cour d'appel de Pointe-à-Pitre l'ont finalement innocentée contre l'avis du juge d'instruction et du procureur général.

Ce dernier rebondissement a mis un terme à l'enquête sur le meurtre de Jean-Louis Turquin. À moins qu'un élément nouveau, comme l'identification de l'ADN présent sur le couteau retrouvé sur la scène de crime, relance cette affaire sans fin…

On ne saura sans doute jamais ce qui est arrivé à Charles-Édouard cette nuit de mars 1991. On ne saura probablement jamais non plus qui a tué son père aux Antilles, un quart de siècle plus tard. L'affaire Turquin restera à jamais l'une des plus mystérieuses de l'histoire criminelle française.

Remerciements

Alain Bauer et Marie Drucker remercient les réalisateurs : Stéphanie Bergeron, Hélène Gautier, Agnès Grossmann, Charlotte Leloup, Nathalie Mazier, Louis-Mathieu Nivôse, Olivier Rozencwajg, Ionut Teianu, Jean-Pierre Vergès qui ont permis de mettre en images avec pédagogie et respect des victimes cette saison.

Bibliographie d'Alain Bauer

Violences et insécurité urbaines (1998, 12e édition 2010), *L'Amérique, la violence, le crime* (2000, 2e édition 2001), *La guerre ne fait que commencer* (2002, 2003), *Les Polices en France* (2003, 3e édition 2010), *Le Crime aux États-Unis* (2003), *Les Polices aux États-Unis* (2003), *Imaginer la sécurité globale* (2004), *État d'urgence* (2004), *Deux siècles de débats républicains* (2004), *Dico rebelle* (2004), *L'Énigme al-Qaïda* (2005), *Mercenaires et polices privées* (2006), *Géographie de la France criminelle* (2006), *Mieux contrôler les fichiers de police* (2006), *World Chaos, Early Detection and Proactive Security* (2007), *Les Mystères de Channel Row* (roman, 2006 et poche 2013), *République, Républiques ?* (2007), *L'Année stratégique* (2008, 2009 et 2010), *Le Nouveau Chaos mondial* (2007), *Radicalisation en Occident* (2008), *Pour une stratégie globale de sécurité nationale* (2008), *Vidéosurveillance et vidéoprotection* (2008), *Terrorism Early Warning* (LASD 2008), *Le 11 Septembre* (2008), *100 mots pour comprendre l'actualité* (2008), *Les 100 mots de la police et du crime* (2009), *Les Études de sécurité publique* (2009), *Les Fichiers de police* (2e édition 2011), *Le Convent du sang* (roman, 2009), *La Face noire de la mondialisation* (2009, éditions anglaise, italienne, espagnole, chinoise), *Les terroristes disent toujours ce qu'ils vont faire* (2010 et 2025), *Les 100 mots du terrorisme* (2010), *À la recherche de la criminologie* (2010), *Statistiques criminelles et enquêtes de victimation* (2010), *Introduction générale à la criminologie* (2011), *Les Politiques publiques de sécurité* (2011), *Histoire criminelle de la France* (2012 et poche 2013), *La Criminologie pour les Nuls* (4e édition 2025), *Dictionnaire amoureux du crime* (2013), *Dernières nouvelles du crime* (éditions française, italienne et américaine, 2013), *Le Terrorisme pour les Nuls* (2014), *Histoire de la médecine légale et de l'identification criminelle* (2015), *Qui est l'ennemi ?* (éditions américaine, française, italienne, chinoise, arabe), *Les Mutations du terrorisme* (versions russe, italienne, 2016), *ABC de la criminologie* (2016 et 2024, édition américaine 2018), *Vivre avec le terrorisme* (First, 2017), *Les Guetteurs* (Odile Jacob, 2018), *Processus stratégiques* (EMS, 2018), *Les Protecteurs* (Odile Jacob, 2019), *3 minutes pour comprendre les 50 plus grandes affaires criminelles en France* (Courrier du Livre, 2019), *Vivre au temps du Coronavirus* (Cerf, 2020), *Les Criminels les plus c... de l'histoire* (First 2020), *Encyclopédie des espionnes et des espions* (Gründ, 2021), *La Criminologie pour les Nuls* (First, 4e édition 2025), *Les Criminels les plus c... de l'histoire... au tribunal* (First, 2022), *L'Espionnage pour les Nuls* (First, 2022), *La Guerre qui revient* (Cerf, 2022), *Crise de la connaissance, connaissance de la crise* (EMS, 2022), *Au commencement était la guerre* (Fayard, 2023), *Au bout de l'enquête* (Saison 1, First, 2023), *Encyclopédie des faits divers au cinéma* (Gründ, 2023), *Tu ne tueras point* (Fayard 2024), *Au bout de l'enquête* (Saison 2, First, 2024), *Juger les terrorismes* (Cerf, 2024), *Les Lois, décrets et arrêtés les plus c...* (First, 2024), *Dictionnaire amoureux illustré du crime* (Gründ, 2024), *La conquête de l'Ouest* (Fayard, 2025), *Héros et héroïnes (pas si) ordinaires* (First 2025), *Opération Zelensky* (First, 2025), *Menace sur Taiwan* (First, 2025), *Conjuration au Vatican* (First 2025), *Déclinocène* (Fayard 2025)...